高等职业教育文秘专业"十二五"规划教材
21世纪高职高专精品教材·现代秘书系列

现代会议组织与服务

主　编　李艳婷
主　审　白兆秀
副主编　郝利群　王瑞玲
参　编　董红梅　李　展　关晓飞

中国人民大学出版社
·北京·

高等职业教育文秘专业“十二五”规划教材编委会

前 言

随着高等职业教育教学改革的深入，以典型工作任务为导向、基于工作过程的课程研究与开发在高职院校广泛开展。“现代会议组织与服务”是一门职业能力课，文秘专业的学生必须熟练掌握会议组织与服务的规律和方法，做好会务工作。为有利于教学、有利于学生职业能力的培养，本书分别从现代会议概述、有效利用会议、现代会议组织工作、现代会议文书服务、现代会议环境服务、现代会议接待服务、现代会议礼仪服务、现代会议信息服务、现代会议生活服务和现代会议保障服务十个方面介绍了秘书和会务人员筹办会议、参与组织和服务会议应该掌握的基本知识和技能。

本书语言通俗、讲解生动、切合实际，既可作为高职高专文秘专业教材，也可作为秘书职业资格等级考试的辅导用书，亦可作为秘书行业从业者的自学用书。

本书具有以下几个特点：

第一，会议组织与服务并举，着重培养学生的服务理念。本书在内容上，弱化会议管理的大概念，将历来被认为是高级秘书活动的会议组织与端茶倒水等事务性工作置于同等位置，有意识地强调后者对于成功举办会议的重要性。

第二，结合职业教育培养人才的特点，以“够用”、“适用”、“好用”的原则组编教学内容。编写人员深入企事业单位调研，紧扣时代脉搏和工作实际需求，给予学习者切实的指导和训练。

第三，采用新颖实用的编写体例：定向目标—导引案例—知识链接—拓展阅读—实践训练。这种编写模式，更有利于教师组织教学和提高学生的能力，强化和巩固学生的职业技能。每节后面的拓展阅读部分，着重选取与本节知识相关的案例或背景知识，以拓展学生的视野，提升学生对已有知识点的认识和掌握。

第四，互动化、人性化的学习体验。本书注意贴近会议组织与服务的实际，选取大量精彩案例，设计了许多情景模拟训练，给学生轻松愉快的学习体验。

本书编写者均为在高职高专从事专业教学或曾在企业担任多年秘书工作的中青年教师，有较强的理论功底和娴熟的实务能力。本书由李艳婷担任主编，负责体系设计和统稿工作；郝利群、王瑞玲担任副主编，白兆秀教授担任主审。全书共分十章，具体编写分工为：李艳婷（北京农业职业学院）编写第一、二、五章；关晓飞（北京农业职业学院）编写第三章理论部分；王瑞玲（北京农业职业学院）编写第四、八章；董红梅（济源职业技术学院）编写第六、九、十章；郝利群（北京农业职业学院）编写第七章和第三章案例及实践部分；李展（郑州铁路职业技术学院）编写课业练习。

在编写过程中，我们深入企业调研，参考了大量的文献资料，吸收了最新的研究成果。有关参考资料的来源，我们已经在本书相应内容处标注说明；有些资料是我们参考互联网上发布或转发的信息，部分已无法查明出处，在此，编者向原作者所付出的辛勤汗水表示衷心感谢。同时，我们也对中国人民大学出版社诸位编辑深表谢意，特别要感谢编辑吕永安、黄李晓，因为他们的鼎力相助才使本书得以面世。也非常感谢首都师范大学吴国华老师对本书的校对工作做出的贡献。

本书在编写过程中，注重创新、突出亮点、强调实用，力求紧扣时代需求，虽然尽量借鉴新成果以及有效的实践方式，但是限于经验和视野，难免不足甚至有误。希望专家、学者、读者能不吝赐教，我们将不胜感激。

编者

2011年10月

目　录

第一章

现代会议概述

定向目标

- 理解会议的概念、功能
- 了解会议的类型
- 掌握会议的构成要素
- 掌握会议的一般工作流程

第一节　现代会议的含义和功能

导引案例

一场“自由发言”的会议

天地公司总裁秘书施林受总裁委托，去公司的生产车间主持第一季度的生产运营会议。会议开始时，她发言道：“今天，我们主要谈一谈 2011 年第一季度的生产运营计划，大家自由发言吧！”大家面面相觑，会议出现冷场。过了一会儿，张副厂长开始说到生产设备需要更新的问题，王副厂长又由生产设备更新说到职工食堂设备也需要更新，大家七嘴八舌。施林发现讨论越来越偏离主题，谈了半天，正题也没说几句，而且就听几个人在夸夸其谈，大多数人无法发表自己的见解，会议就这样不了了之了。

问题：

1. 如果你是会议主持和策划，如何让会议发挥正常的作用和功能？
2. 如果让你举办一次小型会议，你会怎么做？

知识链接

一、什么是现代会议

从词义上讲，“会”是聚集、会合，“议”是商议、议事，就是讨论和研究问题。会议是人们在法律范围内有组织地聚集在一起，讨论和研究问题的一种社会活动方式。人们几乎把遇到的所有问题都交给会议来解决，因此，弄清会议的概念，使其发挥应有的作用至关重要。一些无领导、无组织、无目的的聚合议论、闲聊，则不能称为会议。

会议是人类特有的一种复杂的社会现象，是社会生活、政治生活中一种经常的、广泛的活动形式。各国各界、各行各业、各党各派无不使用这种活动形式。国外一些社会学家断言，人类进入了一个会议的时代。

现代会议主要是从时间段上定位的，大致从 20 世纪初一直到现在都可以定义为现代。在我国，现代会议已成为党和国家机关、企事业单位实行集体领导的基本方法之一，已经成为各级党政机关、企事业单位进行民主决策和处理日常工作的一种重要方式，是宣传、贯彻、执行党和国家的路线、方针、政策，统一思想、提高认识、交流经验、布置工作、统筹协调、解决问题的重要手段。

二、现代会议的特点

（一）针对性

每个决定召开的会议都必须有明确的主题，也就是在开会之前确定会议的目标。它决定了会议的所有其他环节，也是保证会议成功的前提。

（二）规定性

会议的参与者是由会议主题决定的，他们在会议进程中分别担当不同的角色，以期共同推动会议的有序进展。而且，会议需要三人以上共同参与，以一定的方式聚合在一起，目的是议事、解决各种问题，这种行为和过程是有组织、有目标、有规则、有领导的。

（三）程序性

会议在开始之前有明确的预期、有设定的进程，所有与会人员的努力都是要保证会议沿着预定的程序进行，并最终实现目标。因此，会议是组织有序的一项集体活动。

三、现代会议的功能

随着现代社会经济的发展，现代会议在人们社会交往实践中已经成为一种重要的交流、管理的方式和手段，而且这种形式越来越受到人们的重视。不同的会议有不同的功能，现代会议的功能概括起来主要有以下几个方面。

（一）信息交流

可以说，会议是信息的“聚集地”，也是信息的“发散地”，它可以有效地聚集集体的智慧和力量，可以实现信息的多向即时传递。各类经验交流会、广播会、座谈会、调查会，通过汇报、交流、学习、讨论，可以达到汇集信息、传递信息、交流经验、统一思想、协调工作的目的，使上下左右各方能够互相理解和支持。

（二）决策功能

各机关、单位基本上都会以会议的形式对一些重大问题进行决策，经过深入的分析研究、群策群力，最后解决问题，得出结论性的意见。会议的召开要充分发扬民主，密切干群关系，为决策的制定和实施奠定基础。

（三）协调沟通

通常来说，会议研讨的主题常常关乎组织或企业全局，需要所有部门的通力配合。如何统一各部门的意见、利益，就需要发挥会议的协调功能，互相磋商，保持行动一致。

（四）宣传教育

会议可以说是领导机关和各级领导密切联系群众的纽带。开会不仅可以统一思想、发扬民主、推动工作，而且有些会议旨在思想教育、鼓舞斗志或者介绍经验、传授知识和技能，能达到某种宣传和教育的目的。

（五）监督检查

通过召开会议，能让有关部门向上级汇报工作，总结决策和执行过程中的成功经验和失败教训。通过会议的检查比较，对贯彻决议得力的给予表彰奖励，对工作马虎、消极怠工、甚至失职渎职的进行相应处罚，从而推动工作健康有序地向前发展。

除了以上五点主要功能之外，会议还具备其他附属功能，也或多或少、或强或弱地引导着会议的前进方向，如地位象征、激发士气、增强凝聚力、明确组织目标、资源共享、激发灵感、跨文化国际交流等。

拓展阅读

古代的“议会”和会议

历史题材的文学和影视作品中，常可看见朝堂上君臣对话乃至争辩的场面。这种由皇帝亲自主持且能当场作出裁决的朝参，以及只有少数重臣或亲信参加的内殿“召对”、禁中密议，应该说是封建王朝体制内级别最高的会议形式。但是，有一些事关“国本”的重大决策，或者是具有立法性质的典章制拟，有必要充分听取各方面的意见，乃至反复论证；又由于御前会议“天威”在临的缘故，使得许多人不能畅所欲言。为此，在君臣关系还远未达到天地悬隔的隋唐以前，另有一种朝会以外的高级国务会议，除了缺乏定期开会的制度外，其功能和权限近似西方君主时代的议会。这种会议的名称，在专述典章制度的历代《会要》中，叫“集议”。

集议的雏形始见于汉初，具有标志性意义的事件是汉高后八年（公元前 180 年），一批列侯、公卿在没有任何诏命可依的情况下，以自行合议的方式，推选刘恒为帝（即汉文帝)，从此逐渐形成“凡国有大造大疑”例须集议的定式(《后汉书·百官志》)。

集议和朝会的主要区别有三条：一是皇帝本人不到场，会议多由三公、大将军等高级官员召集和主持；二是开会时间不受朝会至多半天的惯例限制；三是出席会议的对象远比参加朝会者多。其相对稳定的成员，大体分三类：一是秩二千石以上的现职官员。他们平时是朝会的出席人，在集议中代表行政方面。二是列侯。列侯是功臣及其后嗣，除非出任京官，一般不许在京师居住，所以平时无缘出席朝会，但参加集议时位居中二千石高官之前，是勋贵权益的代表。三是列大夫、博士、议郎。列大夫主要指谏大夫，“掌议论，无常员，多至数十人”(《通典》卷二十一)；博士多来自大臣和地方荐举，“国有疑事则承问，有大事则与中二千石会议”(《汉旧仪》)；“议郎不属署、不直事”，就是既不属于哪个行政部门，也不用上班值勤，但“国有大政、大狱、大礼，则与中二千石、博士会议”(《汉官解诂》)。总的来讲，这三种人的秩位都很低，通常连某个机关的办公会议也无缘参加，但在集议时却十分活跃，可与公卿分庭抗礼、对等辩论。

在皇权尚未像后世得到极度伸张的时代，集议制度的作用非常微妙。当丞相主持的外朝(即最高行政会议)就某些国务或政务作出的决定或形成的方案为皇帝所不满时，皇帝常用集议的办法来扭转。反之，因为集议往往能左右或影响“圣裁”，甚至对皇权形成一定程度的制约，所以做臣属的也会用策动集议的办法来抵制君主的“独断”。历史上，不少皇帝因个人爱憎，提出要换皇后、换太子，每每被集议所顶住。为此，是否要举行集议、出席的对象如何圈定，这些权力都是皇帝抓住不放的。汉昭帝时，丞相田千秋为一个法律上的疑难，在公车门(皇宫外门)召开有博士等“议员”参加的集议，马上被政敌霍光劾以“擅召”集议的罪名。但反过来，权臣自行集议而迫使君主就范的事例也有不少。如汉昭帝死后无嗣，皇太后诏立昌邑王刘贺继位。大将军霍光看不惯这个新皇帝，便同其亲信大司农田延年等密谋要废黜他。他们把丞相、御史、将军、列侯、中二千石、大夫、博士等全部召到未央宫开会。这些人原以为是有诏集议，一听到是霍光自行召集，而且是要讨论废立时，“皆惊愕失色”。田延年厉喝：“今日之议，不得旋踵!”事实上整个会场已被大将军用兵围住，于是议者皆叩头曰：“唯将军令”(《汉书·霍光传》)。结果皇太后被迫接受这个用武力促成的决议，把皇帝废了，并且仍由霍光坐镇监视，再行集议，另立新君。

资料来源：百度网，节选。

第二节 现代会议的要素

导引案例

优秀企业成功经验高层研讨会简报

由中国企业联合会和企业家协会主办、北京火石文化传播有限公司协办的“优秀企业成功经验高层研讨会”，于20××年7月19日在青岛海尔国际培训中心隆重开幕，会期为四天。会议邀请到美国通用电气公司、摩托罗拉公司、海尔公司的高层领导，同时也邀请了一些知名企业的董事长、总经理和企业高级经营管理人员，还邀请了一些专家和学者。大家探讨了“企业管理本质，新经济与企业战略”，也分享了海尔文化与管理理念。会议形式包括：参观考察海尔工业园，详细了解海尔的发展历程，了解海尔的车间管理、工作管理、资本管理、资源管理、市场管理、文化管理、物流管理、领导行为管理、员工班组管理等理念；与一些企业高层领导就“现代企业股权激励机制设计”等课题进行研讨；与海尔人对话等。会议举办得非常成功。

问题：

1. 从上述材料可以看出，一个成功的会议应由哪些要素构成？
2. 各个要素对会议的成功召开有什么作用和意义？

知识链接

现代会议的要素通常分为两类：一类是基本要素；另一类是其他要素。要素是可供选择的，并非所有会议所共有。

一、会议的基本要素

对于举办会议的组织者来说，要确保会议取得理想的效果，必须了解会议的基本要素，会议只有在具备基本要素的基础上才有可能取得成功。那么会议的基本要素是什么呢？主办者（也可能同主持者合一）、与会者、会议主持人、会议议题、会议名称、会议时间、会议地点、会议结果是构成会议的八个基本要素。

（一）主办者

所谓会议主办者就是指会议活动的具体组织者，其任务主要是根据会议的目标和规则制定具体的会议方案并加以实施，为会议活动提供必要的场所、设施和服务，确保会议的顺利进行。

（二）与会者

与会者就是参加会议的正式成员，包括主持人、秘书等，但不包括在会场上的其他服务人员。

（三）会议主持人

会议主持人是会议过程中的主持者和引导者，也往往是会议的组织者和召集者。会议主持人对会议的正常开展和取得预期效果起着非常重要的作用。

会议主持人通常由有经验、有能力、懂行的人，或是有相当地位和威望的人来担任。一般有以下两种情况：

（1）当然主持人，即会议主持人这个身份是由其职务和地位，也就是由组织的章程或法规所决定的。

（2）临时的主持人，如各种代表会议或几个单位、几个地区的联席会议，会议主持人由代表们选举或协商产生。特别重大的会议，则需要产生相应人数的主席团，由主席团成员集体或轮流主持会议。

（四）会议议题

议题是会议所要讨论的题目、所要研究的课题或所要解决的问题。议题必须具有必要性和重要性，又必须具有明确性和可行性。会议围绕这样的议题展开讨论、进行研究，才容易取得共识或最后表决通过。每次会议的议题都应该尽可能集中、单一，不宜过多，不宜太分散。尤其是不宜把许多互不相干的问题放在同一会议上讨论，这样会使与会者的注意力分散，不利于解决问题。

有些重大的代表会议，应先由代表们提出“提案”，由秘书或秘书处汇总，再提交主席团或专门的“提案审查委员会”审议通过后，才能成为列入会议议程的正式议题。

（五）会议名称

正式会议必须有一个恰当、确切的名称。俗话说，名不正则言不顺。会议的名称要求能概括并能显示会议的内容、性质、参加对象、主办单位或组织、时间、届次、地点或地区、范围、规模等。

会议名称必须用确切、规范的文字表达。它既用于会前的“会议通知”，使与会者心中有数、做好准备；又用于会后的宣传，以扩大会议的效果。

提醒您

大中型的会议，其会议名称通常被制作成横幅，置于会议主席台的上方或后方，作为会议的标志，简称“会标”。会标必须用全称，不能随意省略，以免产生误会。

（六）会议时间

对于大型会议来说，会议时间包括了三层含义：一是指会议召开的时间；二是指整个会议所需要的时间；三是指每次会议的时间限度。

1. 会议召开的时间

某个会议什么时间召开最合适，要考虑多种因素。首先是需要，如每周一次的工作例会，通常放在周五的下午，一周即将结束，下一周就要开始，利于承上启下。一年一度的职工代表会议，宜于年初召开，既利于总结上一年的工作、生产成果，又利于讨论、部署新一年的工作、生产计划。其次是可能，即最好是每位与会者都能参加的时间。如日本的有些企业召开各部门干部汇报会，常定在下班前半小时，而不是安排在刚上班时。最后是适宜，即要考虑气候、环境等自然因素和社会因素。

2. 会议需要的时间

会议需要的时间可长可短，少则几分钟、几十分钟，多则几天、十几天。会议组织者应尽可能准确地预计需要的时间，在会议通知中写明，便于与会者进行安排。

3. 会议的时间限度

每次会议的时间最好不超过一小时。如果需要更长时间，应该安排中间休息。

（七）会议地点

会议地点，又称“会址”，既是指会议召开的地区、城乡，又是指会议召开的具体会场。

为了使会议取得预期效果，选择会议地点时也得考虑多种因素。国际性或全国性会议，要考虑政治、经济、文化等大因素；专业性会议，应选择有专业特征的地区、城乡召开，以便结合现场进行考察；小型的、经常性的会议就安排在单位的会议室。此外，选择会址还要考虑会场设施、交通条件、安全保卫、气候与环境条件等因素。

（八）会议结果

会议结果是会议结束时实现目标的情况和程度，它是会议的目标、议题、会议的组织形态、与会者之间的关系和力量对比等因素综合作用的产物。当会议结束时，可能完全达到了预期目标，也可能只是部分达到，甚至可能出现不理想的结果。

提醒您

会议结果必须在会议即将结束之前被明确地表达出来。会议结果通常以会议决议、合同、条约、协定、声明等文件的形式记载下来，既可以归档保存，也可以直接传达。这样做能够让与会者明白会议上发生了什么，会后还要做哪些工作。

二、会议的其他要素

除了上面八种会议的基本要素外，还有一些其他要素也是必须要考虑的，包括：会议规则、会议服务机构、秘书机构、经费、文件材料、会场专用设备设施、各种消耗性材料等。

拓展阅读

主持能力自测

回答下列各题，标出最接近你的实际情况的选项，以评估你作为会议主持者的表现。你要尽可能地实事求是，选 1 为 1 分，选 2 为 2 分，以此类推。将你的得分加起来，参考“分析”部分，找出自身最需要改进的方面。

选项：1 从不，2 有时，3 常常，4 总是。

1. 每次我都让会议准时开始。 1 2 3 4
2. 我确保与会者都能理解上次会议的备忘录。 1 2 3 4
3. 每次会议我都按照经批准的议程进行。 1 2 3 4
4. 我给全体与会者解释清楚会议的目的。 1 2 3 4
5. 我允许大家畅所欲言。 1 2 3 4
6. 我了解每个与会者的动机和潜在目的。 1 2 3 4
7. 我确保在每次会议中全体与会者都积极投入。 1 2 3 4
8. 我确保自己为每次会议都作了充分的准备。 1 2 3 4
9. 每次正式会议开始前我都会参阅会议程序指南。 1 2 3 4
10. 我确保每次会议的备忘录全面而正确。 1 2 3 4
11. 我确保与会者了解下次会议之前所要采取的行动。 1 2 3 4

12. 我确保与会者知道下次会议的时间和地点。 1 2 3 4

分析：现在你做完了自我评估，请将全部得分加起来，阅读对应的评价，看看你的表现。无论你主持会议的水平如何，重要的是要记住总有改进的余地。请找出你最薄弱的方面，并参考书中的有关章节，找到实用的指导与提示，来提高主持会议的技巧。

12～24 分 你当会议主持者的技巧需要大大改进，重新考虑你是如何担当这个角色的并采取行动。

25～36 分 你有一定的能力，但必须集中改进你的弱点。

37～48 分 你主持的会议应能顺利进行，但是每次会议各异，所以要不断地做好准备。

第三节 现代会议的类型及流程

导引案例

富有成效的客运研讨会

3 月 21 日，河南安阳安运交通运输有限公司召开 2011 年度客运工作研讨会。各客运分公司、汽车站及机关有关处室负责人、公司领导班子成员参加了研讨会。副总经理王建民主持会议。

本次研讨会拟定了客运市场现状及发展方向；客车及司乘人员管理制度改进；围绕旅客需求提高市场份额的途径、措施；内部单位协调配合及增收节支创效办法等七个方面的议题。由于提前下发了研讨题目，各单位进行了充分务实的前期调查准备，研讨会上发言踊跃、观点鲜明、新意不断。

为期一天的研讨会气氛热烈、共识颇多。在会议最后阶段，公司董事长、总经理齐吉忠根据大家的意见，将带有共性又急需解决的问题归纳提炼出六个方面的议题，主持召开领导班子会讨论研究，形成决议后即安排了责任领导和参与落实的部门和人员，并向大家宣布。

这次研讨会既有前瞻性，又贴近生产经营实际；既充分交流了思想，形成了许多共识，又当天解决了几个影响各单位发展创效的实际问题。与会同志对本次研讨会的务实高效给予了充分肯定。

问题：

1. 根据安运交通运输有限公司工作研讨会取得的效果，谈谈如何安排会议。
2. 会议的类型有哪些？

知识链接

一、现代会议的类型

会议作为人们从事各项工作的一种重要手段和方法，其应用十分广泛，因而可以从各种不同的角度划分出多种类型。

（一）根据举办单位划分

1. 公司类会议

此类会议规模大小不一，小到几个人，大到上千人。公司类会议的主题通常是管理、协调和技术等，具体可分为销售会议、经销商会议、技术会议、管理者会议、董事会会议、股东会议等。

2. 社团协会类会议

这类会议因人数和性质的不同而互不相同，规模从小型地区性组织、省市级协会到全国性协会乃至国际性协会等。社团协会大致可以细分为：行业协会、专业和科学协会、教育协会、技术协会等。其中行业协会是会展业最重要的市场之一，因为协会的成员多为业内成功管理人员。社团协会类会议通常伴有展览会。

3. 其他组织会议

这类会议的典型代表是政府机构会议，其中省市级的中小规模的政府机构会议数量十分庞大，是一个非常可观的会议市场。在西方国家，工会会议也是很重要的会议市场。

（二）根据会议的规模划分

1. 小型会议

一般指参加会议的人数在百人以下的会议，通常安排在工作场所或者中小型会议室召开。

2. 中型会议

一般指参加会议的人数在百人以上千人以下的会议，可以安排在大会议室或礼堂召开。

3. 大型会议

一般指参加会议的人数在千人以上万人以下的会议，可以安排在礼堂、会堂或剧场、会议中心召开。

4. 特大型会议

一般指参加人数在万人以上的会议，可以在体育场、露天广场召开，如重大节日庆典、大型表彰会、庆祝大会等。

（三）根据会议的性质和内容划分

1. 年会

就某一特定主题展开讨论的聚会，议题涉及政治、经贸、科学、教育或者技术等领域。年会通常包括一次全体会议和几个小组会议。年会可以单独召开，也可以附带展示会。多数年会是周期性的，最常见的周期是一年一次。

2. 专业会议

专业会议的议题通常是具体问题并就其展开讨论，可以召开分会，也可以只开大会。就与会者人数而言，专业会议的规模可大可小。

3. 代表会议

顾名思义，代表会议是指由代表某一利益群体的与会者参加的会议。不同类型的代表会议，其规模差别很大。

4. 论坛

论坛的特点是反复深入的讨论。它可以有许多的听众参与，并可由专门小组成员和听众就问题的各方面发表意见和看法，由主持人主持论坛会并总结双方或各方观点。

5. 座谈会

这类会议比论坛要正式和严谨一些，由主持人或演讲人进行一种陈述讲演，有一些预定好的听众参加。与论坛相比，与会者在座谈会中平等交换意见的气氛和特征要弱一些。

6. 讲座

讲座是更正式和更有组织的会议，常由一位或几位专家进行个别讲演，讲座的规模可大可小。观众在讲座后可以提问，有时主办方也可能不安排观众提问。

7. 研讨会、专家讨论会

这类会议通常在主持人的主持下进行，与会者参与较多，可以平等交换意见、分享知识和经验。一般规模较小；当规模变大时，就演变成了论坛、讨论会。

8. 专题讨论会

专题讨论会是指为处理专门问题或特殊分配任务而进行的小组会议，与会者就某一议题进行学习和讨论，分享知识、技能和对问题的看法。

9. 培训会议

培训会议一般至少要用一天的时间，多则几周。这类会议需要特定场所，培训内容高度集中，由某个领域的专业培训人员教授。

10. 奖励会议

奖励会议是企业为了表彰、奖励工作出色的员工、分销商或客户而举行的会议，它是企业的一种重要激励手段。

11. 其他特殊会议

如茶话会等，这样的会议应注意选择适宜的环境和场所。

(四) 根据会议活动的特征划分

1. 商务会议

企业因业务、管理、发展等需要而展开的会议被称为商务会议。出席这类会议的人员素质比较高，一般是企业的管理人员和专业技术人员。

商务会议一般对设施、环境和服务有较高的要求，消费标准也比较高。召开商务会议一般选择与企业形象大体一致或更高层次的会议场所，如大型企业或跨国公司一般都选择当地最高星级的饭店。商务会议效率高，会期短。

2. 政治性会议

国际政治组织、国家和地方政府为某一政治议题召开的各种会议属于政治性会议。政治性会议根据内容需要一般采取大会和分组讨论等形式。

3. 展销会议

参加商品交易会、展销会、展览会的各类展商及一些与会者除参加展览外，还会在饭店、会议中心等场所举办一些招待会、报告会、谈判会、签字仪式等，这些会议可以统称为展销会议。另外，一些大型企业在饭店举行会议时，同时还会在饭店举办小型展销活动，这些会议也可划入展销会议范畴。

4. 文化交流会议

文化交流会主要是指各种民间和政府组织组成的跨区域性的文化学习交流活动，常以考察、交流等形式出现。

5. 培训会议

培训会议适用于对某类专业人员进行的有关业务知识方面的技能训练或新观念、新知识方面的理论培训。培训会议可采用讲座、讨论等形式进行。

6. 度假型会议

一些公司或社团、协会等机构利用节假日、周末等时间组织人员边度假休闲边参加会议，这类会议称为度假型会议。这样既能增强互相了解、增强机构的凝聚力，又能解决所面临的问题。

度假型会议一般选择在风景名胜地区的饭店或度假区举行。会议通常会安排足够的时间让与会者观光、休闲和娱乐。

7. 专业学术会议

这类会议是某一领域具有一定专业技术的专家学者参加的会议，如专题研究会、学术报告会、专家评审会等。

（五）新式会议类型

1. 玻璃鱼缸式会议

这是一种非常独特的讨论会议类型。通常由 6～8 名与会者在台上或房间中心围成一圈，圈子中间留有一个空座。其他与会者只能作为观众坐在周围旁听，不能发言，只有那些坐在圈子里的人才可以发言。如果有观众想发言，他必须走到圈子里坐在中间的那个空座上，发言完毕再回到原座位。

玻璃鱼缸式会议通常会安排主持人，他可以参加“玻璃鱼缸”的讨论，也可以只负责维持会议按正常程序进行。由于在会议进行中大部分观众只是在外围观看那些位于圈子中的与会者的演讲或讨论，就像在观看鱼缸或鱼箱里的鱼活动一样，所以人们给其取名为“玻璃鱼缸”会议。

2. 辩论会

辩论会是指两个人或两个团体就某一问题展开辩论，一方为正方，另一方为反方。例如：我们是否应当提高服务价格，正在开发的新产品对公司是否有利，等等。任何具有两面性的问题都可以成为辩论会的话题。

辩论会有很多好处，它着眼于问题的正反两面，可以向观众展示不同的观点和看法。辩论会通常会带来观念或过程的进步，在辩论的过程中可以暴露不少问题。

3. 角色扮演

一般人可能不会想到开会时使用角色扮演这一会议形式。不过，根据讨论话题的不同，角色扮演有时会将一个问题诠释得更好。

在美国亚美酒店所有者协会的年会上，与会者曾经就特权授予人和被授予人之间的调停仲裁问题采用角色扮演这一会议形式。大家通过这一形式对相关问题进行了详细阐述。因为它经过了充分的准备，所以所有仲裁问题，如律师是如何同仲裁人打交道的、又是如何和客户打交道的，都被解释得非常清楚。另外，还有一名讲解员对案例的背景和事实给予陈述。

4. 网络会议

随着现代科技的发展和广泛运用，网络会议逐渐成为一种新的会议形式。这对那些由于各种原因不能参加会议但仍对某些议题感兴趣的成员或同事来说是个福音。由于是通过网络传递会议信息，所以不存在时间上的障碍。网络会议对于召开培训会议非常有利，它可以节省住宿、伙食、交通等许多费用。

二、现代会议的一般流程

会议流程是按照时间的顺序自然发生的、彼此之间有紧密逻辑联系的会议工作环节的集合。因为性质和规模的区别，不同的会议可能会在具体环节上产生差异。因此，本节强调的是所有会议都具备的一般流程。鉴于本章的知识重点，以下会议流程开始的前提是这个会议有召开的必要。

（一）会前准备

（1）目标设定。

（2）确定参会人员、主持人。

（3）拟定会议议程、日程及会议方案。

（4）确定会议时间、地点。

（5）准备会议文件。

（6）发布会议信息。

（7）会场布置。

（二）会议进行

（1）会前确认。

（2）会场检查。

（3）会议展开。

（三）会议结束

（1）整理会场。

（2）整理会议文件。

（3）经费结算。

（4）会议评估总结。

三、通用会议流程图

通常情况下，会议包括会前准备资料、接待准备、接待工作、会场布置及会中服务等。通用的会议流程如图 1—1 所示。

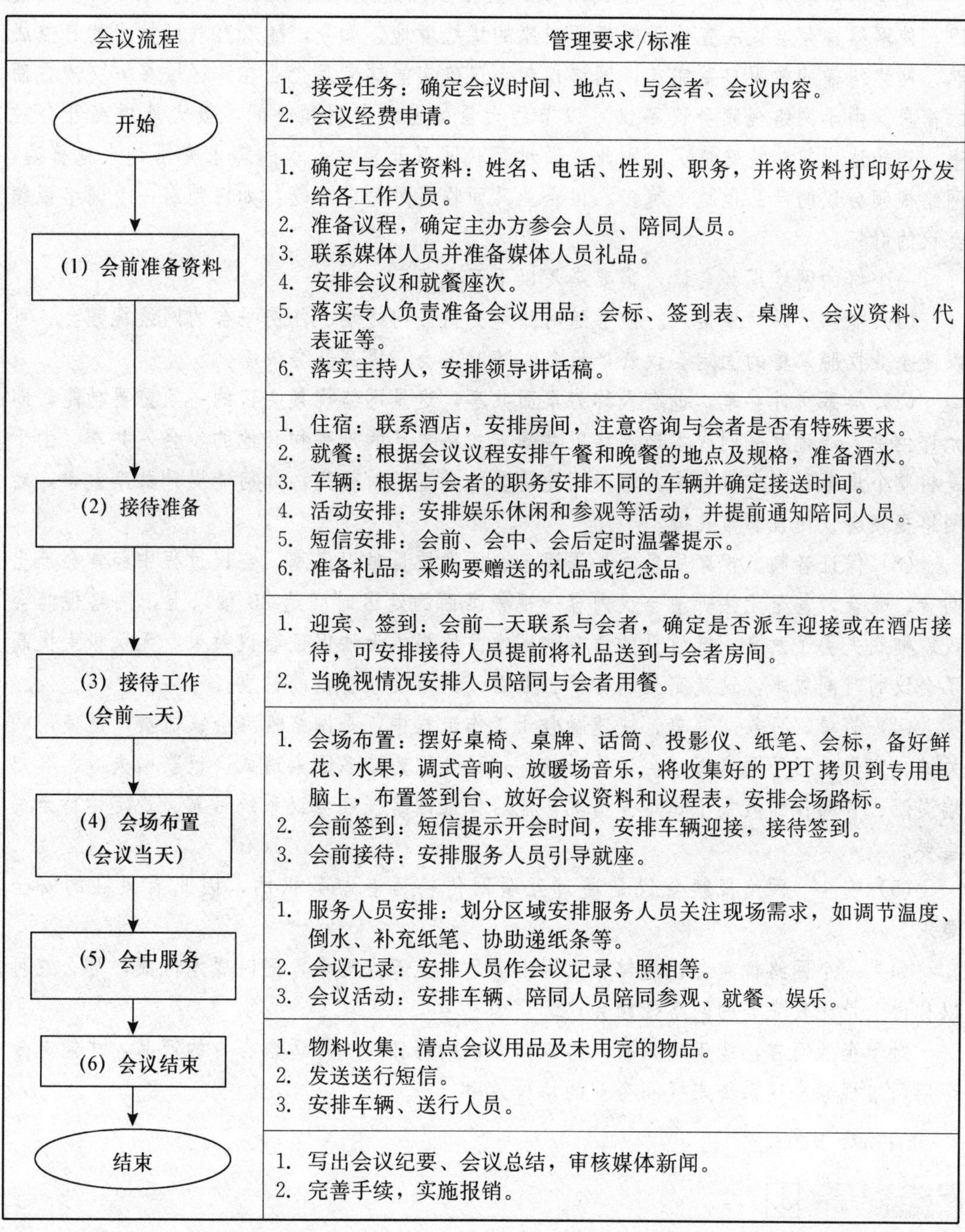

会议流程	管理要求/标准
开始	1. 接受任务：确定会议时间、地点、与会者、会议内容。 2. 会议经费申请。
(1) 会前准备资料	1. 确定与会者资料：姓名、电话、性别、职务，并将资料打印好分发给各工作人员。 2. 准备议程，确定主办方参会人员、陪同人员。 3. 联系媒体人员并准备媒体人员礼品。 4. 安排会议和就餐座次。 5. 落实专人负责准备会议用品：会标、签到表、桌牌、会议资料、代表证等。 6. 落实主持人，安排领导讲话稿。
(2) 接待准备	1. 住宿：联系酒店，安排房间，注意咨询与会者是否有特殊要求。 2. 就餐：根据会议议程安排午餐和晚餐的地点及规格，准备酒水。 3. 车辆：根据与会者的职务安排不同的车辆并确定接送时间。 4. 活动安排：安排娱乐休闲和参观等活动，并提前通知陪同人员。 5. 短信安排：会前、会中、会后定时温馨提示。 6. 准备礼品：采购要赠送的礼品或纪念品。
(3) 接待工作（会前一天）	1. 迎宾、签到：会前一天联系与会者，确定是否派车迎接或在酒店接待，可安排接待人员提前将礼品送到与会者房间。 2. 当晚视情况安排人员陪同与会者用餐。
(4) 会场布置（会议当天）	1. 会场布置：摆好桌椅、桌牌、话筒、投影仪、纸笔、会标，备好鲜花、水果，调试音响、放暖场音乐，将收集好的 PPT 拷贝到专用电脑上，布置签到台、放好会议资料和议程表，安排会场路标。 2. 会前签到：短信提示开会时间，安排车辆迎接，接待签到。 3. 会前接待：安排服务人员引导就座。
(5) 会中服务	1. 服务人员安排：划分区域安排服务人员关注现场需求，如调节温度、倒水、补充纸笔、协助递纸条等。 2. 会议记录：安排人员作会议记录、照相等。 3. 会议活动：安排车辆、陪同人员陪同参观、就餐、娱乐。
(6) 会议结束	1. 物料收集：清点会议用品及未用完的物品。 2. 发送送行短信。 3. 安排车辆、送行人员。
结束	1. 写出会议纪要、会议总结，审核媒体新闻。 2. 完善手续，实施报销。

图 1—1　通用会议流程

拓展阅读

如何评判一个网络视频会议的好坏

中国网络视频会议已有多年的历史，但由于应用效果并不尽如人意，难以普及使用，使网络视频会议一直处于叫好不叫座的尴尬境地。如今，随着互联网技术的日益成熟，网络传输的效果日益完美，网络视频会议确实能够满足企业在跨区域多方交流方面的需求。由于网络视频会议不仅可以节约大量的差旅费用和时间，极大地提高开会效率，还能适应某些特殊情况，因此，通过互联网召开视频会议的需求变得越来越普遍，网络视频会议的产品也越来越多。但企业又面临着另一个难题：如何判断一个网络视频会议的好坏。

一个好的网络视频会议，需要满足以下五点：

(1) 能够随时随地接入。能够随时随地支持任何终端、任何平台的网络视频会议可以使企业摆脱笨重的固定会议资产设备，随时入会，提高开会效率。

(2) 屏幕文件共享。也有人称为桌面共享，这是网络视频会议的一项重要功能，即允许主讲人通过互联网或本地网络以共享方式将自己的屏幕和其他的参会人共享。由于是将整个屏幕和所有参会人共享，因此需要的带宽相对较高，如何能提升共享效率，对网络视频会议而言非常关键。

(3) 保证音频、视频质量。如果语音、图像质量难以保障，会议过程中经常会产生回音、噪音，甚至无法听清会议内容；视频画面的延迟时间达30秒以上，网络视频会议就彻底失去了意义。低质量的语音和图像品质根本无法保证会议效果，无疑极大提高了会议的时间成本，这就完全违背了企业召开网络视频会议的初衷。

(4) 简单、可靠。简单、快速融合于工作流程中，是网络视频会议能被广泛使用的关键。客户在召开网络视频会议的时候，往往会因为诸多因素造成会议联网失败、客户端崩溃、音频视频质量不稳定等情况，能否保证网络视频会议系统可靠、稳定运行至关重要。

(5) 安全。网络视频会议是通过互联网传输语音与数据的，因此有更高的安全要求。

如果一个网络视频会议能够在应用上满足以上五点要求，同时成本低廉，那么它可以称得上是比较完美的网络视频会议。

对于企业而言，能正确判断网络视频会议的好坏，选择适合自身的产品，才能充分运用网络视频会议系统来提高企业的协作效率。

资料来源：赛迪网。

本章小结

本章简要介绍了会议的概念和类型、会议的功能、会议构成要素以及会议一般工作流程，让秘书从业人员和初学者了解有关会议的基本理论知识，对会议与秘书工作的关系建立明确的认识，从根本上理解会议存在的价值，初步掌握会议应该如何进行，为后续的学习奠定基础。

实践训练

- **训练一**

1. 实训目标

通过训练，使学生了解组织一次会议需要考虑哪些要素。

2. 实训内容

××公司是一家全国知名的手机生产企业，产品质量深受业内专家和消费者的好评。为争行业内的领先地位，公司投入大量的财力和技术力量，建立了新的生产车间，设计了一批符合市场需求的手机。为此，公司准备召开全国客户洽谈会暨新产品发布会。

3. 实训要求

(1) 全班分成两组，合作完成此项任务。

(2) 拟写一份参加会议人员的名单，说明要邀请哪些人来参加会议以符合此次会议的要求。

(3) 分组讨论怎样组织召开这次会议。

- **训练二**

1. 实训目标

通过训练，使学生掌握会议构成的基本要素。

2. 实训内容

某公司定于某月某日在公司第二会议室召开总结表彰大会，发了请柬邀请有关部门的经理和负责人光临，在请柬上把开会的时间、地点写得一清二楚。

接到请柬的几位负责人很积极，提前来到第二会议室开会。他们看到会场布置不像是开表彰会的样子，经询问会场负责人才知道，今天上午这个会议室开报告会，该公司的总结表彰会改换地点了。几位负责人都很生气，会议改地点了为什么不重新通知?

会议主办机关的负责人解释说，因秘书人员工作粗心，在发请柬之前还没有与办公室负责人取得联系确定会议场所，一相情愿地认为不会有问题，便把会议地点写在请柬上，等开会的前一天下午去联系时，才得知第二会议室早有安排，只好临时改换会议地点。但由于邀请的部门和人员较多，来不及一一通知，结果造成了上述失误。

3. 实训要求

(1) 分小组讨论出现这种结果的原因。

(2) 全班同学讨论如何避免上述情况的出现。

(3) 全班分成两组，一组分角色将上述背景材料演练出来，另一组修改上述背景材料，将正确的处理方式演练出来。

(4) 教师总结点评。

第二章

有效利用会议

定向目标

- 了解有效会议的界定
- 明确认识开会的目的
- 掌握杜绝无效会议的方法

第一节　你需要开会吗？

导引案例

开会达人

周一上午9点，部门例会。

周一下午3点，上海客户公司，项目例会。

周二上午10点，北京总公司，项目通气会。

周三下午3点，上海分公司，与供应商进行会议。

周四上午11点，上海分公司，项目小组项目进展会。

周五上午10点，南京，客户大会。

看到这张下周日程安排表，我真是欲哭无泪。雨果说："我不是在喝咖啡，就是在去喝咖啡的路上。"大文豪这话充满了潇洒，而对于我来说，则是"我不是在开会中，就是在去开会的路上。"

除了已经规划好的会议，我还得随时面对突如其来的会议，会议召集、会议准备都让我头疼不已，现在我已经可以自诩为"开会达人"了。

其实我想明白了，身在企业就免不了要开会。从讲究例行性的周会、月会、例会、年会，讲究功能性的业务会议、营销会议、提案会议、战略会议、动脑会议、决策会议、检讨会议、部门会议或跨部会议，讲究现场主义的站着开的朝会，到一边吃一边开会的早餐会、便当会、茶会，我们不知不觉进入了无时不会、无地不会、无所不会、无人不会、无事不会的时代，想不成为“开会达人”估计也是件很难的事。

在使用 WebEx 后，我这个开会达人终于摆脱了会议的烦恼，只需要普通电脑、普通的浏览器，我就能上网参加会议。即使我身在外地，也不必回到会议室才能够参加会议。不过，目前我的会议中使用 WebEx 的频率还不多，但随着公司逐步推广 WebEx，我今后参加会议将不再这么疲于奔命了。

资料来源：比特网，经过删改。

问题：

1. 你认为开会的目的是什么？
2. 会议开得成功的秘诀在哪里？

知识链接

一、明确会议的目的

召开会议可以有许多不同的原因，会议主办者必须预先明确会议的目的，才能使会议取得成功。目的尚未明确，就无法确定需要举行哪种会议。因此，首先需要确定会议的目的及所需的时间，然后邀请与会者。

提醒您

从一开始就要明确会议目的。如果不开会也能解决问题，就取消会议。

二、考虑开会的主题

会议的主题主要有下列几种：

(1) 透露信息或提供意见；

(2) 发布指示；

(3) 提出申诉和仲裁；

(4) 做出决定或贯彻决定；

(5) 激发创意；

(6) 提出建议进行讨论，并做出最终决定。

要明确所要召开的会议的主题属于其中的哪一种，并确保全体与会者明了。

三、考虑开会的细节

如果已确定一个会议的主题，就可以开始考虑其他细节。想一下这个会议要开多久，哪几个问题需要讨论以及必须分配给每个问题的时间是多少。注意留点时间用于分派任务，也留点时间给予会间休息及会议总结。一定要安排好会议，以确保恰当的、有必要的、权威性的与会者能够出席。如果他们不能来，那就重新安排一个更合适的时间。对于例行会议，应每隔一段时间检查一下这些会议是否仍符合一个实用目的而不是在浪费时间。

（一）自我提问

（1）每个人都明确开会的目的吗？

（2）是否需要每个人都出席整个会议？

（3）是否有比开会更好的方法？

（4）是否有其他人，他通常不出席你的会议，但可能会在这一次会议上提出有益的意见？

（5）使用各种视觉辅助手段是否有利于会议？

（二）评估个人的目的

无论是主持会议还是出席会议，都应事先考虑会议规定的目标以及个人目标。另一个需要考虑的问题是能否减少花费在会议上的时间。如果与会者不需要参加整个会议并已决定只出席其中的一部分，则应预先通知会议主席。

（三）保密事宜

如果会上要讲保密事宜，应在会议的开始阶段就让全体与会者知道。所有的保密事项需要得到恰当的处理，并且在会外也应获得足够的重视。如果会议内兼有机密和非机密的事项，则应预先确保全体与会者了解每个项目相应的情况。

（四）强调目标

如果你主持会议，在会议开始时就要概述这个会议的目的和目标，这样能使全体与会者在整个会议期间都能牢记不忘。提醒与会者何时必须做出何种决议以及需要传递何种信息，如果他们偏离这一点，提醒他们注意分配给每个问题的讨论时间。如果你仅是会议的参与者，要确保你已为详尽讨论与你特别有关的事项做好了充分准备。

拓展阅读

烦人的会议

会议，会议，会议，整天都是会议，烦死了。几乎每一个在创业公司里待过的员工都有类似的感觉。是的，大多数时候，创业公司的生活就像一场没有止境的马拉松会议。也许，许多人对此大惑不解，员工手头有那么多的事情要做，他们却要整天束缚在一些冗长的会议上，他们何时才能完成手头的实际工作呢？实际上，在创业公司里，许多会议是低效率的，它们浪费了我们宝贵的时间。但是，我们又不得不承认，有些会议对推动公司不断向前发展确实是非常关键的，特别是在公司处于发展时期的重要关头。我们面临的问题在于，如何才能开一个高效的会议。

富有成效的会议不仅仅是为了开会，而是为了解决实际问题。因此我们可以在会议中做到以下几点来保证会议的效率：

(1) 务必清楚地说出你为什么开这个会议；

(2) 准时出席会议；

(3) 准时开会；

(4) 制定一份周到的会议日程表，并且遵循它；

(5) 提前发放会议材料；

(6) 准时结束会议；

(7) 不要接受双重的会议邀请；

(8) 选择一个舒适的开会地点。

资料来源：百度网，经过删改。

第二节 什么是有效会议？

导引案例

开个有效的会议

蓝天实业公司生产部经理经常通过召开会议来解决问题和处理工作，同时他自己又必须参加很多上司主持召开的会议。他感觉整天忙于各种会议，无暇处理业务，造成工作上的被动，为此下决心改进会议。

过去，他每召集一次会议，不管会议内容是什么，总是要求下属所有的负责人来开会。结果，会议规模很大。每位参加者为了表示对会议的重视，大都至少提出一个问题，而多数问题都与会议议题无关，这就难免使会议时间拖得很长。究竟怎样确定与会人员的范围才合理呢？经过认真分析研究，他找到了一个两全其美的办法。这就是：会前，先分发一份会议须知单，内容大都为：某月某日某点，在某会议室讨论某问题，已邀请有关领导同志参加讨论，如果你认为需要了解有关情况或愿意参加讨论，届时出席。未到会者，我们将于会后送上会议讨论纪要，供你参考并提出意见。

过去每次会议都要有十多人参加，并且时间很长。而现在只有少数几个人参加，再加一个记录的秘书，用一个小时左右就把会开完了，而且也没有人敢怠慢。

问题：

1. 开会时间越短越好吗？
2. 你认为应该如何提高会议的效率？

知识链接

一、有效会议的界定

有效而成功的会议，一般来说需要具备以下三个条件。

（一）会议目标能被实现

会议是为达成特定目标所使用的一种工具、方法，一次成功的会议应是一个建设性的获得预期成果的过程。因此，衡量会议效果的时候，最先评估的就是会议是否完成了预期目标。当然，预先存在的假设是这个目标有被努力达到的价值。

（二）会议目标能在最短时间内被实现

这里强调的是必须保证会议在沟通与信任的前提下，争取在最短时间内取得成果、达到目标。这是根据效率原则而提出的要求，也是充满挑战性的要求。但在实际工作中这一点却很难达到，很多会议在沟通讨论环节花费掉大量时间，也达不到组织者需要的目的，造成低效、拖沓的结果。从事咨询和培训工作的弗朗西斯・米凯尔（Frances A. Micale）说道："我所听到的最大的抱怨是会议没成效，耗时过长，没必要。"咨询师佩吉・克劳斯（Peggy Klaus）说："经理人有时候感到自己必须听取每个人的意见，才能做出决定。但这样做太费时间，着实荒谬。"

某网站还提供了一个会议成本计算器，根据一组变量确定会议的成本。例如，假定管理团队有 5 名成员，平均年薪为 70 000 美元，该会议持续约 2 小时，那么每周召集一次会议就要花费 390 美元，每年的花费就要超过 20 000 美元。除了这个金额外，还要加上无休止的会议、堆积如山的信息及日渐变长的工作清单给员工所增加的压力和不满造成的损失。

（三）与会者对会议感到满意

让与会者对会议感到满意，应是指与会者对会议本身进展及结果的感受，绝不是会议的最终成果或决议使每个与会者都从中受益。从实际存在的情况来看，让与会者参与会议的情况一般都是与其直接相关或间接相关的事情，因此尽量让与会者感到自己充分参与了决议的产生，自己的意见表达出来并得到了倾听和理解，会议就能使他们感到满意。而且，让与会者感到满意的会议会使他们增加成功的感觉，并对会后决策的实施产生积极的推动作用，这也成为衡量有效会议非常重要的因素。

二、有效会议的基本特征

（一）鲜明而清晰的目标

鲜明的目标和会议主题能推动会议工作的有序和有效开展，会议组织者应当非常明白召开这次会议想要达到什么目标。一次会议的目标可能有多个，抓住最主要的目标才是最关键的问题。一般来说，要在会前充分准备，这一点很重要。会前准备不仅是一个物质准备，还是一个思绪整理的过程。在这个过程中还会有新的发现，甚至可以上升到理论的高度，有的还要写成文稿。

当然，这个鲜明、清晰的目标还必须是切合实际的。也就是说，目标要有被完成的可能性，不可能完成的目标是完全没有意义的，实际上也说明这个会议是无效的。

（二）不搞"一言堂"

有的会议是需要"一言堂"的，但更多的会议则需要更多的人从不同角度发言，这样才能形成"头脑风暴"，创造性的火花才会迸出。有的领导很民主，发言后要问其他与会者有什么要说的，他可能会直接问一句："大家还有什么意见?"民主不是用来装潢脸面的，是需要体现在细节中的。因此，不论哪类会议都要力避"一言堂"，偶尔"一言堂"也罢了，经常"一言堂"就是话语霸权了。

（三）相应的"议事规则"

议事规则包罗万象，内容非常详细。有的规则专门针对主持会议的主席，有的规则针对会议秘书，还有大量有关普通与会者的规则，包括不同意见应该如何提出与表达、会议辩论应该如何进行、会议分歧时如何表决等。一个有效的会议应该具备这些相应的议事规则。

（四）有效控制会议的时长和频率

会议往往被想当然地视作严肃的事情，因此也很少有人会去计算会议成本。在管理学中，会议成本＝每小时平均工资的3倍×2×开会人数×会议时间（小时）。平均工资之所以乘以3，是因为开会人员多是组织中的中、高层管理者，他们的收入高于平均工资；乘以2是因为参加会议要中断经常性工作，损失以2倍计算。以人均5万元年薪的企业为例，10个人参加3个小时的会议成本约为4 100多元，这还不考虑租用会议设施的费用。因此，只有真正明白了会议首先是在消耗企业利润时，我们才会认真地对待每一个会议，尽量减少不必要的会议。

三、杜绝无效会议

在任何管理中，会议是沟通、协调和决策的重要手段，它的灵活性与制度的强制性、约束性构成了组织正常运作的轨道。然而在现代企业中，越来越多的管理者共同抱怨"会议太多"，他们大部分的工作时间都花费在冗长的文山会海之中，时间的不受控制令他们感到无比沮丧，可以说"无效会议"比比皆是。会议常常频繁、冗长、空洞、平淡，毫无效果。在绝大多数情况下，总结会议失败的教训要比了解成功的经验更加重要，因此我们来讨论一下无效会议产生的主要原因及危害性。

（一）产生无效会议的主要原因

1. "一言堂"

"一个人说、很多人听"的会议是典型的一言堂。领导在主席台上夸夸其谈，台下坐着沉默的听众——这样的场景你一定不陌生。这样的会议更像作报告，完全没有团队成员之间的交流。

"一言堂"式的会议让组织内充满了官僚气息，无法充分发挥每一位团队成员的智慧，无法充分调动大家的积极性、主动性和创造性。因为一言堂意味着"一人指挥、众人听令"的组织行为方式，它封闭了员工与管理者的沟通渠道，这样的机制更不可能孕育出自动自发的员工。

2. 主题不明确

很多时候，会议的发起者并没有想清楚"为什么要开会"，他只是模糊地认为，有些事情需要大家聚到一起商量一下，而对于会议的主题、目的则缺少认真的思考。这是会议主题不明确的第一种表现。

会议主题不明确的第二种表现是会议总是游离主题，无法紧密围绕既定的主题展开。这种现象就是我们常说的“跑题”。

3. 缺乏具体议程

议程是会议进行的程序。议程在会议开始之前就规定了会议依照什么程序进行，先讨论什么，后讨论什么。在议程的提示下，会议就可以按部就班、有条不紊地进行，不会出现顺序颠倒、内容重复、随意插接等不良现象。而缺乏具体的议程或者议程不合适，就有可能出现混乱的情况——参会者觉得会开得没头没脑，会议组织者也可能会遭遇不知所措的尴尬，想不起下一步该做什么。

4. 选择错误的参会者

正确而聪明地选择参会者是高效率会议的必备因素之一。很多会议邀请了无关紧要的人，却忽略了重要人物，尤其是决策者。如果决策者不在会议现场，会议就有必要取消，因为即使召开了，也无法取得成效。如果同时邀请两个对立部门参加会议，很可能会激化两者之间的矛盾。如果邀请两个观点迥异却又不轻易妥协的人参加会议，就有可能令会议无果而终。另外，参会人数的多与少也直接影响着会议的成效。

5. 议而不决

会议的成果是形成决定、决策。决策需要拥有决策权的人做出。如果一场会议的过程无懈可击，也获得了普遍认同的意见、做法和行为，却因为决策者不在场而无法做出决策，这样的会议结果很令人惋惜。

6. 规则不清晰

所谓会议规则，就是会议展开过程中遵循的约定或规定。例如，参会者发言的顺序是随机的，还是按照座次轮流，或是遵循事先商定的顺序？参会者需不需要分组？陈述意见的方式是口头的还是书面的，是公开的还是匿名的？这些规则构成了团队的交流机制，如果它们不存在，那么会议将变得一团糟。就像不存在足球规则就不可能踢好足球比赛一样。当会议主持人宣布“讨论”的时候，大家面面相觑，谁也不愿意先说话，会场一片沉默——这就是缺乏会议规则的结果。

7. 引导不得当

抱怨、牢骚、争吵、人身攻击……这些都是我们极不愿意在会议上发生的事情，可现实却不尽如人意，总是有为数不少的会议变成了组织内部矛盾的源头。导致这种情况的重要原因是会议主持人缺乏正确的会议引导能力，更糟糕的是，他们普遍缺乏正确引导会议的意识。会议主持人必须设法带领大家奔向最终的会议目的，而不是踟蹰于半路；或者在无关紧要的事情上耿耿于怀；或者在某一矛盾上过分计较，导致矛盾扩大化等。

8. 短话长说

有些人在表述观点时习惯性地做很长的铺垫，说很多客套话；有些人并没有自己的主张，只是换一种说法重复别人的观点；有些人用很多的时间论述一个简单的观点，而这个观点却毫无新意，甚至与会议主题并没有十分紧密的关联性；有些人夸夸其谈却不知所云；有些人拐弯抹角地表达自己的看法，含糊其辞、令人费解……这些情况都大大降低了会议的效率。

9. 会后缺乏跟进

会议形成的决策未有效落实，这恐怕是所有参会者最为失望的问题。事实上，会议成果能够得到百分之十的贯彻执行并且富有成效，就已经令人庆幸。从思想到行动的距离，总是那么漫长。人们走出会议室，就已经将会议内容忘记了大半，执行一小部分，取得成果的又是一小部分，最后我们无奈地发现，召开会议对实际工作并没有什么意义。这主要是会后缺乏跟进导致的。

（二）不切实效的会议的危害

（1）会议目标无法实现，影响发展。

（2）会议所承担的机会成本相当可观。

（3）与会者对会议感到不满，破坏了信任。

（4）浪费所有人的时间。

提醒您

开会要花费宝贵的时间和金钱，故而会议要在有必要时才开，并且要开得简短有效。使会议开得卓有成效的 10 个建议为：

（1）每次一开始就让大家都清楚会议目的。

（2）如果某个问题不开会也能解决，就不要开会。

（3）请记住，上级主管参加会议会抑制讨论。

（4）在工作场所以外的地方举行会议，大家都会觉得轻松。

（5）要熟悉正式会议的各种程序和规则。

（6）开会前先通知与会者，要他们注意会议讨论的重点。

（7）信息要加以选择，避免过多。

（8）仔细考虑你要召开的会议的类型。

（9）会前先拉几个盟友。

（10）只要有人偏离会议方向，立即提醒他们注意议程。

拓展阅读

公司会议的四大杀手

你们在公司会议中的对话是不是让人感到精疲力竭？如果你们的对话不能激励员工，不能让他们专注于自己的工作，那就仔细看看下面的内容吧。

第一，悬而不决。

症状：人们十分困惑。会议结束时，人们不清楚下一步该做什么。人们会根据自己的利益对会议做出解释，如果后来目标没有实现，没人会为此承担责任。

药方：让会议产生结论。在会议结束的时候，确保每个人都知道自己该做什么、何时完成。如果有必要的话，把这些结论都写下来，并且要很详细。

第二，信息阻塞。

症状：无法把所有相关信息都搬上台面。做出一项决策后，又会出现一个重要的事实或意见，使得人们必须重做决策。而且，这种事不断重复发生。

药方：首先确保相关人员都参加会议；当发现遗漏了什么信息时，要立刻把这一信息告诉众人；通过问一问“还漏掉了什么”，明确地鼓励开放和坦率的交流；用辅导或处罚的手段来纠正隐瞒信息的做法。

第三，本位主义。

症状：人们目光狭隘、关注自身利益，不承认他人也有正当的利益。

药方：让每个人都发表意见，直到你确定问题的方方面面都讨论到了；不断重申你们的共同目标，以便让每个人都以大局为重；制定多个选择方案；通过培训让人们看到，他们的工作是怎样为企业总的使命服务的。

第四，自由散漫。

症状：领导者无法引导讨论的方向，任由负面的行为肆意滋长。“胁迫者”会要挟所有人员，直到其他人同意自己的想法；“跑题者”会把话题岔开，说“10 年前我做这件事的时候”如何如何，开始讲述陈年旧事，或喋喋不休地说一些无关痛痒的细节；“沉默的说谎者”不会表达自己的真实想法，或者他们会赞同那些自己根本不打算去做的事；而“裂者”会在社交运作机制外部寻找支持自己观点的人，从而在小组内部制造裂痕，或者在大会下面开小会。

药方：领导者必须发挥内在的力量，不断重申哪些行为是可以接受的，并惩罚那些屡教不改之人。如果轻微的惩戒不管用，领导者就必须把犯错之人清除出去。

资料来源：“世界经理人”网站。

第三节　做好会议组织与服务

导引案例

刘阳大学毕业进入一家公司，工作内容主要是处理公司会议组织事务和服务工作。公司部门多、领导多，各种业务也多，因此会议非常频繁，时间和场地经常会出现冲突，再加上会议主持人对会议缺乏管理，总是发生议程混乱、议而不决、会议低效、服务不周到的情况。领导不止一次地批评了刘阳。刘阳也很委屈，心想：以前在学校里，开会哪有这么麻烦，随便拉到一个教室，两三句就讲完了，哪里需要考虑这么多问题。

问题：

1. 刘阳应如何根据公司会议的特点做好会议的组织服务工作？
2. 做会议组织服务的人员需要具备什么样的素质？

知识链接

会议的组织和服务为会议的顺利进行提供了一系列关于会场内、会场外的管理和服务，是保证会议顺利进行不可缺少的环节。从事会议管理的人员都要熟悉会议流程，并经过专业的培训，具有较强的专业技术和服务技能。会议组织和服务包罗万象，在掌握更为具体的工作之前，我们首先要明确的就是对于基本知识的认识，这其中包括了理解会议组织和服务的概念、功能、基本流程、类型等一般内容。

一、什么是会议组织和服务

组织会议，简称“办会”，是秘书工作的重要内容之一。会议组织和服务，是指为了保障会议的顺利举行而进行的各种具体事务工作的总称。它包含两大内容，即组织和服务，都属于会务工作，是会务工作中管理性、事务性、服务性的工作。本书着重从这两大方面进行介绍和学习。

二、会议组织的基本内容

与会议活动有关的所有内容都是会议组织的内容和范围。具体归纳而言，会议组织的基本内容指的就是会前、会中和会后三个方面的工作：

（1）会前要进行一系列的会议策划，包括确定会议议题、安排会议议程、制发会议通知、拟定会议预算、准备会议材料、制发会议证件、布置会场内外等。

（2）会中要组织报到、签到，再次确认会议准备工作。会议开始时要发放会议资料；会议进行中要做好会议记录、会议主持，并及时报道会议信息，辅助营造良好的会议气氛。

（3）会议结束后要核对会议议程实况，整理会议文件，做好会场善后工作，如归还所借物品和清理会场等，还要做好会议评估。

三、会议服务的内容和类型

为了使会议开得富有成效，为远道而来的与会者提供便利和舒适，会议过程中就需要全面、细致的各方面服务，这些都属于会议服务的内容。根据其具体内容的不同，会议服务可以分为以下几个方面。

（一）会议文书服务

会议文书在会议的组织、管理中占有非常重要的地位。从会前会议名称、会议议题、议程、日程、会议通知等的拟定，到会议期间的会议记录、会议简报的编写，再到会后会议纪要、会议总结等各类文书的写作，会议文书在会议服务中至关重要。所以，必须学会撰写会议文书。

（二）会议环境服务

会议环境服务是为了体现会议的要求和保障会议顺利进行的重要工作，主要包括：会场布置、主席台设置、座位排列、会场善后工作等。在会议环境服务中，会场布置是会议前期重要的准备工作。会场布置是否合理，对于会议的成功与否有很大的影响。尤其对于一些重大的会议，更是应该拿出很长一段时间来做准备。会场的地点和大小是否合适、设施是否齐全、会场的布局是否合理、会场营造的气氛是否与会议主题一致，对会议效果都会产生直接的影响。此外，会议结束后的善后工作也很重要，可以为下一次会议的开展做好准备。

（三）会议接待服务

会议接待服务就是指在会议正式召开前和召开后的一系列接待工作，包括与会者到达后的接站工作、到达会场后的报到和引导工作、会议正式开始前的签到工作、会议结束后安排与会者返程和送别等相关事务性工作。

（四）会议礼仪服务

会议礼仪属于职业礼仪的范畴。从修养角度讲，它是会议过程中人与人交往的交际艺术；从传播角度讲，它是会议组织方及其他相关组织塑造形象、提升知名度的有效途径。本书主要讲的是会务人员的形象礼仪、沟通礼仪和会议接待礼仪。

（五）会议信息服务

会议的组织与活动过程从某种意义上讲就是信息工作的过程。会议的信息服务，包括信息的收集、传递、利用、反馈等。信息收集的方法有很多，如收集会议形成的文件资料、召开座谈会、约谈等。会议信息的传递和利用有口头、书面、音像、传真、电子邮件、邮寄等方式。会议信息的反馈可以有正面指导性反馈和建设性反馈两种，这是进一步做好会议服务工作的基础。

（六）会议生活服务

与会者能否顺利到达会场办理报到、住宿等手续，会议期间的旅游、娱乐、餐饮等活动安排得是否得当，都会直接影响会议。所以，会议期间的生活服务对会议的成功起着至关重要的作用，也必须保证做好才行。

（七）会议保障服务

会议保障服务就是为会议的正常、顺利进行提供的一系列保障，主要有会议的安全保卫、会议的值班、会议设备的正常使用等方面。会议的安全保卫从会场内外给与会者及会议内容提供可靠保障；会议值班能处理需要临时办理的事项，满足会议领导或与会者的临时性需求；会议设备则为会议的正常进行提供技术上的保证。

四、会议组织和服务的作用

（一）保障会议的顺利开展和圆满完成

会议是为实现现实工作需要的目的而召开的，会务工作就是要通过安全、有序、优质的组织和服务，来确保会议的成功召开，组织与服务的好坏会直接影响会议的成效。

（二）为会议主办方赢得良好的信誉

会议进行的状态、组织与服务的质量都是展示会议主办方形象的窗口。会议主办方通过一系列的会务工作，会给与会者留下良好的印象，无形中会树立自身的形象。

五、会务人员的素质要求

（1）爱岗敬业、团结协作的精神。

（2）热情友好、细致耐心的态度。

(3) 良好的组织、交往能力。

(4) 熟练的会议专业技术。

拓展阅读

大型会议如何服务

规模大、人数多的会议就是大型会议，这类会议的形式很多，如庆祝大会、纪念大会、表彰大会、劳模大会、报告会等。大型会议属于群众性活动，会议日程一般都比较简单，安排紧凑。

1. 服务流程

在大会开始前一小时，一切准备工作就绪，服务员迎接与会人员入场。饮水处要备有充足的茶水、点心等（根据招待标准），茶水随用随添，保证卫生安全。会议开始后，休息厅仍要保留饮水台，以保证与会人员随时用水。由于是群众性活动，厕所用量很大，因此要设专人管理，经常进行清扫，保证清洁无味。

2. 服务要点

(1) 有些规格高的庆祝会、表彰会，主办方会邀请少年儿童鼓乐团或少年儿童进行献花活动和夹道迎送。在这种情况下，一要认真检查与会人员行走的路线，保证地毯平整并维持现场秩序；二要为少年儿童提供良好的休息场所，保证他们的饮水。

(2) 有些劳模大会，由于日程安排紧凑，主办单位一般采用中午在大会现场发盒饭的办法解决与会人员的午餐问题。遇到这种情况，现场的工作人员要积极配合。发放食品尽量选择比较宽敞的地方，避免拥挤。休息厅周围多摆一些口径大的果皮箱，并做到随时清理，不要积压成堆。

(3) 如果是报告会，主席台的服务要特别注意观察报告人的用水，保证其用水。而且每次换报告人时，要换一杯水。在给报告人续水时，动作要轻稳，防止因声响过大而通过麦克风传入会场，影响报告的效果。

(4) 有的庆祝会会后要安排演出文艺节目。在这种情况下，现场负责人要事先组织人员，迅速撤下主席台上的桌椅。在撤桌椅前要有明确的分工，操作要有程序和条理，避免工作秩序忙乱，保证按时演出。

(5) 服务大型会议时，因面对的是人数众多的一般群众，因此要特别注意服务态度和服务质量，强调服务一视同仁，全心全意为群众服务。

资料来源：百度网。

本章小结

本章旨在让会议组织者明确召开会议的目的，对会议成本有清晰的认识和计划。通过界定有效会议的概念、简要介绍有效会议的特征、探讨不切实效的会议的危害，从而强调对开会的审慎态度。只有认清组织会议的诸多障碍，才能避免无效会议，提高办事的效率和效果，并为学习具体的各个环节的会议组织和服务技巧提供帮助。

实践训练

● 训练一

1. 实训目标

了解现实中的会议是否有效，让学生进行深入体会和思考。

2. 实训内容

背景材料：办公室通知我们到电信局会议室参加国务院召开的电视电话会议。结果是国务院开完了省里说不要走开，我们省接着开电视电话会议；好不容易省里的会议结束了，市里说我们全市接着开；等到市里的会议结束时，县里的负责人说我们县里的同志不要走，我们今天就开会传达到乡镇算了。以致后来国务院或省里的电视电话会结束后，会议室的人习惯性地等待省里或市里接着开。一般来说，凡是中央开了一个工作会，省、市一定要开会传达，接下来县里开会传达、乡里开会传达，一直要开到村、街道和国有企业的车间班组。因为不开会传达，在形式上就没有落实。因此，开会就是落实，不开会就是不落实，至于开会后究竟落实得怎么样，是很少有人关心的。

3. 实训要求

(1) 上面材料所说的会议情况，是否可以进行改革？应从哪些具体措施上进行改革？

(2) 请你谈谈对这些措施的利弊的具体认识，并说出你的理由。

● 训练二

1. 实训目标

通过场景模拟，让学生理解有效会议的重要性。

2. 实训内容

根据第一章第一节“导引案例”的情景材料进行模拟训练。

3. 实训要求

(1) 教师将班级的学生分成两组，分别演练上述情景。

(2) 学生演练完毕后，教师总结有效会议的特征，让学生深刻体会和理解其重要性，并点评学生演练中的优点与不足之处。

第三章

现代会议组织工作

定向目标

- 了解会前准备、会中工作、会议结束时的具体工作内容
- 掌握会议材料准备及各项要求
- 掌握辅助会议主持及会中各项服务的技巧

第一节　会议策划

导引案例

2005年11月国家职业资格考试秘书四级试卷情景录像题

宏远公司。墙壁上的挂钟显示的时间是上午7点50分。钟苗身着西服套装走进办公室，拉开窗帘，推开玻璃窗，擦拭办公桌，然后打开电脑。电脑旁的拐角低柜上放着打印机，背向窗户。

钟苗：“系统界面怎么换了？今天的工作日志在哪儿呢？”

钟苗正查找着，电话铃响了。

钟苗：“你好，宏远公司。”

对方：“钟秘书，我是王总。MI新产品发布会的策划方案准备得怎样了？”

钟苗：“差不多了。”

对方：“一会儿拿来给我看看。”

钟苗：“好的，王总。”放下电话，“这下可麻烦了。先这样吧，让王总看完我再改。”

…………

钟苗敲门。

王总："请进。"

钟苗："王总，这是您要我做的策划方案，请您过目。"

王总："我看一下。""怎么这么乱啊，页码也没排。新产品发布会，新产品技术说明，发布会时间、地点、邀请对象……哎，上次我专门提到的李总和赵总工程师怎么没有列入邀请对象?"

钟苗："瞧我这记性，回去我马上补上。您放心，肯定不会影响下午发出请柬。"

王总："你这个策划方案得拿回去重做。"

钟苗："好的。"

王总："钟苗啊，做事不能总是马马虎虎的。"

钟苗："好的，我下回一定注意。"

王总："策划书上提到的发言稿、回答提纲，还有报道提纲等都要准备好，你责成各个部门负责人去完成。另外，咱们要开个预备会，会议主要部署新产品发布会的准备工作。会议时间安排在后天下午两点，你要尽快把通知发下去。另外，会议室要安排一下。"

钟苗拿出随身携带的小本子，边记录边说："好的。还有，新产品发布会是否要派车去接嘉宾?"

王总："当然要派车。你负责安排好这件事。"

钟苗："好的，我一定办好。"

王总："方案你拿回去改一下。"

钟苗："好，回去我先改方案，再安排预备会和车辆。王总，没事我先走了。"

问题：

1. 大型会议通常都需要制定会议策划方案，你认为钟苗所拟定的策划方案中还缺少哪些内容?

2. 钟苗在会议的准备工作中还做错了哪些?

知识链接

一、会议策划概述

(一) 会议策划的含义与意义

策划的基本含义是：为未来事项"筹谋献策"，即思维主体运用知识和能力进行思考运筹的过程，也是根据现实的各种情况及所掌握的信息，围绕一个中心来全面构思、设计，选择合理可行的行动方法，从而形成正确决策及高效工作的过程。

会议策划就是为了使会议取得预期目的而进行构思、设计，选择出合理可靠的方案的过程。出色的会议策划是圆满举办会议的前提。完整的会议策划是一个节奏分明、条理清楚、面面俱到的周全计划。只有通过专业策划和充分准备的会议才能取得预期效果，所以，会议策划一定要考虑周全。

（二）会议策划的前期工作

真正举办好一个会议，从策划到具体操作并落实每一个细节，其过程是相当辛苦和复杂多变的。如果是在主办单位所在地举办会议，那么可能操作起来会比较顺利；如果是在外地举办会议，那么会议操作的难度会提高，因为有很多因素是事先无法预料和控制的。

会议策划的前期工作主要包括以下两项内容。

1. 收集信息

会议有各种类型，不同的会议需要不同的环境，召开会议是要达到一定的目的和目标。因此，第一个重要步骤是收集信息，通过收集信息制定出工作计划。

2. 确定会议策划者

在一家公司里，从秘书到公司总裁，每个人多多少少都可能会参与会议的筹划，只不过有的是专门负责从事这项工作，有的是兼任此职。公司如果要举行具有重大意义的大型会议，也可能会请专业的会议策划公司来“量身定做”。无论是专职还是兼职，是内部策划还是请专业公司策划，其最终结果是要使会议顺利完成。由于会议策划者的工作效率代表着主办单位或公司的工作水平，因此，要尽量选择精干而有丰富经验的人员担当。

总体上讲，会议策划者的主要任务如下：

（1）制定计划，确定必须要做的事项以满足会议的需要，并达到会议预定的目标。

（2）制定会议议程。

（3）了解可供使用的会议场所和设施情况。

（4）选择或提议合适的会议场所。

（5）安排交通事宜。

（6）协调会务工作人员的活动。

（7）招收会务人员和广告人员。

（8）制定可行性预算或按既定预算安排有关工作。

（9）确定各项工作的时间安排。

（10）视察选定的会议场所和设施。

（11）与各有关方面进行接洽（如运输公司、旅行社、视听服务公司等）。

（12）确定印刷公司。

（13）安排食品、饮料等有关事宜。

（14）同会议发言人和各位贵宾进行联系。

（15）其他。

二、会议策划的内容

会议策划有诸多内容，我们可以归纳为“五个 W，一个 H、B、O”。要使会议成功，就必须使这些因素相互协调、彼此照应。

(一)“Why”——“为什么”开会，会议目标是什么

会议往往是为了达到某个目标而召开的，会议的目标决定了会议策划的其他很多环节。只有确定了会议的目标，才可以确定哪些人参加会议，相应地才可以确定会议地点、会议议程和会议预算等。例如，一个跨国公司亚太总部的年度计划会议，其目标是要通过会议确定未来的经营战略和营销计划。很显然，这样的会议要求一个高级别的会议场地，应拥有先进的会议设施而且有较高的安全、保密等方面的要求。因此，只有确定了会议目标和为达到目标所安排的会议内容，才可以确定会议的其他要素。

(二)“Who”——“谁”来参加会议，主办方希望哪些人来参加

对于主办方和承办方来说，通常在策划会议的时候首先要确定会议目标，然后就要确定与会者。除与会议目标、会议内容直接相关的与会者以外，还需要根据会议内容考虑是否邀请不同类型的贵宾，如政府官员、行业主管或中外专家学者等。这些人员的参加有助于提升会议的级别和层次，但同时也要注意不要随意提高会议的层次。

(三)“What”——“什么”类型的会议

根据要达到的目标来选择恰当的会议形式是非常重要的，应根据会议目标、受众范围来选择相应的会议方式。如就某一个问题展开讨论，人数较少，就可以采取座谈会形式；如果要宣传教育、奖励表彰，就可以采取较大型的报告会形式。

(四)“When”——“什么时候”举行会议

检查一下相关的日程表，看看时间上是否与其他活动有冲突。要确保会议的主持人或单位的主要领导人及被邀请的领导人、贵宾，和多数被邀请的与会者有时间前来参加会议。需要注意的是，在主要领导人出差当天或返回的当天最好不要召开会议，紧急会议除外。

此外，会议持续时间也要合适。据心理学家测定，成年人能集中精力的平均时间为45分钟至60分钟，超过这个时间人就容易精神分散；超过90分钟，则普遍感到疲倦。所以应分配好每一次召开会议的时间，如果会议需要较长时间，则应在会议中途安排休息。

(五)“Where”——在“什么地方”开会

应该根据会议的级别和需要，选择合适的会议举办地；也可以根据会议对周边环境的要求，确定具体举办地点；或者根据会议的具体情况，确定是否选择分会场。在会议策划中一般还要进行会场预约。会务人员在确定会议地点之后，要及时告知与会者或准确标明会议具体地点。会址的选择可以从以下几个方面考虑。

1. 大小是否合适

会场的大小应根据会议的规模而定。选择会场时要考虑其容纳人数的多少，一般其容量应与参加会议的人数大体相当，不宜过大，也不宜过小，否则就会影响会议的气氛和效果。

2. 交通是否便利

选择会场还要考虑参加会议的人员是否便于前往。如果需要安排食宿，还要考虑会场与食宿地点的距离是否适当，两者之间的距离越近越方便。

3. 环境是否适宜

为了保证会议的质量，让与会人员全身心投入会议，在选择会场时，还要考虑会场的光线、空气质量、噪音等因素。一般来讲，应当选择环境幽静、不易受干扰的会场，保证会议取得满意的效果。

4. 设备设施是否齐全适用

会场内的设备通常包括照明设备、音响设备、通风空调设备、网络设备和消防设备等。在选择会场时，首先要查看设备是否齐备、性能是否良好；其次还要查看设备是否适用，如在用电量大的情况下，是否会超出负荷等。

另外，还应当考虑是否有停车场以及场地租借的成本是否合理。现在很多与会者都是开着车去参加会议的，所以在选择会场时还要考虑是否有停放汽车的地方，方便与会者。同时，也要切实从会议本身的需要出发，依据会议经费预算来确定会场的规格，主张节约简朴，反对奢侈浪费。

（六）"How"——会议将"怎么"进行

当会议的议题、名称等确定之后，就要对会议的议程进行策划。一般来讲，不同形式的会议，它的议程不一样，要根据具体会议而定。比如工作研讨会的大致议程可以包括：（1）会议主持人开场白，介绍会议的指导思想和基本目的；（2）主要领导发言；（3）与会者自由发言、讨论问题等。而一些大型会议的会议议程通常是：（1）开幕式，致欢迎词；（2）主要领导讲话或特邀嘉宾演讲；（3）闭幕式。

提醒您

在策划会议议程时要注意以下三点：

（1）会议议程的每一个环节都应环环相扣、紧密相连，所以在安排会议议程时要认真检查，核对有无与会议主题或议题无关的内容。

（2）在议题多的时候，要注意先主后次，将重要的议题安排在议程的前面，以保证与会者有足够的时间和清醒的头脑来讨论主要议题。

（3）最好将会议议程提前通知与会者。分发给与会者的议程应条理清楚、一目了然，以便与会者了解会议的议程，做好相应准备。

（七）"Budget"——会议预算的策划

通常而言，会议成本预算包括以下两个部分：

（1）显性成本。显性成本是指会议明显的耗费，如与会者的交通费、会议场所和视听设备的租借费用、住宿费、餐饮费、会务人员的费用、杂费等。这些费用是直接可见的，也是可以直接计算出来的。

（2）隐性成本。隐性成本是指与会者因参加会议而损失的劳动价值，一般是不为人所关注的成本。

（八）"Others"——会务工作的策划

一般来说，在会前要成立会议筹备组，具体处理会务工作。会务工作主要分会前准备工作、会议期间的协调服务工作以及会后的收尾工作。

（1）会前准备工作包括：调试好会议所需的所有音响设备，并提前安放在指定位置；准备好会议所需的文件材料；根据与会者的具体情况以及人数多少安排相应的车辆，并把与会者安全地送到会场或下榻酒店。

（2）在会议进行阶段，要做好会议签到、会议记录及其他会议服务工作。

（3）会议结束后，要整理会议资料并检查会场有没有与会者遗留的物品，以便及时归还与会者。

三、制定会议筹备进程时间表

会议策划的内容确定后，接下来的工作就是制定详细可行的会议筹备进程时间表。它是会议策划者对会议的整个过程进行精心的研究和计划后而制定出来的。严格遵守会议进程时间表是保证会议圆满举行的重要保障。

下面是中型会议应该遵守的会议进程时间表。

（一）预订客房与会议室

会前 3 周（会前 15 天～21 天）进行考察；会前一周（会前 7 天～10 天）确定客房与会议室。

（二）确定会务组

会前 1 周（会前 4 天～10 天）确定会务组。确定会务组要注意以下事项：

（1）会议必须确定一个总负责人，如有多个，一定要明确分工，且有一人为总主管，知晓会议全程安排。

（2）动员工作一定要充分，会中必须服从统一安排部署，否则某一环节出问题，会导致很多环节处于被动状态。

（3）会务组人员要提前处理好自己的正常工作，使其日常工作尽量避开会议时间。

（三）召开会务组动员会

会前 4 天～6 天，需要召开会务组动员会，此时应注意以下事项：

（1）各人任务分工要明确。

（2）讨论并多听取建议。

（3）会务组成员每人都有一份包含会务组其他工作人员名单、联系电话等内容的通讯录，以便随时取得联系。

（4）要制定一份每日工作安排表（以时间为序，包括事务、负责人等），发到每个会务组成员手中，使每天的工作一目了然。

（四）了解与会者的情况

对与会者情况的了解应在会前 4 天～15 天进行。

（五）确定就餐的酒店

酒店初选应在会前 4 天～8 天进行；酒店确定应在会前 2 天～5 天进行。

（六）预约摄影师

会议如果有安排录像的话，摄影师的预约应在会前 2 天～7 天进行。

（七）准备会议礼品、资料、记录本、矿泉水等物品

这些相关物品的准备应在会前 1 天～10 天进行。

（八）准备会议日程表和会议须知

会议日程表和会议须知的准备应在会前 1 天～2 天进行。

（九）准备会议条幅、参会证、指引牌、人名牌、会议接待处、会议通知等

此类准备应在会前 2 天～5 天进行。

（十）会场设计与布置

会场设计一般在会前 5 天～7 天进行；会场布置在会前 1 天完成即可。

（十一）设会务组现场办公室

这在会前 1 天～2 天完成。

（十二）接站

接站一般安排在会前 1 天。接站注意事项有如下几点：

（1）根据接站表统一安排，特殊的与会者要特殊对待。

（2）注意会务人员的安排，具体要求如下：

1）在火车站、飞机场、汽车站，由司机开车接站或由会务接待组人员接站；重要的宾客由领导亲自接站。

2）在宾馆，由财务人员收费（如果需要收费的话）。

3）在宾馆由工作人员安排房间、发房卡。

4）由接待人员负责接待、签到、发放礼品和资料。

5）宾馆入住引导由宾馆服务员来做或由接站人员兼任。

（十三）安排早到的与会者

应提前 1 天或更多天做好早到的与会者的接待工作安排。

（十四）摄影录像

会议开始时即可进行摄影录像。

（十五）票务

会议结束前 1 天完成。票务方面的注意事项有以下两点：

（1）票务工作要在“会议须知”中体现，让来宾及早订票。

（2）如果订飞机票，可考虑直接找票务中心的人来负责订票，节省人力和时间。

（十六）会议通讯录和合影照的准备

此项工作从会议开始一直延续至会议结束。

（十七）送站

会议进行过程中可能有与会者要提前离会，因此送站工作需随时进行，应安排专人负责。

（十八）总结报告

会议结束后 3 日内应做出会议总结。

以上是中型会议制定会议筹备进程时间表的例子，会务人员可根据实际情况，有针对性地制定出切实可行的会议筹备进程时间表，并将每项工作落实到人，提前检查落实情况，有计划、有步骤地做好会议的策划筹备工作。

拓展阅读

有备才能无患

一次某地党代表大会的开幕式上，会务人员未能按大会主持人宣布的程序播放国际歌，虽然得到补救，但终是一件憾事，并受到批评。

事情发生的过程是这样的：会务组会前起草的“大会开幕式程序（送审稿）”中列有“奏（或播放）国际歌”一项。大会秘书处一位负责人审稿时，拟把此项放在大会闭幕式时进行，于是把此项目在开幕式的程序中删掉了。后来大会秘书处主要负责人定稿时，又把该项圈了回来。会务组的同志凭印象只顾已经删掉了奏国际歌此项程序，而对后来又被圈回来一事未加注意，因此，对于在大会开幕式上“奏国际歌”一项事前未做准备。当主持人在大会上宣布“奏国际歌”时，无法奏出，一时形成了冷场。幸好会务组长急中生智，立即上台挥拍领唱，这样才圆了场。会后领导同志说：“这一事故该予以批评，吸取教训。但在关键时刻能得到及时补救，这是好的，这一点值得表扬。”

资料来源：百度文库，经过删改。

第二节　会前准备

导引案例

国家某部委下属北京某局要举办一次全国性的系统内培训班，负责人员事先没有做出严谨的会议筹备计划，没有完全落实好时间、地点，但为了组织报名工作，提前下发了通知。后因出席会议的主要嘉宾在该时段有其他重要活动，于是向各地发通知把会议时间改在7月底。没想到大家都反馈这一时间是每年工作最忙的时候，很多人都来不了。于是又发通知，将会议时间改在8月底。原定的会议地点在北京郊区一个风景区内，但后来考虑到全国各地几百人参会，接送很不方便，参会者也希望在市区，会后可以参观游览北京，组织者又赶紧联系了市内的一家大型宾馆，再次发通知修改了会议地点。会议中因没有提前印发会议交流材料，与会者对会议组织者很不满，又提了很多意见。

问题：

1. 本会议的组织者犯了哪些错误？
2. 会前应做好哪些准备工作？

知识链接

一、拟订会议计划

在做会议的筹备工作时，首先要根据会议的基本情况，拟订详细的会议计划。会议计划的主要内容包括三个方面：确定会议基本要素、成立会务工作机构、制定会议预算。

（一）确定会议基本要素

根据会议预期达到的目的与目标，确定会议的名称、议题、与会者、时间与地点等诸要素。详见第一章第二节相关内容。

（二）成立会务工作机构

大中型会议的筹备和服务工作，不可能靠一两个人完成，这就需要组建会议筹备机构。一般来讲，会务筹备机构要分成几个小组，各组分工明确、互相协调，既熟记本岗位职责，又要胸有全局。

不同单位对会务组的分工也是不同的。一般而言，重要的会议单位要委派一位领导担任会议的总协调，由会务组负责向主管领导汇报，其他小组配合会务组负责人的安排，如有异议，可向主管领导申诉。在会议召开前，主管领导一般要召开三次筹备会：会议筹备伊始，召开动员会并确定小组分工；第二次开会检查进度、解决问题；第三次会议也即会前总检查，以确保会议圆满举行。

一般的小型会议，只设立会务组负责全部事宜。有些单位，会务工作由办公室全面负责。

各小组的职责分工一般如下：

会务组：负责会务组织、会场布置、会议接待签到等会议的组织、协调工作。

秘书组：负责拟定会议方案，准备各种会议文件和资料，做会议记录，编写会议纪要、简报等。

接待组：负责生活服务、交通疏导和医疗服务等工作。

宣传组：负责会议的录音录像、娱乐活动、照相服务和对外宣传报道等。

财务组：负责会议经费的统筹使用、收费和付账等工作。

保卫组：负责防火、防盗、人身安全和财务安全、保密工作等。

（三）制定会议预算

会议活动是一项消费活动，会务工作机构及会务人员应当本着勤俭办会的原则，对会议的经费及各项支出做出预算，并提出筹集会议经费的方法、渠道，报领导审批。

1. 会议经费的构成

（1）交通费用。

交通费用包括出发地至会务地的往返交通费用以及会议期间的交通费用。

（2）会议室费用。

会议室费用包括会议场地租金、会议设施租赁费用、会议布置费用及其他支持费用。

会议场地租金：通常而言，场地的租赁已经包含某些常用设施，如激光指示笔、音响系统、桌椅、主席台、白板或者黑板、油性笔、粉笔等，但一些非常规设施并不涵盖在内，如投影设备、临时性装饰物、展架等。

会议设施租赁费用：此部分费用主要是租赁一些特殊设备，如投影仪、笔记本电脑、移动式同声翻译系统、会场展示系统、多媒体系统、摄录设备等。租赁时通常需要支付一定的使用保证金，租赁费用中包括设备的技术支持与维护费用。值得注意的是，在租赁时应对设备的各类功效参数提出具体要求（通常可向专业的会议服务公司咨询，以便获得最适宜的性价比），否则可能影响会议的进行。另外，这些会议设施由于品牌、产地及新旧程度不同，租赁的价格可能相差很大。

会场布置费用：通常而言，此部分费用包含在会场租赁费用中。如果有特殊要求，可以与专业的会议服务公司协商。

其他支持费用：这些支持通常包括广告及印刷、礼仪、秘书服务、运输与仓储、娱乐保健、媒介、公共关系等。由于这些支持均为临时性的，如果会议主办方分别寻找这些行业支持，其成本费用可能比市场价要高；如果让专业会议服务公司代理，将获得价格相对比较低廉且比较专业的服务。对于这些服务支持，会议主办方应尽可能细化各项要求，并单独签订服务协议。

（3）住宿费用。

对于会议而言，住宿费可能是主要的开支之一。正常的住宿费除与酒店星级标准、房型等因素有关外，还与客房内开放的服务项目有关——如客房内的长途电话、迷你酒水吧、一次性换洗衣物、互联网、水果等。

（4）餐饮费用。

早餐：通常是自助餐，当然也可以采取围桌式就餐，费用按人数计算即可。但考虑到会议就餐的特殊性及原材料的预备，所以预约就餐人数与实际就餐人数的差额应控制在15%以内，否则餐馆有理由拒绝按实际就餐人数结算，而改为按预约人数收取费用。

中餐及晚餐：中餐及晚餐基本属于正餐，可以采用自助餐形式，也可以采用围桌形式。如果主办主希望自带酒水，餐馆可能会收取一定数量的服务费用。

酒水及服务费：通常，如果在高星级酒店餐厅就餐，餐厅是谢绝自带酒水的。此外，一般在基本消费水准的基础上加收15%左右的服务费。

会场茶歇：此项费用基本上是按人数预算的，预算时可提出不同时段茶歇的食物、饮料组合。

联谊酒会/舞会：事实上，联谊酒会/舞会的预算可能比单独的宴会复杂，所以最好提前确定好用餐标准与规模。

（5）旅游费用。

在会议结束以后如果需要安排与会者参加当地的特色旅游活动，可以找一些旅行社来安排会议旅游，费用由旅行社来报价。

（6）视听设备费用。

除非在室外举行会议，否则视听设备的费用通常可以忽略。如果不得不在室外举行会议，视听设备的预算就比较复杂，包括：设备本身的租赁费用，通常按天计算；设备的运输、安装及操作人员的费用等。

（7）演出费用。

通常可以选定节目后按场次计算费用，预算金额通常与节目表演难度及参与人数正相关。

（8）培训费或讲演费。

培训费或讲演费主要包括请专家、学者发言的酬金。

（9）预计外支出。

预计外支出是指会议过程中一些临时性安排产生的费用，包括：礼仪、司仪、勤杂、临时采购、临时司乘、向导、打印、纪念品、临时道具、传真及其他通信、快递服务、临时保健、翻译、临时商务、汇兑、会议过程中的酒水等。这些服务通常是临时或者按时提供的，可以按不可预计费用或按其他类别计算。如果通过代理公司操作，那么告诉代理公司做好随时服务的准备是很有必要的。代理公司与主办方之间的最后服务费用核算将通过双方指定的联络人互相签单认可，再由双方财务或者相关人员核定。

制作会议经费预算一方面要本着勤俭办会、节约办会的原则，尽量降低会议成本；另一方面要有一定弹性，即注意留有余地。

2. 会议经费预算的原则

（1）科学合理。会议经费的预算要严格遵循勤俭办会的原则，根据实际需要，科学合理地分配各项开支。

（2）总量控制。一次会议的经费应当有一定的限度，不能无限制地增加，因此必须加强总量控制。所有的支出都应当控制在经费预算的范围之内，不得突破总量。

（3）确保重点。在总量控制的前提下，或当经费不足时，要确保重点，保证有限的经费切实用于刀刃上。

（4）精打细算。对会议的每一项支出都要严格审核，能减则减，能省则省，在做到科学合理的同时，尽可能节省经费。

（5）留有余地。由于会议活动的过程会产生一些事先无法预料的情况，需要临时支出一些经费，因此，在预算时要适当留有余地。

3. 会议经费的筹集

会议的性质、类型不同，经费来源的渠道也不同。有的会议经费渠道虽然单一，却有保障，有的则需要组织者多方筹集。一般来说，会议经费的筹集有以下几个渠道和办法：

（1）行政事业经费划拨。党、政府、人大、政协等机关以及其他事业单位召开的会议一般从行政事业经费中开支。

（2）主办者分担。如果会议是由几个单位共同主办的，可通过协商分担经费。

（3）与会者分担个人费用。即与会者参加会议的交通费、食宿费等费用由与会者个人或其所在的单位承担，会议的组织方一般通过向与会者收取会务费的方法筹集会议经费。

（4）社会赞助。通过有效的会议公关，从社会各界获得资金赞助。

（5）转让无形资产使用权。一些大型的会议活动由于意义重大、影响深远，本身就是一种巨大的无形资产，如会议的名称、会徽、吉祥物等，具有很高的潜在价值。充分利用会议本身的无形资产，不仅可以使商家因获得这种无形资产而受益，而且还可以为会议活动筹得可观的资金。

二、拟定会议议程、日程、程序

(一) 含义

1. 会议议程

会议议程是会议主要活动的安排顺序，它主要是对议题性活动的程序化，将会议的议题按讨论、审议和表决的次序编排并固定下来，以反映议题的主次、轻重和先后。会议议程起着维持会议秩序的作用。

2. 会议日程

会议日程是把一天中会议议程规定的各项活动按单位时间具体落实安排，它不仅细化围绕会议议题的全部活动，还包括会议过程中的其他辅助活动，如聚餐、参观、考察、娱乐等。会议日程是表明会议发展的进程，同时也是对完成各项议程所需时间的预测和必要的限制，可以提高会议的效率。

3. 会议程序

会议程序是指在一次具体的会议中按照时间先后排列的详细的活动步骤。会议程序可以供与会者了解每次具体的会议活动的内容及时间顺序，同时也是会议主持人掌握会议的操作依据。颁奖、选举等会议活动，一般只制定会议程序。

(二) 会议议程的制作

1. 会议议程的制作要点

会议议程是对会议所要通过的文件、所要解决的问题的概略安排，对会议的顺利进行影响重大。如果由领导预定议事程序和执行方法以及时间分配，秘书必须配合议程准备、检查会议的各项工作。如果会议议程由秘书起草，则秘书应根据议题的内在联系、主次、先后排列次序，并用序号将其清晰地表达出来，提交给领导审定后在会前发给与会者。

会议议程是会议文件的一种，撰写时要做到用语简洁、条理清晰。简单的会议议程只需要将会议的步骤逐一分条列出即可，详细的会议议程应包括各种程序（讲话、审议、选举、表决等），且应逐日（按时刻）精心编排。

会议议程示例如下：

(1) 宣读并通过上次会议的备忘录。

(2) 财务主管报告。

(3) 其他报告。

(4) 复议旧的议题。

(5) 讨论新的议题。

(6) 有关人事任命。

(7) 提名并选举新的负责人。

(8) 通知有关事项。

(9) 宣布休会。

对于正式的会议，秘书可以先查看一下档案记载的以前的会议议程，并按领导或法律顾问提示的顺序进行安排。

2. 会议议程表设计的注意事项

(1) 编制会议议程表时，首先应注意本公司章程对会议议程顺序有无明确规定。

(2) 在议程表中，应尽量将同类性质的问题集中排列在一起。

(3) 保密性较强的议题，一般放在后面。这样有利于安排无关人员退场及有关人员到场。

3. 会议议程中的会议生活安排

制作会议议程时，主要考虑工作安排、生活安排和业余活动安排三项内容。生活安排主要包括预订交通工具，安排食宿，联系与安排参观、访问活动，确定医疗、保卫人员等。以上所有安排，秘书要严格按照会议议程和日程进行。如果会议期间日程临时变动，秘书要及时做好会议生活安排的协调工作。

三、制作并发送会议通知

(一) 会议通知的使用

在确定了会议议程及与会者之后，就应该准备通知各位与会者。长时间以来，有一种观点认为单位内部联系开会可以用电话或口头通知，对外或者正式场合则一定要用书面通知。而从实际的效果来看，除非是非常紧急的会议，都应该同时使用口头通知和书面通知。

(二) 会议通知的内容

发送会议通知除了确定与会者，更重要的目的是让与会者在会前就对会议做相关的准备，以便能在会议上充分发挥自己的作用。因此，会议通知的内容必须包含以下基本信息：

(1) 会议名称。

(2) 会议议程或者主要议题。

(3) 会议时间、地点。

(4) 与会者名单。

(5) 会议承办方、联系人。

(6) 会议的要求（如需要与会者准备的资料等）。

有些时候，除了这些内容之外，还需要告知或提供下列信息：

(1) 与会者的参会理由。

(2) 会议的目标（会议的宗旨）。

(3) 会议组织方已准备的需要提前阅读的会议相关文件资料。

提供与会者获邀参会的理由实际上就是让与会者明确组织方希望自己在会议中扮演的角色。否则，他将很难为会议做正确的准备，几乎难以避免在会场上沦为“听众”的尴尬。

会议通知的写作应该尽量简洁、准确、周全。

(三) 会议通知的发送

会议通知的内容决定了它的发送时间必须合适，一般提前 3～7 天较为理想。会议若没有额外的材料准备要求，则这样的时间便于与会者调整自己的工作日程；如果会议对与会者的要求较多，那么一个星期的时间也足够与会者准备最新、最可靠的数据和信息。

需要注意的是，提前一个星期的会议通知也很有可能被与会者遗忘。因此，秘书人员应该在开会前再次提醒。对于与会者需要准备事项较多的会议，秘书可以提前 2～3 天提醒；而基本无须与会者提前特别准备的会议，则提前 1～2 天提醒即可。

四、准备会议材料

会议材料的准备是会议召开前准备工作的一项重要内容，需要秘书人员认真、仔细、周到地加以安排。会前准备的材料有以下几种：

(1) 会议指导文件。即明确会议的指导思想和主题、提出会议目标和任务的会议文件。如上级下发的政策性和工作部署性文件、上级指示文书、本次开会起因文书等。

(2) 会议主题文件。如领导人讲话稿、代表发言材料、经验介绍材料等。包括开幕式讲话、主题报告、专题报告、专门文件、大会发言、正式决议、闭幕式讲话等。

(3) 会议程序文件。包括议程文书、日程安排、选举程序、表决程序等。

(4) 会议参考文件。如统计报表、技术资料、代表提案、公务书信、群众来信、与会代表来信等。

(5) 会议管理文件。包括会议通知、开会须知、议事规则、证件、保密制度、作息时间、生活管理等。

另外，需要准备会议物品与设施，包括常用文具、印刷设备、会场基本设施、会场装饰用品、视听器材、通信设施、交通工具、生活卫生用品等。

(一) 会议文件准备

1. 准备领导发言稿

秘书首先要向发言人确认发言稿由谁来写，如果由他本人或指定他人来写，会务组就不需要为其准备发言稿。

2. 起草会议报告

会议报告是会议文件的一种。会议报告一般指领导人代表机关或组织依法律规定或惯例向权力机构或有关会议代表所做的工作汇报。一经会议讨论通过，会议报告便由陈述性文件转变为指导性文件，会后将成为有关方面工作的内容。

会议报告的内容主要包括以下几个方面：

(1) 标题：可采用正副标题的形式，正标题概括报告的中心内容，副标题标出会议名称，报告人姓名置于其下；也可以直接写为“×××在××工作会议上所做的报告”。

(2) 成文日期：用圆括号标于标题下。如果报告人单列，则标于报告人之下。

（3）称谓："各位代表"、"同志们"等。

（4）正文：阐述会议的性质、任务、意义；总结过去的工作，提出当前及今后的任务与方法措施，以及提请会议讨论的问题并附自己的初步意见；通常以发出号召结束全文。

另外，根据单位特点及会议性质确定随会议发送的其他材料，如公司简介、年度报告、产品介绍等。

3. 准备会议文件的要求

（1）秘书要先草拟会议所需要的文件目录，向领导确认后再开始准备。

（2）按照与会者名单，给每个人准备一个文件袋，在文件袋上填上与会者的姓名，并注明"会议文件"等字样。

（3）认真校对会议文件。文件的校对是一件非常细致的工作，要求杜绝差错，切实保证文件正文文字准确。同时还应检查文件结构的各个组成部分、各种标记及文件的格式。因此，秘书在校对文件时要严肃认真、耐心细致、一丝不苟。唯有如此，才能把好会议文件的文字关，确保文件的质量。

（4）做好会议文件的分发工作。有些会议文件需要在会议召开之前发给与会者，有些则在会议召开时分发。但无论何时分发，都应尽量提前做好文件分发的准备工作。

（5）分发重要文件一般要编号、登记。文件编号通常印在文件首页的左上角处；字体字号应有别于文件正文；具有保密内容的文件，还要注明密级。

（6）一些征求意见稿或保密性文件，需要在会后退回的，则应附上一份文件清退目录或清退要求的说明。

（7）秘书在会议所需材料准备齐全后，应该将所有的会议资料，如讲话稿、会议报告等，统一放在文件袋中，发放给与会者。

（8）分装文件要认真、细致，不能出现漏装的情况。对于需要提前发出的文件，要仔细填写收件人姓名、地址及邮政编码，按照会议的时限要求与保密程度选择适当的文件传递方式。

（二）会议物品与设施的准备

会务组人员在准备会议文字材料的同时，还要准备会议所需的物品与设施。

1. 会议物品与设施的种类

（1）常用文具。如笔、墨、纸等。

（2）印刷设备。如打字机、扫描仪、复印机等。

（3）会场基本设施。如桌椅、照明电器、通风机、卫生用具、空调、消防设施等。

（4）会场装饰用品。如花卉、旗帜、会标、会徽、画像、标语等。

（5）视听器材。如麦克风、幻灯机、投影仪、黑（白）板、电子书写板、摄像机、录音机、DVD机、磁带、光盘、同声翻译系统、可视电话会议系统、电视屏幕墙等。

（6）通信设施。如传真机、电话机、电视机、计算机以及相应的通信网络设施等。

（7）交通工具。如小轿车、大巴车等接送与会者的车辆。

(8) 生活卫生用品。如茶水、茶杯、毛巾等。

(9) 专门用品。即专门性会议上所使用的物品，如颁奖用的奖品与证书，选举用的选票和投票箱，开幕式剪彩时用的彩带和剪刀等。

2. 准备会议物品与设施的要求

在进行会议物品与设施的准备过程中要注意以下几项：

(1) 制定计划。会务工作机构或会务工作人员应根据会议的日程、议程与预算等制定详细的有关物品和设施的使用计划。计划包括两方面的内容：一是所需物品和设施的清单，包括名称、型号、数量等；二是物品和设施的来源，如租借、调用、采购等并注明所需的费用。会议物品和设施的使用计划应该作为会议预案的附件，报请会议的领导机构审定。

(2) 专人负责。会议物品的购买可以由会议负责人员购置，也可列清单交由公司规定的部门（如采购部等）购置。设备的准备、安装、调试和使用是一项技术性很强的工作，准备是否充分、安装调试是否到位对会议能否顺利进行影响甚大，不能有半点差错。因此，一定要由专人负责此项工作，必要时应配备一定数量的技术人员。

(3) 实用节约为本。实用和节约是准备会议物品和设施的重要原则，要严格按照会议的预算执行，提倡节约开会，反对追求豪华、奢侈。

五、制发会议证件

制发会议证件，应视具体条件“因地制宜”，不可只追求一种模式。特别应注意的是，对于一些重要的、保密性强的、会期较长的大型会议，不但要有正规的证件，而且要在证件上贴本人照片，加盖钢印。

(一) 会议证件概述

1. 会议证件的概念

会议证件是表明与会议直接有关人员的身份、权利和义务的证据。一般来说，制发会议证件只限于大型会议或重要会议，而通常的小型会议不必制发会议证件。

2. 会议证件的作用

(1) 表明会议期间各种人员的身份，便于接待和会场管理。

(2) 便于与会者之间的相互辩论和联系、交流。

(3) 凭证件出入会场，保证会议安全。

(4) 便于统计出席人数。

(5) 可给与会者留作纪念。

3. 会议证件的种类

会议证件是会议举行期间供与会者、工作人员以及其他相关人员佩戴使用的证件，包括出席证、列席证、旁听证、来宾证（嘉宾证）、记者证、工作证、随从证、保安证、签到证等。

(二) 会议证件上的内容

(1) 会议名称，必须写全称。法定性会议通常使用比较严谨的字体，如黑体、宋体等。如果是学术会议、庆祝会议等一些非法定性会议，可以使用具有艺术性的字体。

（2）会徽。会议如有会徽，可将其印在会议证件上。

（3）姓名。写现用名，不写曾用名。

（4）照片。半身免冠照片。

（5）证件种类。即标明“出席证”、“列席证”等，要用较大的字号醒目标识。

（6）组别或代表团名称。

（7）证件编号。如果与签到证合制，可用一组数码代表与会者的姓名、性别、身份、来自地区、组别等信息，便于自动签到。

（8）会议日期。

会议证件上的内容通常包括以上几条，制作会议证件时，可根据会议情况进行取舍。

（三）会议证件的样式与制作

1. 佩戴在与会者身上的证件

（1）黏性标签——比较经济、方便，但它们可能由于粘贴在衣服上而留下痕迹。

（2）系带的卡片——比较经济、方便，但可能在衣服上晃动。

（3）有夹子的卡片——成本略高，它们能更换塑料封里面的标签而重复使用，并能够移动夹在衣服的不同部位。

2. 台签式的姓名卡片（“桌签”）

桌签是开会的时候放在桌子上使用的。

（1）桌签的制作：会议桌签是在会议活动中标明桌号和就座人身份的标签，多用于座谈会、茶话会等会议。

（2）桌签的种类：一种是标明桌号，即桌签上用阿拉伯数字标出；另一种是在桌签上标明在此桌就座人员的身份，如“记者席”、“演员席”等。

3. 座签式的姓名卡片（“座签”）

座签就是会务人员在会议的各席位上标明就座人姓名的标签。

（1）座签的制作：会议座签一般是在一些有较高级别的领导人员参加的会议及各种宴会、招待会上，为主席台就座人员标明座次及引导他们就座时使用的。

（2）常见的座签形式：插入型，硬质透明塑料做成的三棱柱体或中间可夹住纸片的倒T形，只要在中间插入写有就座人姓名的纸片即可；卡片型或折叠型，多在一些宴会和招待会上使用。这种座签用卡片纸做材料，按适当的规格剪成长方形，然后再将一端剪成锥形，将锥形部分向后折90度，平放于桌上，写上就座人姓名即可。

（四）会议证件设计注意事项

（1）内容设计上要有会议的名称、与会者姓名、身份（职务、职称等）、组织或公司的名称。

（2）在设计上应区分正式代表、列席代表、工作人员、特邀嘉宾等与会者的不同身份。

（3）重要的大型会议要在证件上贴上与会者本人的相片，并加盖印章。为了便于辨别会场内各种人员的身份，同一会议的不同类型的证件应当用不同的颜色和字体相区别。

（4）应根据公司不同的文化理念来设计会议证件或姓名卡片。如有的公司强调区分不同职务、地位的人员的身份；有的公司则强调所有员工平等。

（5）姓名卡片的大小和样式应经济实用、美观大方。

（6）会议证件的设计格调要与会议的性质和气氛相适应。例如，庆祝会、代表大会的代表证可以采用红色衬底，以体现喜庆的气氛；学术性会议可以采用蓝色衬底。

（7）涉外会议证件可用中文和外文两种文字，外文排在中文下方。

（五）布置会场

详细参见第五章第一、二节相关内容。

拓展阅读

第一届中国图学大会（China Graphics' 2007）
暨第十届华东六省一市工程图学学术年会

会务通知

（2007 年 8 月 4 日—8 月 7 日，烟台大酒店　山东烟台）

一、报到时间及会议安排：8 月 4 日全天会议报到

日期	上午 8:30～11:30	下午 2:30～5:30
8 月 5 日	大会开幕式，报告	分组报告
8 月 6 日	分组报告	分组讨论
8 月 7 日	会议参观	会议参观

二、报到地点及交通：烟台大酒店

1. 飞机场：出租车约 55 元。

2. 火车站（由于火车站扩建，目前使用临时站）：乘坐 3、8、18 路公共汽车到图书馆站下车；或出租车约 20 元。

3. 汽车总站：乘坐 1 路公共汽车到海滨小区站下车向东 200 米；或出租车约 15 元。

4. 轮船：乘坐 3、8、10、18 路公共汽车到图书馆站下车；或乘坐 17 路公共汽车到东山宾馆站下车；或出租车约 10 元。

三、会议地点：烟台大酒店

四、住宿地点：烟台大酒店、迎宾大酒店

烟台大酒店			
房间	标准间 A	57 间	200 元/间
	单间	8 间	200 元/间
	标准间 B	100 间	180 元/间

迎宾大酒店房间已预订完毕，有需要者请直接与酒店联系。订房电话：0535—6891091

五、会议注册及费用

1. 注册费：每篇论文至少有一位作者参加会议并宣读论文，与会代表每位注册费700 元，在校学生与会代表每位 550 元（注册时须出示学生证）。

注册人员享受免费会议论文集、会议期间餐饮、参观旅游等项目，会议期间住宿费用与往来交通费用自理。

2. 由于会议期间正值烟台旅游、会议高峰期，宾馆、车辆及返程车票都非常紧张，所以请与会代表务必在 6 月 2 日（周六）之前安排好日程，将会议回执返回给我们（回执见后，发送至 cgraphics@sdu. edu. cn 即可），以便我们及早与宾馆签订协议，保证会议顺利进行。

没有按时返回回执的与会代表，我们不能确保有合适的房间，房间按回执先后顺序进行安排。

六、住宿基本情况及预订回执

姓名	性别	单位	职务/职称	是否在校学生	手机	E-mail

迎宾大酒店					
房间	标准间	86 间	140 元/间	床	间
	3 人间	10 间	180 元/间	床	间
	单人间	9 间	100 元/间	床	间
烟台大酒店					
房间	标准间 A	57 间	200 元/间	床	间
	套间	3 间	460 元/间	床	间
	标准间 B	100 间	180 元/间	床	间
	单间	8 间	200 元/间	床	间

1. 请在回执相应地方填写相关内容。为联系方便，请务必填写您的手机号码及 E-mail。

2. 此回执多人复制可用。每份回执仅限一位与会代表填写。

3. 请将预订的床位数或房间数填在相应的空格内。

4. 在校学生在报到时请带好相关证件。

5. 由于每种房间数量有限，如果同种房间选择量超过该种房间总数，将按照回执到达时间顺序安排。

七、旅游线路及预订回执

线路安排	
线路 1	线路 2
早晨：7:30 出发 上午：蓬莱阁，水城，古船博物馆 午餐：蓬莱 下午：烟台开发区金沙滩 4 点返回	早晨：7:00 出发 上午：荣城天无尽头，始皇庙，秦桥遗址，海龙石，望海亭 午餐：威海 下午：威海韩国城，步行街等 4 点返回

此回执多人复制可用。每份回执仅限一位与会代表填写。

八、回程票预订登记

姓名	性别	单位	联系电话及手机	E-mail
火车票	（ ）月（ ）日出发，（ ）次，从（ ）至（ ），车票（ ）张。			
飞机票	（ ）月（ ）日出发，（ ）航班号，从（ ）至（ ），机票（ ）张。			

1. 请在回执相应地方填写相关内容。
2. 此回执多人复制可用。每份回执限一位与会代表填写。

第一届中国图学大会暨第十届华东六省一市工程图学学术年会程序委员会

2007 年 5 月 27 日

资料来源：第一届中国图学大会工程图学学术年会网站。

第三节　会中工作

导引案例

某大型国企在北京举办全国下属各市县分公司负责人会议，报到时间是 8 月 1 日下午 1 点，8 月 2 日正式开会。会务组人员认为 1 日上午到宾馆准备也来得及，谁知，7 月 31 日下午就陆续有人到了，会务组赶紧派人前往接待。由于准备工作没做好，近百人提前报到，会务组人手不足，现场一片混乱。

问题：

1. 会务组接待人员有何过错？
2. 会务人员应如何做好与会者的报到工作？
3. 大型会议签到时应注意哪些问题？

知识链接

一、会议开始

所谓会议开始，是指从秘书进入会议室到会议真正意义上的讨论开始之前的阶段。在这一阶段中，秘书的主要工作包括：对会场环境进行的现场确认，为会议正常进行提供必要的设施及信息辅助；指定专门的会议记录员；如果自己不是当次会议的主持人，那么还需要辅助会议主持人准时开会，营造良好的会议气氛。

（一）会议开始前再次确认会议准备工作

会前检查是秘书的工作态度、职业素质的直接体现。无论之前对会议的规划有多么详尽，也无论之前的准备工作多么周全，秘书都必须在会议开始前对会场作最后一番审视。

非常重要的会议通常提前半小时到1小时检查会场。一旦发现问题，这样的时间也大多可以保证弥补或者改善。大型会议则需要更多时间，因为检查涉及的范围更大而且情况更复杂。而经常进行的工作例会，提前10分钟到半个小时即可。另外，最后的检查者最好是秘书本人，而不要派其他人去完成这项工作。

会前检查必须关注到所有的会场细节，通常要特别审视的环节有以下几方面：

（1）视听器材是否足够，是否能够正常投入使用？要保证现场的所有电源、线路和设备，如幻灯机、投影仪、移动屏幕等都状态良好，话筒的音量也已经调整好，并且对可能出现的设备意外故障有了应对策略。

（2）会标是否有书写错误？是否布置齐整？

（3）座位安排是否恰当？是否需要作出调整？座签是否书写正确、摆放正确？

（4）会议资料是否准确无误？是否齐全？是否有备份？备份是否足够？发给与会者的文具是否齐备？是否有备份？

（5）椅子是否足够？是否准备了10%左右的调剂量？椅子是否安全、舒适？水杯等是否数量充足？

当这些工作都已经确定无误之后，秘书就可以开始着手调试会场的温度、通风、准备饮用水等，迎接与会者到来。

（二）会议签到与会议资料发放

1. 会议签到

会议签到是秘书的一项重要会间工作。签到的意义首先在于确认最终到会人数。对于某些决策性会议而言，是否符合法定人数是会议能否召开、决策能否有效的首要保证。其次，明确什么人不能或者没有到会，能够帮助会议主席或者会议主持人对原定议程作出相应调整。

常用的签到方式主要有两种，即簿式签到和秘书代为签到。簿式签到较为耗时，不适合参会人数较多的会议；秘书代为签到比较简单而且节省时间，但要求秘书非常熟悉所有与会者。

2. 会议资料发放

会议资料的发放有几个时机可以选择：在发送会议通知的时候，作为通知的附件发放给与会者；在签到时，由与会者现场领取；在会中适当的时候，由秘书分别发放给与会者。从提高会议效率的角度而言，提倡在会前发放相关的会议资料，除非特殊情况，尽量不要在签到、尤其是会中发放资料。

无论采取哪个时间发放，如果资料本身牵涉组织机密的话，秘书应该在发放之前用文件袋将其密封好，然后交给与会者。而对于会后要收退的文件资料，秘书必须在发放的时候就在文件袋的封面或者文件资料的首页上予以标注和提醒，以防发生文件资料的损坏和丢失。

(三) 对缺席、迟到人员做出说明

从严格执行会议制度的角度来讲，当会议即将开始时，秘书还要做好如下工作：

(1) 查清楚还没有签到的原定与会者缺席或迟到的原因，并将了解到的情况向会议做出说明。

(2) 在签到的过程中，及时发现和主动了解与会者动态。尽量电话联系未到会的与会者，进行督促或者询问、确认。有时候如果会议议程需要的话，还要让不能到会的与会者提供代替开会的人员。

(3) 为保证会议按照原定议程进行，秘书应该在会前对所有与会者进行参会提醒，尤其是当会议通知发送的时间已经较长时，尽量避免出现与会者缺席或者迟到的情况。

(四) 安排会议记录，指定会议记录人员

所有的会议都必须有会议记录。会议记录不但能在会后更好地传达会议精神，使会议的各项决议能在今后的工作中等到充分贯彻和执行，而且也能给以后的检查执行提供依据。因此，想要了解会议全貌就必须凭借全面的会议记录。在会议记录中不仅要记录谁说了什么话，还要将大家已达成的共识记录下来。做好会议记录是一项非常重要和必要的会间工作，它是当次会议的永久档案。所以，应该指定专人承担会议记录工作。

提醒您

会议开始前就必须指定专门的会议记录人员。担任会议记录的人员应该具备以下素质：

(1) 善于倾听。仔细倾听发言者的发言，并且能准确重述所听到的内容。

(2) 能同时记录几项发言而不发生失误。

(3) 有良好的组织、辨析能力。为了记录准确，记录人员可能要随时请主持人让发言者总结他的观点，或者让发言者确认自己为他总结的观点，并需要及时指出表达含混的发言，请主持人让发言者给予解释。

(4) 有一定的速记经验。会议记录员的记录一定要能跟得上会议进行的速度，尤其当讨论非常热烈，大家插话都很多的时候，速记经验就显得相当重要。

（五）辅助营造良好的会议气氛

当主持人宣布会议开始后，实际会议的进行大约分了三个阶段：开始阶段、议题讨论阶段和会议收尾阶段。秘书在会议开始阶段应辅助主持人做好以下几项工作。

1. 准时开始

准时开会是对准时到会者的尊重，也是对迟到者的惩罚，是严格执行会议制度的第一步。秘书尤其要防范主持人自己迟到，必须给予及时的提醒。当会议开始时，应该由秘书或者主持人通报本次会议的人员到会情况，向已经到会的人员说明未到会人员没有到会的原因。

2. 明确议程

再次确认会议的目的以及原定的议程。对于某些紧急会议来说，这一点显得更加重要。因为可能因为时间紧急，会前通知的与会者也许并不是很了解会议的这些关键内容。重申这些内容既可以使与会者了解，也可以现场征询他们的意见。根据与会者的反馈，及时调整议程内容。

3. 介绍与会者，明确各自责任

如果与会者来自很多不同的部门、相互之间不是非常熟悉的话，秘书或者会议主持人就很有必要提前介绍与会者，并且在一开始就明确大家在会议上的角色分担。

4. 说明会议的时间安排

时间是会议成本的重要衡量标准，必须在会议开始阶段再次明确此次会议的所有时间安排，尤其是开始及结束会议的时间。

5. 约定会议规则

几乎每个组织都有会议制度，其中规定了关于保证会议能顺利进行的所有环节，如遵守会议时间、不私下讨论、对事不对人等。会议开始时有必要重申这些规则中需要特别注意的部分，以维护会议的良好氛围。如果恰好没有这样的制度的话，那么更应该在议事环节开始之前和大家一起约定一些基本规则，帮助大家正常、有序地开展讨论。

以上这些内容都是在宣布会议开始后必须要做的，但是，要保证言简意赅，尽量在3～5分钟之内完成。

二、会议进行

（一）会议记录

会议记录员应该坐在靠近会议主持人的位置。这样可以看到全场，清晰了解发言的状况，并可以随时与主持人沟通。

会议记录员的主要工作是及时捕捉会议过程中的关键点、关键想法和最后决策的具体内容，并在会后给予及时整理并分发给所有的与会者。

会议记录的内容一般分为以下两个部分：

（1）会议基本情况。会议记录员要在主持人宣布会议开始前就将下列内容写好：会议名称、开会时间、会议地点、出席人员、缺席人员、主持人、记录员。

（2）会议内容。这是会议记录的重点，主要包括会议议题、与会者发言、会议结论。

（二）辅助会议主持

正式进入议事阶段后，秘书应该辅助主持人做好以下几项工作。

1. 确保会议始终围绕议题进行

主持人的一项职责就是保证会议始终在会议议程所规定的轨道上进行，所有的讨论都在围绕议题展开。他可以及时总结大家的发言，给予阶段性的小结，也可以告知大家目前的进度，对大家进行提醒。

对主持人挑战最大的就是会场上有人蓄意要将会议拖离轨道，给会议设置干扰和障碍。要防止此类情况发生，秘书有必要在会前收集与会者对会议目标的反馈，摸清他们的态度和意见并向主持人汇报，以利于主持人对会场状况有充分准备，确保会议按预期进行并获得成果。

2. 确保会议与会者都受到重视

会议上最糟糕的事情就是有人感觉自己实际是在"陪会"，没有人关心他的意见和想法，这会阻碍他认同会议的最终决议。当然，那些习惯于不说话的人没有贡献出自己的想法更是会议的损失。因此，会议主持人有必要让每个人都有发言机会，而且他的发言被大家认真倾听和反馈。为做到这一点，秘书有必要在会前告知主持人个别与会者的特点，以及他们彼此之间的工作关系。

除此之外，为了让所有与会者都参与会议，还可以根据需要使用下列主持技巧：

（1）点名让内向的或者习惯沉默的人发言。

（2）提醒爱说话的人注意发言时间。

（3）控制好爱打断别人发言的人。

（4）会议发言由下级开始，最后才是部门主管或领导，这样有利于听到真实的想法。

（5）对发言做提问和肯定。

（6）保证所有发言人都能不被打扰地完整地把自己想表达的意见说完。

（7）对发言作出反馈，而不是打击。

（8）控制自己的发言时间。

特别需要注意的是，主持人必须要时刻注意自己对会议的参与度，一定不能让与会者感觉你企图控制整个会议局面，应给所有人创造一种放松的氛围。

3. 维护主持人的权威

主持人的权威就在于他有责任和权力维护会议的正常秩序，使会议得到结论。如果有人进行与此违背的活动，主持人就应当机立断显示自己的权威。

需要特别注意的是，主持人表现自己身为会议主导的权威的最终目的是保证会议始终行进在正确的轨道上，为会议讨论争取资源，使会议目标得以实现。因此，在阻止会场上的不当行为时，主持人应该讲究技巧，尽量维护与会者的尊严和自信，并让对方感受到你是在维护会议议程本身。而秘书也可以适时地帮主持人打圆场。

拓展阅读

会中协调

天地公司的新产品发布会即将开始，总经理秘书小叶正站在会议大厅的入口处，她一边做着最后的检查，一边在等着嘉宾的到来。她发现主席台上放置的座签有问题，一位董事因故不能前来，座签却没有撤掉，而另一位嘉宾刚刚来电话说要来，座签还未准备好。这时小叶的手机又响了，原来是接电视台记者的汽车在路上抛锚了，重新安排已经来不及了。同时会议秘书组的人员来报，宣传材料不太够。此时嘉宾已陆续到来。

虽然情况紧急，可是小叶一点也不慌乱，因为她在这方面可以说是久经百战。她立即通知会务组负责座签的工作人员处理座签。汽车在路上抛锚，确实有些影响，她马上启用另一套应急预案，让会务新闻组工作人员随时做好会议跟踪报道，以便为电视台提供资料，并同时协调委派另一辆车去接电视台记者。嘉宾已陆续到来，小叶知道宣传材料真的不够用了。为了补救，在不太影响会议效果的情况下，她临时调整了一下会议议程，以便挤出时间赶紧准备宣传材料。这下总算是无大碍了，小叶把这些一一记录在自己的手册上，暗下决心下次一定要准备得再充分、细致些。

资料来源：百度文库，经过删改。

第四节　会议结束

导引案例

200×年5月国家职业资格考试秘书三级试卷情景录像题

人物：宏远公司总经理助理高叶。

地点：公司小会议室。

8点45分，身着职业装的高叶与秘书小田一起走进公司会议室，开始会议前的准备工作。这时来开会的三个部门经理一起走了进来。

高叶招呼道："早上好！昨天通知带的资料带来了吗？"

众经理："带来了。"

这时杨总经理到了。

大家齐声说："杨总，你好。"

小田给大家倒水，会议开始。

杨总："今天请三位来，主要是想了解一下各方代表对前天结束的会议的反应。高秘书已经通知了你们会议内容，相信你们都做了准备。一会儿呢，针对会议中出现的问题做个总结。高叶，要不你先说说你们会务组的情况，然后他们再发言。"

高叶："好，那我先说。对于这次会议，我在结束时做了现场调查。这是调查表，大家传着看看。我汇总了一下，应该说对这次会议的组织，会务组的成员都比较尽心，基本上取得了预期的效果。参加的经销商也比较满意，感觉收获不小。会议内容比较紧凑，也比较精彩，对于食宿的安排也没提什么意见。"

杨总："那会议结束后，对没有马上走的人是怎么安排的？"

高叶："根据他们的要求，我跟饭店已经说好，延长住宿的费用照常优惠。但是有些环节我想以后要注意：一是报名参加的人数与实际参加的人数有很大出入，会议资料准备不够，我们已经让没有领到的人留下详细地址，这周内就给他们快递过去。二是我们的服务人员对会场环境不太熟悉，给代表们造成不便，代表们有反映。基本情况就是这样。"

部门经理一："我在会场听到有的代表抱怨会议室的温度太高了，空气也不好。"

部门经理二："第二天有的分会场的引导标识挪走了，害得参会的人问来问去。"

部门经理三："听有的代表反映，返程的机票、火车票没有给买到，只能拖两天再走，对于这点有些不满。"

杨总："高叶，你把他们刚才说的情况再调查一下，然后实事求是写进会议总结中。会议总结写好后先给我看一下。今天的会议就到这儿了。"

三个部门经理起身离开。

秘书小田："高秘书，这是会议记录。"

高叶接过会议记录，稍作整理后递给杨总。

高叶："杨总，您在这儿签个字。有关会议经费的情况我统计完了，基本符合会前预算，没有超支。详细的数据我会连同会议总结一起给您。杨总，您先忙吧，我们收拾一下再走。"

杨总起身离开。高叶、小田开始收拾会议室。

高叶："小田，把窗户和空调关了。"

小田应道："好的。"

高叶把椅子一张张摆放好，同时吩咐小田："出门前别忘了关灯。"

待一切收拾妥了，两人关灯离开。

问题：

1. 高叶在会议结束后都做了哪些工作？
2. 高叶的会后工作做得怎么样？请你评论一下。

知识链接

一、核对会议议程实况

（一）总结会议议程的进行情况

会议结束的标志不是会议主持人说"没有什么问题的话，今天的会议到此结束"这样的话，而是对全部会议议题的讨论进行总结。在这个总结中，应该将每一个讨论过的议题中有价值的观点和意见呈现出来。有必要的话，可以在讨论过程中，就将它们罗列在白板上。主持人如果能够对每一个议题都给以总结当然更好。

（二）确认成果，评价会议

主持人在以上环节的基础上对照会议预定目标确认会议成果，内容包括：重申此次会议的关键问题、在讨论基础上做出的决策、下一步计划如何实施，交代清楚每一项工作具体由谁来负责、工作完成时间期限、指定的实施监督人等，简单评价此次会议。

（三）对没有完成的议程作出说明

能够完成议程中规定的所有环节当然好，但是，实际中常出现因为关键人员缺席或者其他原因造成相关议题的搁置或取消。当这种情况出现时，主持人要在会议结尾阶段向全体与会者作出说明。内容包括：

（1）议程中哪些环节没有进行或者未能达成一致意见；

（2）解释造成这种状况的原因；

（3）对这些项目的重新安排作出说明。

（四）延长会议要征得与会者同意

通常情况下，不主张延长会议时间。延长会议时间会打乱与会者的时间安排。提前预告会议的起始时间的本来目的就是便于与会者安排自己所负责的工作。如果因为议题讨论的原因确实需要延长时间的话，主持人一定不能独断专行，必须事先征得与会者同意。否则必然会引起与会者的反感和抗拒，很难保证讨论的效率和所能取得的结果。

（五）通知下一次会议的时间、地点

工作例会的召开都很有规律。因此，可以在会议结尾阶段再次强调下一次会议的时间、地点，提醒大家接收下次会议的议程安排，做好相关准备工作。

（六）向与会者表示感谢

即使只是一句话，也要表达对大家出席会议的感谢。

（七）提前结束会议

一般情况下，议程安排的时间都是合适的。但是，也有些时候会议讨论进行得非常顺利，在预定时间之内会议已经取得了共识和决策。这种时候，会议主持人就可以结束会议，没有必要在预定目标已经完成的情况下，还把大家约束在会议室里。我们知道，没有人愿意会议被毫无意义地拖延，但绝没有人会抱怨会议结束得太早了。

二、组织与会者离会

会议结束后，要送别与会者。离会的服务工作的主要内容有如下几点：

（1）及时和与会者结清会议费用；

（2）提醒与会者归还借用的物品，不要遗忘自己的物品；

（3）为与会者提前发放预订的机票、车票；

（4）安排足够的车辆送站；

（5）安排好暂留的与会者的食宿。

三、整理会议文件

(一) 审核会议记录

即使在记录过程中已经与发言者进行过必要的核对，也还是应该在会议的适当时候，一般是在会议结束前，由主持人宣布会议记录员向全体与会者宣读会议记录，请大家再次对会议记录的内容予以确认。

主持人或会议记录人员在宣读完会议记录后，应该给与会者一个思考的时间，让大家检查会议记录中可能出现的错误。然后，应该明确提问，“大家认为会议记录中有哪些地方还需要修正?”如果有与会者提出修正意见，那么这个意见应该经过所有人的讨论，同意后才可作为正确内容对原记录进行修改。如果没有意见，那么主持人就可以宣布这个会议记录的草稿获得了会议通过。会后依此整理出正式的会议记录，由主持人签字即可生效。

(二) 形成会议决议（简报、纪要）

根据会议议题及会议记录，形成会议决议（简报、纪要）发送给有关人员。

(三) 写总结向上级汇报会议情况

将会议从筹备到结束的情况写成书面材料，向上级汇报。

(四) 收全会议材料，汇编会议文件，并分类、立卷、归档

将会议从筹备到结束的所有材料，包括文字材料、重要照片、录音录像、论文集等，收全并进行分类整理归档，以便核查及以后作为类似会议的参考。

四、会场善后工作

(一) 清理会场

(1) 拿走通知牌和方向标志。

(2) 撤去会场上布置的会标等宣传品。

(3) 收拾好会议上使用的幻灯片、手提电脑等物品。

(4) 收回所有应该收回的会议资料，将所有纸张进行整理、清点。

(5) 认真打扫、收拾会场。

(6) 通知配电人员切断会场不需要使用的电源，关闭会场。

如果会议结束后有宴会，秘书或服务人员要为与会者做好向导。

(二) 归还所借物品

会议结束后，要及时归还从公司内部其他部门或其他单位借用的相关物品。归还前要检查是否完好，如果损坏要按约定予以赔偿。

(三) 结算会议开支费用

如果是外借的会场，会议结束后，秘书人员应及时与会场出租方结清会议的各项费用，主要包括：会议室租借费、会议中借用设备的使用费、开会期间的其他相关费用。

五、会议评估

（一）会议评估概述

1．评估的概念

评估就是收集与特定目标相关的信息及类型的活动。它不同于调查，评估的目的是找出发生了什么，而调查则侧重于了解为什么事情会发生。

2．会议评估的意义

通过会议评估，可以发现会议实施与策划之间的关系，了解会议目标是否实现，核算会议的成本与效益，了解与会者的满意情况并找出其中的不足之处，为以后提高会议效果找到相关依据。

3．会议评估的实施者

主办会议的组织常常在内部由专人或专门的部门负责会议评估的工作。公司领导可能把这项工作交给人力资源部门负责。主办者也可以把会议评估工作外包给专业公司，不过这样做成本比较高。为了有效地完成会议评估工作，外部专业公司可能需要从策划阶段就开始参与会议的整个过程。

（二）会议评估的内容

要对会议的所有因素都进行评估将耗费大量资源，而且结果也往往得不偿失。表3—1列出了可以进行评估的各种因素及参评人员和部门。会议承办者应该根据具体的会议决定最后的评估内容。

表3—1 会议评估表

回答者 评估项目	策划委员会	指导委员会	与会者	发言人	参展商	秘书处	承办者	会议地点工作人员	服务供应商
承办者									
策划委员会									
指导委员会									
秘书处									
主题相关性									
目标明确性									
整体策划									
相关活动									
会议地点									
市场宣传									
公共关系									
预算									
发言人									
交通									

续前表

评估项目＼回答者	策划委员会	指导委员会	与会者	发言人	参展商	秘书处	承办者	会议地点工作人员	服务供应商
展览									
注册									
与会者手册									
娱乐活动									
休息									
招待会									
陪同人员									

（三）会议评估的常用方法

1. 定量评估和定性评估

定量评估将各种数字进行运算和统计分析，从而建立各种方式（方法、中介、模型），用以进行比较或深层分析。毫无疑问，任何评估都要包括定量操作的部分，而计算机的使用更促使人们使用定量评估的方法。

定性评估也被称为“软”数据，目前有较多进行定性评估的新方法，但是要进行定性评估依旧比较困难。定量评估比定性评估更容易设计、操作和分析。

2. 问卷调查评估

问卷，就是根据研究课题的需要而编制一套问题表格，由被调查者自行回答以收集资料的一种工具。问卷同时又可以作为测量个人行为和态度倾向的测量手段。问卷调查表示例可参见表3—2。

表3—2 **会后效果问卷调查表**

（一）目标

1. 此次会议的目标是什么？

2. 会议目标是否达成？

是□　　否□　　部分达成□

3. 哪些目标没有完全达成？为什么没有完全达成？（确切理由）

（二）时间

1. 会议目标是否是最短时间内达成的？

是□　　否□　　不能确定□

2. 倘若会议目标并非在最短时间内达成，为什么没有在最短时间内达成？（确切理由）

（三）与会者

1. 列举每一位与会者的姓名并评估会议结束后他们的满意程度。

2. 为“不满意”或“极不满意”的与会者找出使他们“不满意”或“极不满意”的原因。

（四）假如再主持同样的会议，哪些事项将继续维持？哪些事项将有新的举措？

问卷的类型主要有以下三种：

（1）开放式问卷。即对问题的回答不提供任何具体的答案，而由被调查者自由回答的问卷。

（2）封闭式问卷。即答案已经确定，由被调查者从中选择答案的问卷。

（3）半开放式问卷。即通常给出主要部分答案，而将未给出的答案用其他一栏表示或留空格，由被调查者自行填写。

3. 资料的收集与处理

收集资料的方式必须与资料处理或分析的方式相适应。计算机可以出色地对封闭式问卷中的定量数据进行处理，但是在处理开放型问卷时就不是很有用了。

小型会议可以用问卷或采访的方式从所有的回答者那里收集资料，在大型会议中就要使用一些取样技巧，用抽样问卷来收集资料，但是分析结果中应该显示出回收的问卷与全体评估人群之间的比例。

4. 资料的分析

资料的分析非常重要，并不是简单地将所得的数据相加，然后写个报告就完事了。会议承办者或其他负责人必须阅读并解释所有数据，从中了解人们对会议、与会者、市场宣传以及其他各个方面的看法。

（四）会议评估报告

非正式的分析甚至不需要被总结成书面报告，不过有一份书面记录通常还是有好处的。至少承办者应该写一份基本的评估数据陈述。如果评估使用定量方法，可以用表格或图表来反映结果。在拥有可做定量分析的数据时，人们常常想使用统计方法，但是应该谨慎行事，因为并不是所有收到分析结果的人都熟悉统计学，而且复杂的统计学形式可能会影响报告的可用性。

会议评估反馈结果的两个主要用途是总结本次会议，以及为今后的会议提供参考。评估结果可以由各类回答者共同分享，不过这并不意味着他们每人都要得到一份评估报告。

拓展阅读

一次成功的大型客户咨询洽谈会

我爱我家彩电公司决定给一些单位和个人发出邀请信，邀请他们参加本公司关于新产品的大型客户咨询洽谈会。公司派主抓公关、销售的陈副经理负责此项工作，迅速成立会务筹备处，拟定会议方案，准备大会所用各种材料。会议定于2010年10月10日在永康国际会议中心召开，食宿也在永康国际会议中心，会期暂定5天，其中第一天开幕式，第二天专家讲座，第三天专家咨询，第四天专项合作项目洽谈，第五天组织客户游览方岩。公司要求大会必须圆满成功，以达到公司举行这次活动的目的。

陈副经理立即成立了大会筹备处，成员有10人。他们首先召开了会务工作会议，明确将要召开的咨询洽谈会的主题，即宣传新产品、洽谈新业务，并围绕主题拟定大会筹备方案。确定参加会议的正式人员108人，特邀有关领导和专家10人，工作人员10人。此外，还确定了大会的议程、会议所需要的各种材料、大会所需的经费预算，并提出请有关领导和专家讲话的建议。该方案报经公司领导审核、讨论、修改、完善后，筹备处马上给各位成员明确分工。主要分工为：(1) 准备会议所需文件，包括准备会议通知、公司总经理的开幕词、有关领导的讲话稿、有关新产品的情况资料、与会议有关的背景材料等；(2) 会务服务，包括发会议通知、接待、签到、分发文件和物品、安排住宿、布置会场等；(3) 宣传报道，包括联系新闻媒体、通报会议情况、编写会议纪要等；(4) 对外联络，包括联系旅游，预订返程车、船、机票等。

经过精心准备，各方人员如期到会，新产品咨询洽谈会按时召开。但是，在与会人员报到时，负责接待签到的钟秘书发现，有十几个与会人员在报到单上注明“回族”或其他民族。钟秘书及时把这一情况报告给陈副经理，陈副经理马上通知有关人员安排不同民族风味的饭菜，使与会人员都非常满意。会议按计划顺利进行，与会人员对公司的新产品非常满意，专家的讲解、介绍更使与会人员大开眼界。

新产品咨询洽谈会结束后，公司进行会后总结。在总结会上，公司总经理认为这次会议开得很成功。会务筹备处的准备工作做得周密细致，会议的组织接待工作做得热情周到，为公司赢得良好的人气指数打下了基础。再加上新产品过硬的质量，专家精辟的讲解等使得这次会议达到了预期的目的。陈副经理也讲了话，他主要指出这次大会上的一些疏漏之处：(1) 在准备期间没有了解少数民族与会人员的就餐习惯。虽说是个小问题，但处理不好也会造成不好的影响。幸亏发现及时、及早解决，才没有影响客户的情绪，使大会能顺利进行。在此特表扬钟秘书工作细致，发现问题及时反映。(2) 会议简报出得不够及时，没有把会议上的情况及时通报给有关人员，尤其是最后签订合同的情况，这可能是会议即将结束，有些人员思想松懈造成的，以后要吸取这方面的教训。总结会还通报了这次咨询洽谈会上的收获，80%的与会者都同公司签订了合同，超出了预计的数量。这也对公司下一步的工作提出了更高的要求。尽管如此，公司上下都很高兴。总经理决定，对大会筹备处的人员给予奖励，并要求大会筹备处尽快把与这次大会有关的材料都整理出来。

资料来源：百度文库。

本章小结

本章按照时间顺序分三个部分介绍了会议组织的工作内容：会前工作、会中工作、会后工作。其中分别包括了若干工作细节，如制定会议方案、确定会议经费预算、确定会议筹备机构、确定会议议程、准备会议文件、做好会前检查、接待与报到工作、安排好返程、进行会议评估等。这些都是对会议的有力保障。组织会议要求细致周密，秘书必须对所有的会务工作给予同样的关注和投入。

实践训练

● 训练一

1. 实训目标

通过训练，使学生学会写活动策划书。

2. 实训内容

秘书节即将到来，系里要组织全体师生搞一次纪念活动，请你写一份秘书节活动策划书。

3. 实训要求

(1) 可3～5人一组，集思广益，讨论如何搞好这次活动。

(2) 每组上交一份活动策划书。

● 训练二

1. 实训目标

通过训练，使学生了解会议预算。

2. 实训内容

根据下面有关会议经费预算材料，回答问题。

物华公司新产品发布会经费预算

公司定于2012年1月15日在金都大厦一楼会议室召开新产品发布会。与会人员预计200人，现就会议所需各项经费提出预算。

一、场地租用费

金都大厦一楼会议室租金一天5 000元，两天共计10 000元。

二、摄像设备租用费

拟租摄像机2台，每台每天租金1 500元，共计3 000元。

三、专家咨询费

拟请专家2人，每人每天支付5 000元，共计10 000元。

四、宴请费用

10人一桌，每桌标准2 000元，共计40 000元。

五、交通费用

租用大巴车2辆，每辆每天500元，两天共计2 000元。

六、会议用品费

每份宣传资料成本为5元，需要2 000份，共计10 000元。

七、纪念品

到会记者预计50人，每人一份纪念品价值500元，共计25 000元。

此次会议经费总计10万元。

此预算提交总经理办公会审查批准。

会议筹备小组

二〇一一年十二月十日

3. 实训要求

(1) 全班学生分析回答：物华公司新产品发布会的经费预算是否合理？为什么？

(2) 结合已有的会议经验，讨论一般性的会议预算应该注意哪些方面。学生讨论完后，由教师做总结。

● 训练三

1. 实训目标

通过训练，使学生学会组织一次会议，了解会前、会中需要做哪些工作。

2. 实训内容

从关于秘书节活动的策划书中评选出一个最佳方案，组织实施。

3. 实训要求

(1) 成立一个活动筹备机构，选出总负责人，分工负责，列出会议进程时间表。

(2) 集体合作，组织一次秘书节的大型活动。

● 训练四

1. 实训目标

通过训练，使学生学会组织一次会议，掌握会议组织工作的程序。

2. 实训内容

组织实施本章第四节"拓展阅读"中的案例"一次成功的大型客户咨询洽谈会"。

3. 实训要求

(1) 首先成立一个活动筹备机构，选出总负责人。然后全班分成三组，分别负责"会前准备"、"会间服务"和"会后工作"，再根据会议程序分角色分工完成每部分的工作内容。

(2) 洽谈会结束后，教师与学生们一起分析总结。

第四章

现代会议文书服务

定向目标

- 了解会议名称与会议议题
- 学会撰写会议筹备方案
- 理解并学会会议议程的安排
- 熟练掌握会议记录及会议通知的写法

第一节　会议筹备方案

导引案例

××公司要召开计划调度会议，属于不定期会议。行政部工作人员林静根据公司会议管理规定，正在做着开会前的准备——她先拟出会议的策划报告，该报告包括：会议名称、会议主旨和目标、会议议项、会议时间、会议地点、会议议程、会议主持人、出席人员（名单）、会议财务（支出收入）预算、接待工作说明、现有筹备情况及进展、（可能）存在的问题、解决方案及要求、筹备时间进度表。根据公司会议管理规定，不定期会议的策划报告必须经领导批准后方可执行，现领导已同意该报告。

问题：

1. 现在林静可否下发会议通知？
2. 为了做好会议的准备工作，你知道林静现在应该做什么吗？

知识链接

一、什么是会议筹备方案

会议筹备方案是开会前对会议准备工作的总体筹划，是会议策划方案的具体化。

二、会议筹备方案的作用

(1) 可以确保会议的周密组织。
(2) 可以确保会议的服务质量。
(3) 可以确保会议沟通良好。
(4) 可以确保领导意图得以贯彻落实。

三、会议筹备方案的结构与写法

(一) 标题

标题由“会议名称＋筹备方案”组成，如“红光公司新产品发布会筹备方案”。

(二) 正文

1. 会议名称

这是策划方案中会议名称的具体化，如“奇瑞公司 2011 年全体员工总结大会”。

2. 会议的主题和议题

会议的主题是指会议要研究的问题或要达到的目标。确定会议主题要有切实的依据，要结合本单位实际，表述要非常明确。

会议的议题是对主题的细化，是实现会议主题的途径与方法。

3. 会议议程

简明扼要地说明议题的顺序并冠以序号，句末无标点。

4. 会议的时间和地点

安排会议时间要注重效率。一般上午 9:00～11:00，下午 2:30～4:30。会议连续进行的最佳时间是 3 小时之内，超过这个时间效率呈下降趋势。

在确定会议地点时，如果选择外部会址，要把握好这几点：(1) 会场位置必须让上司和与会者方便前往；(2) 会场大小应与会议规模相符，场地内要有良好的设备配置，应不受外界干扰；(3) 场地租借的成本必须合理。如果会议地点安排在内部会议室，则要遵守预定程序。

5. 会议所需的设备和工具

如电脑、录像机、投影机、屏幕等。

6. 会议文件

会议进行过程中使用的大量文件，需要由会务组专门进行收集和整理。在会议进行过程中要及时向与会者通报的文件就需要随时整理和印发给与会者。会议主要文件有：会议通知、邀请函、请柬；欢迎词、开幕词、闭幕词；会议记录、会议纪要；讲话稿、专题报告；会议简报、会议总结。

7. 与会者的组成

与会者的组成要写明与会者的范围和级别。

8. 会议的经费预算

会议的经费预算是会议筹备内容的重点，要根据会议规模、规格确定。会议的成本有显性成本和隐性成本，显性成本就是会议经费，主要包括：文件资料费、邮电通信费、会议设备和用品费、会议场地租用费、会议办公费、会议宣传交际费、会议住宿补贴、会议伙食补贴、会议交通费、不可预见的临时性开支等。隐性成本主要指与会者参加会议而损失的劳动价值。

9. 会议住宿和餐饮安排

在会期较长的会议中有此项内容，具体请参看第九章的相关内容。

10. 会议的筹备机构

大型会议要有筹备机构与人员分工。建立和完善会议的筹备机构，是保证会议顺利进行的前提条件。会议的筹备机构要配备经验丰富的带头人和具有较强业务能力的人员，只有这样会议才能在统一部署和指挥下通过提高效率来实现既定目标。会议筹备机构的分工可参见表4—1。

表4—1　会议筹备机构分工表

组名	职责	负责人	分管上级
会务组	负责会务组织、会场布置、接待签到		
秘书组	拟写会议方案、准备各种资料、做好会议记录、编写会议纪要和简报等		
组织组	资格审查、设计选票、组织选举和统计结果		
接待组	负责生活服务、交通、医疗		
宣传组	负责录音录像、娱乐活动、对外宣传		
财务组	负责经费的统筹使用和收费、付账		
保卫组	负责防火、防盗、人身安全、财务安全、保密等		

11. 附件名称

会议通知和会议日程表通常要作为会议筹备方案的附件。

(三) 落款和日期

在正文下面另起一行在右下方写明会议主办单位和日期。

四、会议筹备方案的形成与使用

(1) 会议筹备方案是在会议策划方案被采用后形成的。

(2) 会议筹备方案的制定要经过一定的程序，一般包括组建筹备委员会，划分筹备机构各小组并选举或指派筹备方案负责人，与领导沟通确定筹备方案的各项内容。

(3) 会议筹备方案拟出后要经上级审核批准，然后才可部署实施。

提醒您

在起草会议筹备方案时，应注意以下两个要点：

(1) 会议筹备方案侧重于会议准备工作的组织与实施，内容不涉及会议宣传、营销等内容。

(2) 会议时间、地点、议程和经费等内容要写得详细具体。

拓展阅读

公司召开会议的一般程序

(1) 会前准备。对定期的常规会议，在会前应明确该次会议的主题和临时出席或列席人员。对不定期的重要会议，承办人应提出会议策划报告，经批准后写出详细的会议筹备方案。

(2) 通过口头或书面形式提出会议申请，口头仅适用于例会。

(3) 制发会议通知。根据会议要项拟定会议通知，并提前张贴或发送。对重要会议要发几轮通知，并做好每轮工作。出席会议的主要人员，应通过电话等方式确认其是否能如期出席并作出相应安排。

(4) 会议承办人应及时准备会议场所、会议文件或资料。必要时要进行会场布置、设备调试。对重点发言对象必须确保其发言。

(5) 在会议进行中要做好记录。记录方式以笔录为主，必要时可录音、录像，妥善保存记录材料。

资料来源：www.110.com，经过删改。

第二节 会议名称与会议议题

导引案例

第八届国际景观生态学大会

大会主题：可持续的环境、文化与景观生态学

主要议题：

1. 社会—经济—生态景观系统：恢复力与适应性
2. 生物多样性和景观恢复：如何适应气候变化
3. 景观经济学：景观尺度上的生态系统服务评估
4. 适应性景观管理：监测方法、指标和模型
5. 景观生态学与文化景观、乡土文化保护
6. 景观与人类：景观格局和人类福祉的联系
7. 景观管理：可持续能源和可持续景观

8. 景观遗传学：网络理论、连通性和景观保护

9. 多功能景观：研究历史、现状和未来

10. 干扰与景观生态学

资料来源：中国学术会议在线。

问题：

1. 从上面的材料中，你能看出会议主题和会议议题有什么不同吗？

2. 会议议题一般包括哪些内容？

知识链接

一、会议名称

会议名称是对会议基本信息如主办者、与会者、时间或会议类型的概括，是构成会议的六大要素之一。

（一）会议名称的确定

会议名称的确定一般采用揭示会议主题、主办者、功能、与会者、范围、时间和届次、地点、方式、种类等特征的方法。

拟写会议名称时要准确恰当地概括会议的基本情况，既不可过于简单，也不可过于复杂。过于简单会削弱对会议基本情况的提示作用，过于复杂不便于使用。在内容确定的基础上还要注意语言表达的正确与流畅，不要使用易引起歧义的语句。

（二）会议名称的结构与写法

会议名称的结构一般是：主办单位名称＋会议基本信息＋会议种类。例如："××学院第三轮聘任工作动员大会"，"××局2010年工作总结会"，"××公司销售工作协调会"，"××学会公务文书写作研讨会"。

（1）主办单位名称：即主办者，如××公司、××学院、××局、××学会。

（2）会议基本信息：包括会议内容、会议主题、会议功能、会议时间、会议地点、与会者范围等，选择其中的一项或几项，也可不选。

（3）会议种类：包括工作会、联席会、总结会、座谈会、学术会、群众大会、电话会议与电视会议、代表大会，协调会、董事会等。

二、会议议题

会议召开时，与会者在一起共同商讨的问题就是会议议题。会议议题是对会议主题的分解，是实现会议目的的途径和方法。会议议题是构成会议的基本要素，没有议题的会议是难以想象的。

（一）会议议题的确定

通常在明确会议目的的基础上，会议议题从以下三个方面来确定：

（1）领导同志批示交办的或指定有关部门汇报的问题；

(2) 下级机关提请讨论的问题；

(3) 上级领导下达指示，需要各部门集体学习讨论、研究贯彻执行的问题。

会议议题确定后要请领导审核批准。

(二) 会议议题的结构与写法

一般来说，会议议题的写法是将会议要讨论的问题标上序号后逐一列出。例如，“××公司2011年年会工作讨论会”的会议议题主要内容有以下几个方面：

(1) 年会举办的时间。

(2) 年会举办的地点（场所）。

(3) 年会形式及节目来源。

(4) 礼品发放方式。

(三) 会议议题的拟写要求

(1) 拟写会议议题要表述准确，语句简洁明了。

(2) 会议议题要准确具体地体现会议目标，为会议目标服务。每一次会议都有具体的目标，盲目的会议会造成人力、物力和财力的浪费。会议的目标有主次轻重之分，会议的议题必须体现中心目标或主要目标，不能准确反映会议目标或者与会议目标无关的议题会造成沟通困难，从而影响会议的质量。

三、会议名称与会议议题的形成和使用

(1) 会议名称与会议议题都形成于会议筹备阶段，是集体讨论的结果，且需领导审核批准。

(2) 二者均为会议筹备方案的主要内容，大型会议的会议通知也要写明会议名称和会议议题。

(3) 会议议题主要用来体现会议内容，主持人在会议开始时通常要进行介绍，以使与会者心中有数，做好准备。

拓展阅读

会议投资回报的指标

建立关系是衡量会议和活动投资回报的关键指标。这是泰勒·德尔士在SUM国际组织的会议闭幕式上告诉与会活动策划者和供应商的。德尔士是总部位于明尼阿波利斯市的卡尔森市场营销服务公司负责全球决策科学的副总裁。他说：“建立关系是一个长期目标，衡量的标准应该是与会者对组织的态度和看法，而非对某次活动的满意度。”

德尔士强烈建议活动策划者们在活动组织前后都进行市场调查，以衡量与会者对组织的态度和看法。态度有三种境界：信任组织、信服组织和信奉组织。

资料来源：《会议》杂志。

第三节 会议议程与会议日程

导引案例

文化研究会成立会议议程

一、文化研究会成立会议现在开始。全体起立，奏国歌。
二、文化研究会筹备组常务副组长作“文化研究会筹备工作报告”。
三、领导讲话。
四、文化研究会筹备组副组长兼秘书长宣读文化研究会章程（草案）。
五、由工作人员宣读并通过文化研究会选举办法。
六、宣读并通过文化研究会第一届理事名单。
七、由工作人员宣读当选会长、副会长、秘书长情况简介。
八、宣读并通过会长、副会长。
九、根据会长提名，通过文化研究会秘书长。
十、根据会长提名，通过聘请顾问。
十一、根据会长提名，通过特邀研究员、特邀撰稿人、协理员。
十二、文化局局长向文化研究会授牌。
十三、当选的文化研究会会长讲话。
十四、顾问讲话。
十五、奏歌曲。
十六、议程完毕，会议结束。

资料来源：范文网。

问题：

1. 从上面的材料中，你知道会议议程包括哪些内容吗？
2. 会议议程与会议日程一样吗？为什么？

知识链接

一、会议议程

（一）会议议程的确定

会议议程是会议筹备方案的组成部分，在制定会议筹备方案时确定。其主要包括：根据参加会议的主要领导确定会议主持人，根据会议主题确定会议议题及讨论顺序、方式或发言人及发言顺序，根据会议主题确定领导人讲话内容及时间安排。

（二）会议议程的结构与写法

1. 标题

标题由会议名称加上“议程”二字组成。如：“××公司新产品推广会议程”。

2. 题注

题注一般指的是该议程通过的日期，具体到年月日。题注位于标题下方居中，内容用括弧括住。

3. 正文

正文无前言和结尾，只写主体部分，包括主持人宣布会议开始、会议讨论发言、领导总结等。具体写法如下：

（1）主持人宣布会议开始。

（2）讨论议题一：××××××。

（3）讨论议题二：×××××××××。

（4）领导作会议总结。

（5）宣布会议结束。

（三）会议议程的形成与使用

（1）会议议程的内容通常是在会议筹备方案形成过程中讨论确定的，制作成会议文件后与会议通知一起在会前发至与会者手中。

（2）会议议程是与会者及早了解会议内容、做好参会准备的依据，通常在会前就需及时拿到，开会时要随身携带。

（3）主持人在开场时通常要宣读会议议程，如果有更改需要做出说明。

（四）会议议程的写作要求

（1）会议议程根据会议情况可详可略。简单的会议议程只是会议内容先后次序的安排，没有具体时间。

（2）会期一天以上的会议议程通常以日为单位，采用表格式，一天一个表格，把每一天的安排按时间先后从早到晚详细列出。会议议程表的示例可参见表 4—2。

表 4—2　　会议议程表

<table>
<tr><td colspan="6">××企业会议议程表</td></tr>
<tr><td colspan="2">日期</td><td>2011-04-19</td><td>会议发起人</td><td colspan="2">×××</td></tr>
<tr><td colspan="2">地点</td><td>公司总部</td><td>会议类型</td><td colspan="2">公司全体员工例会暨部门例会</td></tr>
<tr><td colspan="2">主持人</td><td>××</td><td>会议记录</td><td colspan="2">彭方</td></tr>
<tr><td colspan="6">出席人员：</td></tr>
<tr><td colspan="6">会议目的：进行上月份工作总结与下月份工作计划安排，进行业务培训，了解公司最新的发展动向</td></tr>
<tr><td colspan="2">会议准备工作</td><td colspan="4">下发会议通知、准备培训教材</td></tr>
<tr><td colspan="2">会议发放资料</td><td colspan="4">会议议程表</td></tr>
<tr><td colspan="6">会议议程</td></tr>
<tr><td>1</td><td>10:00～10:10</td><td colspan="2">下月工作重点</td><td>贺倩芸</td><td>10 分钟</td></tr>
<tr><td>2</td><td>10:10～11:10</td><td colspan="2">各部门主任汇报上月工作并陈述下月工作计划（每名主任10分钟）</td><td>各部门主任</td><td>60 分钟</td></tr>
<tr><td>3</td><td>11:10～11:20</td><td colspan="2">“五一”小黄金周促销活动与突发事件培训</td><td>冯前进</td><td>10 分钟</td></tr>
<tr><td>4</td><td>11:20～11:30</td><td colspan="2">KPI 培训，员工入职流程培训、周报上报制度</td><td>彭　方</td><td>10 分钟</td></tr>
</table>

5	11:30～11:35	进销存管理要求	罗　浩	5 分钟
6	11:35～11:40	近期采购工作成果	赵文平	5 分钟
7	11:40～12:00	POS 机使用培训与会议小结	贺倩芸	20 分钟
8	12:00～14:00	午餐时间		
9	14:30～17:30	公司全体员工大会		180 分钟
10	18:00～21:00	部门聚餐，部门文化交流		180 分钟
其他信息				
备注： 1. 各部门主任务必将水电费催收单、配送单、营业款等带回总部； 2. 各部门主任于 4 月 18 日晚上返回总部（已安排住宿）进行会议准备，完成报销单据填写； 3. 各部门主任工作汇报包括：上月工作情况（销售额与服务功能），本月工作计划，需要总部协调的内容； 4. 近期天气转变比较快，身体是革命的本钱，各位兄弟姐妹要注意身体！				

二、会议日程

（一）会议日程的确定

会议日程是会议时间安排的总体方案，要根据会议项目的总体安排确定会议报到的时间、地点安排，三餐的时间、地点安排，会间休息、娱乐等活动的时间、地点安排。

（二）会议日程的结构与写法

（1）标题：会议名称＋日程（安排）。如："××公司××××研讨会日程（安排）"。

（2）正文：通常包括活动内容、时间、地点。活动内容包括报到（签到）、开会（上午）、午餐、开会（下午）等，其中"开会"一项即会议议程。

会议日程表的格式如表 4—3 所示。

表 4—3　　会议日程表

××公司新产品销售展示会日程				
时间：2011 年 8 月 8 日 地点：员工餐厅和公司会议厅			参加人员：销售主管和所有工作人员 目的：使员工对公司新产品有所了解	
上午	8:00	报到	员工餐厅门厅	所有员工
	9:00	销售主管作介绍	公司会议厅	所有员工
	9:50	休息	公司会议厅	所有员工
	10:00	新产品展示——技术总监主讲和演示	公司会议厅	所有员工
	11:00	销售活动录像	员工餐厅三层	自由参加
	12:00	自助午餐	员工餐厅三层	所有员工
下午	1:30	员工自由观看和动手操作新产品	员工餐厅三层	所有员工
	2:30	销售部人员讲解广告宣传单	公司会议厅	所有员工
	3:30	分小组讨论与咨询	员工餐厅三层	自由参加
	4:30	散会		

提醒您

会议议程、会议日程、会议程序是有区别的：

(1) 会议议程是为使会议顺利召开所做的内容和程序安排，是会议需要遵循的程序。它包括两层含义，一是指会议的议事程序，二是指列入会议的各项议题。会议议程是整个会议议题性活动顺序的总体安排，不包括会议期间的仪式性、辅助性的活动。

(2) 会议日程是将各项会议活动（包括仪式性、辅助性活动）落实到单位时间，凡会期满1天（即两个单位时间）的会议都应当制定会议日程。

(3) 会议程序是一次单元性会议活动或单独的仪式性活动的详细顺序和步骤。

在使用上，会议议程和会议日程都是有关会议的时间的安排，都是在会前发给与会者的；但会议议程只是会议进行中各项内容先后顺序的安排，会议日程包括除会上内容外其他如报到、食宿、娱乐、交通等的时间安排。会议议程的内容通常包括在会议日程的内容中，小型会议可以只有会议议程而没有会议日程。会议程序只供领导主持会议时参考，不发给其他与会者。

拓展阅读

这个议程表有问题

英豪公司将举行销售团队会议，研究下一季度的销售工作目标，以及人员招聘、选拔等问题。秘书丁倩在编制会议议程前，先请总经理、销售总监等有关上司提出议题，再询问各位主管是否有在会上讨论的事情，并提请主管上司定夺，然后将要讨论的问题排上顺序。在设计具体的议程表时，丁倩把要在会上讨论的议题编排了一下，便打印出来交给了上司，如表4—4所示。

表4—4　　英豪公司销售团队会议议程表

公司销售团队会议将在5月25日星期一上午9:00在公司总部的三号会议室举行。 1. 销售二部经理的人选 2. 东部地区销售活动的总结 3. 上次会议记录 4. 销售一部关于内部沟通问题的发言 5. 下季度销售目标 6. 公司销售人员的招聘和重组

上司指出丁倩所设计的会议议程表有三个问题：

1. 未注明参加此次会议的人员范围和参加会议的一些特殊议程的人员范围，如确定销售二部的经理人选。

2. 议程的顺序不当，应将重要的、具有保密性内容的议程放在最后。

3. 部分程序表达不清，如“销售一部关于内部沟通问题的发言”应改为“销售一部关于加强内部沟通的典型经验发言”。

上司对丁倩作了具体指导之后，丁倩立刻茅塞顿开，很快重新设计出会议的议程表，这次上司看了很满意。

资料来源：http://blog.sina.com.cn/cbdhall，经过删改。

第四节 会议通知

导引案例

一个通知

有一次，某地准备以党委、人民政府名义召开一次全区性会议。为了让有关单位有充分的时间准备会议材料和安排好工作，决定由领导机关办公室通知各地和有关部门。领导安排秘书赵华来做这项工作。通知发出不久，下级单位纷纷致电领导办公室反映要求准备的材料在下发的通知里讲述不正确。一上午领导不停地接到下级单位类似的电话。领导把赵秘书叫到办公室，狠狠批评了她并要求她重新拟写通知，并交领导审核。赵华看着通知原件，无所适从，心中不停地犯难。

问题：

1. 请问赵华为何心中犯难？
2. 会议通知有什么重要性？应如何正确写作？

知识链接

一、什么是会议通知

会议通知是会前文书的一种，是向与会者传递召开会议信息的载体，是会议组织者同与会者会前沟通的重要渠道。下达会议通知的主要目的就是把参加会议的有关事项告知与会者。

二、会议通知的类型

（1）按形式分，会议通知有口头通知和书面通知，正式会议一般要发书面通知。

（2）按行为方式分，会议通知有当面通知、电话通知、电子邮件通知、电报通知、墙报通知、报纸通知、广播通知、电视通知等。

（3）按作用分，会议通知有预告性通知和正式通知。

（4）按写法分，常用的有公文式会议通知、书信式会议通知、备忘录式会议通知、请柬式会议通知。

三、会议通知的内容

（1）会议召开的背景或目的、意义。

（2）会议的主要内容（议题）。

（3）会议召开的时间。

（4）会议召开的地点。

（5）与会人员的组成。

（6）参加会议的要求，所需提供的材料等。

四、会议通知的结构与写法

（一）公文式会议通知

适用于重要会议，采用公文的格式，一般通过下发文件的方式发送。

1. 标题

标题一般由“发文单位名称＋关于召开＋会议名称＋通知”组成。如：“神州公司关于召开新产品说明会的通知”。

2. 主送单位名称

要写明主送单位的全称或规范化简称。

3. 正文

正文结构通常是：前言＋主体＋结尾。

（1）前言：说明会议召开的背景或目的、意义。如：“为了××××，经研究决定召开××××××会议。现将会议具体情况通知如下”。

（2）主体：详细说明有关会议的具体情况，对会议内容、参加人员、会议时间、地点、要求、联系人、联系方式等做具体说明。

（3）结尾：提出要求或使用结语“特此通知”。

4. 落款和日期

（1）发文单位名称（如标题中有，可省略）。

（2）发文日期。

（3）加盖发文单位公章。

（二）书信式会议通知

书信式会议通知采用书信的格式，通过邮寄发送，类似于邀请信。

（1）标题：会议名称＋邀请函，也可以直接写“会议通知”四个字。

（2）称谓：单位名称或个人姓名。

（3）正文：开头＋主体＋结尾。开头交代会议的目的、意义、背景等。主体除对会议内容、参加人员、会议时间、地点、要求、联系人、联系方式等做出具体说明外，通常还要写清主办方地址、邮编、银行账号、网址等。

（4）落款和日期。写明发文单位名称（如标题中有，可省略）和发文日期，并加盖发文单位公章。

（三）备忘录式会议通知

备忘录式会议通知用于小型会议或单位内部事务性、例行性会议。备忘录式会议通知内容简短，通常一段中写明会议内容、人员、时间、地点和要求即可。

（四）请柬式会议通知

请柬式会议通知用于参会对象为上级领导、兄弟单位、合作对象、社会知名人士等会议，写法上内容要简洁，语气要恭敬、委婉。

五、会议通知的形成与使用

（1）会议通知的正文内容要依据会议筹备方案来确定，不得随意更改。

（2）会议通知是会议举办者和与会者互相沟通的一种载体，为表示对与会者的尊重和使与会者做好充分准备，通常在会前几日下发。

（3）邀请函和请柬是会议通知的补充形式，邀请函主要用于通知有一定社会地位或专业特长的与会者，请柬主要用于礼仪性邀请。

（4）有些会议通知还要附上回执或报名表，一般制成表格形式，请与会者填写相关内容。回执或报名表一般包括：姓名、性别、年龄、民族、职务、工作单位、联系电话、是否参会、预订回程票的时间、班次、到站的具体要求等。表4—5和表4—6分别为两种会议回执的形式。

表4—5　文字式会议回执

×××会议通知回执

请于××月××日之前将回执寄至：×××××××××，××收。
邮编：××××××，电话：×××××××××。
我单位按时参加此次会议，参会人员××人。

签字或盖章
××××年×月×日

表4—6　表格式会议回执

会议回执						
姓名	性别	民族	年龄	单位名称	电话	是否预订返程票
此回执请务必于××××年×月×日前寄至会务组						

提醒您

小型会议通知，标题可只写“会议通知”四个字，正文只要将会议时间、地点、内容、出席（列席）人及与会的有关要求等在一段中写出即可。大型会议通知在正文后会有附件，包括会议地点路线图、会议回执、参会人员名单、会议讨论材料等。

拓展阅读

会议通知发出的小细节

会议通知写好、与会人员名单确定以后，就需要发送会议通知。会议通知的信封上应注明是“会议通知”，并要注明送到日期，这样可以作为急件及时递送，避免误时误事。重要会议的会议通知发出后，还应跟踪落实，用电话与参会人员联系，确认通知是否已收到，了解对方能否出席会议。特别是会议中的关键人物，尤其应该这样。如果是代表会议，在发出通知之前，还要就代表分配名额、各方面的比例、代表条件和产生的方法等专门发通知。会议通知可将会议的有关票证一起附上，如入场券、汽车通行证等。但发票证时应有必要的机动数，以解决不可预见的临时需要。

有时，在正式通知之前，可先发预备通知，以使与会人员特别是担任一定职务的同志，提早安排好本部门的工作。对于那些用电话或其他形式发出的会议通知，也要写出书面通知底稿，防止电话通知时遗漏项目。

资料来源：www.110.com，有删改。

第五节　会议发言稿

导引案例

某通信公司召开周年庆典，公司董事长在庆祝会上发表讲话。马宇是董事长的得力助手，董事长吩咐他明天把拟写好的讲话稿交给他。但是马宇近半年在外地培训学习，最近才刚刚回到公司，他对公司这半年的工作成绩不是很清楚。接到任务后，马宇焦急地去找办公室主任了解工作相关情况。

问题：

1. 在现实中，会议讲话稿可以分为哪些类型？
2. 如何根据不同的领导风格和实际工作情况拟写会议讲话稿？需要注意哪些事项？

知识链接

一、开幕词

会议开幕词是党政机关、社会团体、企事业单位的领导人，在会议开幕时所作的讲话，旨在阐明会议的指导思想、宗旨、重要意义，向与会者提出开好会议的中心任务和要求。它以简洁、明快、热情的语言阐明大会宗旨、性质、目的、任务、议程、要求等，对会议起着重要的指导作用。

（一）开幕词的结构与写法

1. 标题

标题一般由事由和文种构成，如“中国共产党第十二次全国人民代表大会会议开幕词”；有的标题由致词人、事由和文种构成，其形式是“××同志在××××会上的会议开幕词”；有的采用复式标题，主标题揭示会议的宗旨、中心内容，副标题与前两种标题的构成形式相同，如“我们的文学应该站在世界的前列——中国作家协会第四次会员代表大会会议开幕词”；也有的只写文种，如“会议开幕词”。

2. 时间

在标题之下，注明会议开幕的年、月、日并用括号括住。

3. 称谓

一般根据会议的性质及与会者的身份确定称谓，如“同志们”、“各位代表、各位来宾”、“运动员同志们”等。

4. 正文

正文包括开头、主体和结尾三部分。

（1）开头部分。

开头部分一般开门见山地宣布会议开幕，也可以对会议的规模及与会者的身份等作简要介绍，如“参加这次大会的代表有×××人，其中有来自……”，并对会议的召开表示祝贺。需要说明的是，开头部分即使只有一句话，也要单独列为一个自然段，将其与主体部分分开。

（2）主体部分。

主体部分是会议开幕词的核心部分。通常包括以下三项内容：

第一，阐明会议的意义，通过对以往工作情况的概括总结和对当前形势的分析，说明会议是在什么形势下、为了解决什么问题和达到什么目的而召开的；

第二，阐明会议的指导思想，提出大会任务，说明会议主要议程和安排；

第三，为保证会议顺利举行，向与会者提出会议的要求。

（3）结尾部分。

结尾部分提出会议任务、要求和希望。

5. 结束语

会议开幕词的结束语要简短、有力，并要有号召性和鼓动性。

（二）开幕词的特点

1. 宣传性

宣传性就是在开幕词中郑重宣告会议正式开幕，营造会议的隆重气氛。

2. 提示性

提示性就是在开幕词中明确交代会议的议程和会议的主要精神，起到点题作用，使与会者明确会议主题，做到心中有数，便于积极主动参与。

3. 指导性

指导性就是在开幕词中阐明会议宗旨、提出会议任务、说明会议目的及重要意义，要把整个会议的基本精神概括出来，这对开好会议将起到重要的指导作用。

4. 简短性

简短性是指开幕词篇幅要求简短，内容切忌重复、啰嗦，语言要求口语化、富有感情色彩。

范例欣赏

在第四届学生技能竞赛开幕式上的讲话

各位参赛选手、裁判员、工作人员、同志们：

大家下午好！

在这阳光明媚、朝气蓬勃的五月，经过前期紧张的准备，学院第四届学生技能竞赛今天正式开幕了！在此，我首先代表学院全体领导向各位参赛选手表示热烈的祝贺，向竞赛筹备组的工作人员表示衷心的感谢！

随着社会的不断发展和进步，有着较高理论和知识素养、较强动手能力的高技能型人才越来越受到社会的重视，需求量日益增大。为了适应社会和现代企业对高技能人才的迫切需求，学院面向市场，在高技能人才培养方面已经做了大量的工作，也取得了一定的成绩。

本次技能竞赛的项目有汽车修理工、钳工、计算机操作员、普通车工、数控车工、维修电工等七大类十个工种。希望各参赛选手在竞赛中充分发挥聪明才智，沉着、认真对待每项赛程，坚持“友谊、交流、团结、进步”的宗旨，以良好的心理素质和精神风貌，赛出风格，赛出水平，取得好成绩。同时也希望竞赛工作人员和裁判员遵守竞赛规则，坚持公平、公正、公开的原则，认真负责，一丝不苟，坚守岗位，公正执裁，确保竞赛顺利进行。

最后，预祝本届学生技能大赛取得圆满成功。

谢谢大家！

资料来源：百度网。

二、祝酒词

(一) 祝酒词的结构与写法

1. 标题

标题直接写“祝词”、“祝酒词”等，也可以由讲话者姓名、会议名称和文种构成，如“×××在××会上的祝酒词”。

2. 称谓

称呼一般用泛称，可以根据与会者的身份来定，如“各位女士、各位先生”、“朋友们”、“同志们”等。为了表达热情、亲切、友好之意，称谓前面可以加修饰语“亲爱的”、“尊敬的”、“尊贵的”等。

3. 正文

正文内容包括：致词人（或代表谁）在什么情况下，向出席者表示欢迎、感谢和问候；谈成绩、作用、意义；展望未来，联系面临的任务、使命。祝酒词的正文应篇幅简短，语言口语化，态度热情。

4. 结尾

祝酒词常用“请允许我，为××而干杯”来结尾。

（二）祝酒词的特点

1. 祝愿性

祝愿事情的成功或祝愿美好、幸福。

2. 简洁性

祝酒词因其场合比较隆重或热闹，因此不宜太长，语言要简洁而有吸引力。

范例欣赏

×××在“中国国际××展览会”上的祝酒词

（××××年×月×日）

女士们、先生们：

晚上好！

“中国国际××展览会”今天开幕了。今晚，我们有机会同各界朋友欢聚，感到很高兴。我谨代表中国国际贸易促进委员会××市分会，对各位朋友光临我们的招待会，表示热烈欢迎！

“中国国际××展览会”自上午开幕以来，已引起了我市及外地科技人员的浓厚兴趣。这次展览会在××市举行，为来自全国各地的科技人员提供了经济技术交流的好机会。我相信，展览会在推动这一领域的技术进步以及经济贸易的发展方面将起到积极作用。

今晚，各国朋友欢聚一堂，我希望中外同行广交朋友，寻求合作，共同度过一个愉快的夜晚。

最后，请大家举杯，为“中国国际××展览会”的圆满成功，为朋友们的健康，干杯！

资料来源：百度百科。

三、讲话稿

（一）讲话稿的结构与写法

1. 标题

（1）单标题：姓名＋职务＋事由＋文种，如：“××省长在全省教育工作会议上的讲话”。

（2）双标题：如：“进一步学习和发扬鲁迅精神——在鲁迅诞生 110 周年纪念大会

上的讲话”。

2. 署名

署名位于标题之下居中位置。如标题中已有讲话人姓名，此项可省略。有时也将讲话人职务一并标出。

3. 日期

日期指发表讲话的时期。日期位于署名之下居中位置，用阿拉伯数字标注，放于圆括号内。有时将讲话地址也一并标出。

4. 称谓

称谓指对听者的称呼。空一行写于日期之下，左侧顶格。

5. 正文

正文通常由“开头＋主体＋结尾”构成。

(1) 开头。

工作类讲话稿开头说明讲话的缘由或讲话内容的重点。祝贺、纪念类讲话稿开头简要表达祝贺会议的召开，感谢与会者到来或说明会议的规模及与会者的身份等，语言要热情洋溢。

(2) 主体。

工作类讲话稿通常要阐明会议的背景、意义，回顾过去工作，提出大会任务，说明会议主要议程和安排。主体结构通常有横式和纵式两种。如果讲几点意见，通常采用横式结构；如果阐述某个观点，通常采用纵式结构。

祝贺、纪念类讲话稿通常先回忆过去的成绩，然后再说明对今天的意义，内容比较简短。

(3) 结尾。

工作类讲话稿通常提出会议的要求和希望，祝贺、纪念类讲话稿通常表达祝贺之意或预祝大会成功。

(二) 拟写讲话稿的注意事项

讲话稿是领导人在开会中所作的讲话稿件，表达领导人对会议的指示和关心，往往是会议的补充报告。因此拟写讲话稿时要注意以下几项：

(1) 肯定会议的重要性；

(2) 评价过去的工作；

(3) 点出当前值得注意的问题；

(4) 指明今后的方向和目标；

(5) 评价会议中心议题；

(6) 提出原则性的意见，向大会提出希望。

范例欣赏

在中欧文化高峰论坛上的致辞

中华人民共和国国务院总理 温家宝

（2010 年 10 月 6 日，布鲁塞尔）

尊敬的巴罗佐主席，尊敬的艾柯教授，女士们，先生们：

非常高兴来到欧盟总部，出席中欧文化高峰论坛。今年是中国与欧盟建交 35 周年，中欧双方借此重要时机首次举办文化论坛，很有意义。这是中欧文化交流史上的一大创新，标志着中欧文化交流进入了新的阶段，也表明中欧关系深入向前发展。在此，我代表中国政府表示热烈祝贺！

文化是沟通人与人心灵和情感的桥梁，是国与国加深理解和信任的纽带。文化交流比政治交流更久远，比经济交流更深刻。随着时光的流逝和时代的变迁，许多人物和事件都会变成历史，但文化却永远存在，历久弥新，并长时间地影响着人们的思想和生活。不同的地域环境造就了不同的文化底蕴，形成了各具特色的文化形态，它们如同浩瀚苍穹的璀璨群星，交相辉映，光耀宇宙。正是文化的多样性，使不同文化相互影响、相互交融、相互促进，推动了人类文明的进步，也丰富了人类的生活。

中国与欧洲，作为东、西方文明的主要发源地，对人类文明进步都做出了巨大贡献。在古希腊，曾涌现出苏格拉底、柏拉图、亚里士多德等众多先哲，而在古代中国，也曾诞生了老子、孔子、庄子、孙子等伟大思想家。他们的思想分别奠定了东西方文明思想体系的基石。这两个文明体系既特点鲜明，又开放包容。古希腊艺术和史诗的杰出成就、德国哲学的理性思维能力、意大利的文艺复兴、法国的思想启蒙运动，把欧洲一步步引向民主与文明。而在遥远的东方，中国文化传统中的中庸、大同与和谐的理念，塑造了中华民族富于理想、坚忍不拔、宽厚仁爱的性格特质与民族精神。

中欧双方文化交流源远流长。早在公元前数世纪，古老的“丝绸之路”就连接起长安和罗马，开启了中欧文明对话的先河。威尼斯商人马可波罗游历中国大地后的游记，为西方世界揭开了东方国度的神秘面纱。传教士利玛窦带来了大量欧洲的先进科学知识，拉开了“西学东渐”的序幕。中国的“四大发明”和“经籍西传”曾为欧洲近代社会文化的发展演变带来了深远的影响。近代西方“民主”与“科学”思想传入中国，成为中国知识分子追求国家强盛和民族复兴的一面旗帜。中外文化发展和交流的历史证明，一切优秀的文明成果是人类长期生产实践经验和智慧的结晶，是人类文明进步的象征，是全人类的共同财富。

新中国成立后，中欧间文化交流不断发展。特别是进入新世纪后，中国以更加开放的姿态，巩固和深化与欧盟各国在文化领域的交流与合作，逐步形成了高层次、全方位的文化交流与合作新格局。2003 年至 2005 年的中法文化年、2006 年在华举办的“意大利年”、2007 年的“西班牙年”、2008 年“希腊文化年”以及 2009 年在比利时举办的“欧罗巴利亚中国艺术节”等一系列大型文化交流活动，更是受到了文化艺术界以及民众的广泛赞誉。

欧洲现代文化在中国广泛传播，受到了广大中国人民的喜爱。在上海世博会上，英国、法国、意大利、西班牙等许多各具文化特色的场馆吸引了众多中国参观者。法国文化中心、德国歌德学院、西班牙塞万提斯学院等一些欧盟国家的驻华文化机构，聚集了不少中国的语言学习者和文化爱好者。近年来，在法国巴黎、德国柏林和马耳他瓦莱塔等地的中国文化中心也受到了众多欧洲朋友的青睐。这些心灵上的沟通增进了中欧之间的相互了解和友谊，为中欧关系注入了勃勃生机。

我们要以战略的眼光和开放的胸怀看待中欧文化交往，更加广泛、深入、持久地开展中欧间思想文化界的交流，推动文化机构间的互动，鼓励文化产业和产品服务领域的合作。我真诚希望通过直接的接触和直观的感受，让更多的中欧民众、特别是青年一代更多地了解对方的国情与文化，从而更好地促进中欧关系稳定健康发展。

各位学者，各位朋友：文化的多样性是人类文明最本质的特征。尊重不同文化的独立与发展，加强文化交流与合作，是维护世界文化多样性的重要前提。在全球化的时代，人类面临着许多共同的问题，都需要通过广泛的文化沟通与合作来寻求答案。今天举办的中欧文化高峰论坛就是大家在思想文化领域共同探寻人类未来发展方向的一次很好的尝试。中国提倡充分尊重各国的文化传统、社会制度、发展道路，倡导开放兼容的文明观，也真诚地愿意通过与各国广泛开展合作，博采各种文明之长，推动建设一个持久和平、共同繁荣的和谐世界。让我们携起手来，为这一神圣使命共同努力！

谢谢大家！

资料来源：新华网，经过删改。

四、闭幕词

会议闭幕词是党政机关、群众团体、企事业单位举行隆重会议闭幕时，由有关领导向会议所作的总结性讲话。一般以简洁有力的语言总结会议的基本情况，概述会议取得的成绩或做出的重要决定，重申会议的意义并展望未来。

（一）闭幕词的结构与写法

闭幕词由标题、称谓和正文三部分组成。标题与称谓的写法与开幕词基本相同。

正文首先说明会议已经完成预定任务，现在就要闭幕了，然后概述会议的进行情况，恰当地评价会议的收获、意义及影响。核心部分要写明：会议通过的主要事项和基本精神，会议的重要性和深远意义，向与会者提出贯彻会议精神的基本要求；同时可以对会议未能展开却已认识到的重要问题做出适当强调或补充。闭幕词的行文要热情洋溢、简洁有力，以起到激发斗志、增强信念的作用。结尾部分一般先以坚定语气发出号召、提出希望、表达祝愿等，最后郑重宣布会议闭幕。

（二）闭幕词的特点

1. 评估性

评估性就是在闭幕词中，对整个会议作出总的评价，恰当肯定会议的重大成果，正确评估会议的影响，从而激励与会者，增强其贯彻会议精神的信心与决心。

2. 总结性

总结性就是在闭幕词中，对会议的主要内容和基本精神进行简要总结。通常要概括会议的进程，如完成了哪些议题、做了哪几件事情、每项议题以及今后的任务是什么、会后怎样贯彻会议精神等，使与会者对会议有更加全面、深刻的了解和掌握，以便会后更加全面、正确、充满信心地贯彻会议的主要内容和基本精神。

范例欣赏

第十六届亚洲运动会闭幕词

艾哈迈德亲王

尊敬的国务委员刘延东女士，亚奥理事会、各国地区奥委会及国际奥委会的各位同事，女士们，先生们，朋友们：

今晚，第16届亚运会即将圆满落幕，在过去的16天里，我们共同度过了许多激动人心的时刻，这是一届精彩绝伦的亚运会。她将永远成为亚运会历史上的宝贵财富，共同珍藏于你我心中，美丽的花城广州现在成为体育与和平的城市。

首先，请允许我向中国政府和人民以及来自亚洲和世界各地的朋友们表示感谢。有了你们的支持，才有了亚运会的圆满成功。亚运会期间，来自亚洲45个国家和地区的10 000多名体育健儿在53个赏心悦目的场馆里，演绎了亚洲奥林匹克运动的最高水平，他们无疑是推动奥林匹克运动在亚洲发展的最佳使者。

感谢所有的运动员、技术官员、随队官员及所有的参会人员，你们的卓越才能、出色表现以及对运动事业的热忱令人赞叹，你们的体育风尚、团队精神令人振奋，让我们相信凡事皆有可能，希望你们回国以后，让亚运精神，让友谊、宽容和理解的信念在亚洲辽阔的大地上生生不息、永久长存。

感谢60 000多名赛事志愿者，亚运会的成功离不开你们辛勤的汗水、无私的奉献和甜蜜的微笑，我代表亚洲奥林匹克大家庭对你们表示衷心感谢。感谢国内外媒体和记者，亚运会是世界上仅次于奥运会的重大体育赛事，媒体在亚运会上发挥了举足轻重的作用，感谢你们对亚运会的关注和辛勤报道，你们通过电视、广播、报纸、杂志、互联网和其他各种信息媒介，将精彩赛事带到各个角落。亚运会动人的故事、难忘的瞬间通过你们传播到亚洲各国和世界各地，我们期待未来继续得到你们的支持。

这是一届高水平、有特色的亚运会，举办如此重大的赛事需要巨大的决心、不懈的努力和精心的准备。在此，我衷心祝贺广州人民的筹备工作取得了圆满的成功。今天，广州亚运会就要闭幕了，我号召全亚洲的年轻人和运动员们2014年相聚韩国仁川第17届亚运会，再续辉煌。

谢谢大家！

资料来源：中国公文研究网，经过删改。

五、会议发言稿的形成与使用

（1）会议发言稿经常由秘书代笔，然后经领导审核是否采用。有的部门还专设起草小组，领导一般要将写作的目的、背景、写作要求等对起草小组交代清楚，然后由起草小组分工协作，集体撰稿，并在起草的过程中反复讨论、修改。

（2）会议发言稿的使用者一般以职务身份进行讲话，不代表个人。讲话一般体现主办方或上级机关的意见，具有一定的原则性、政策性、权威性。

提醒您

（1）发言稿是用于口头发言的，要注意语言的口语化，但又不能过于随意，应是界于书面语和口头语之间，或者说是提炼过的口头语。

（2）祝贺、纪念类的讲话稿要注意感情的表达，要有一定的感染力，还要设计出几个关键的鼓掌点。

拓展阅读

如何起草领导讲话稿

领导者为实施领导，在各种会议上所作的指示性发言，即领导讲话。领导讲话一般专门就某一方面的问题发表意见，内容集中、中心突出，容易讲深讲透。讲话稿是会议的主要文件，有些会议不安排会议报告，讲话稿就起到报告的作用，成为反映会议精神的主要文件。因此，领导讲话稿非常重要。秘书人员要起草好领导的讲话稿，要关注以下三个方面的内容。

1．领导讲话具有三个特点

（1）权威性。领导讲话不同于一般的演讲和发言，其目的是贯彻上级的指示精神，对分管的工作提出指导性意见。因此，领导讲话具有一定的权威性。领导职务不同，讲话的权威效果也不同。

（2）思想性。领导讲话要用自己的语言去思考、去总结，通过自己的思考和理解去分析问题，去说服人。

（3）鼓动性。领导讲话要注意鼓动和激励，要针对形势、问题或某种思想动态展开富有启发性的议论。

2．起草领导讲话稿要处理好三个关系

（1）权威与平易的关系。起草领导讲话稿，不仅要言之成理，还要善于把“理”说白说透，将各种事理渗透到亲切、自然的语言中，便于领导权威的自然贯彻，消除逆反心理，起到领导讲话应有的权威效果。

（2）庄重与幽默的关系。领导讲话无疑要庄重，但在讲话中适当增强语言的幽默性，不仅会提高语言的艺术魅力，也会为领导者的风度增添异彩。当然，讲话中使用幽默的方式、方法是多种多样的，需要灵活运用，以使领导的讲话丰富多彩、独具魅力。

(3) 深入与浅出的关系。起草领导讲话稿，只有将说理性与通俗性结合起来，才能使所要阐述的道理生动，使听众易于接受，从而达到讲话应有的效果。

3. 起草领导讲话稿应注意三个问题

(1) 避免雷同。一般来说，秘书人员在起草领导讲话稿时应注意以下几个要点：一是可根据领导人的特定身份就会议的主旨阐发观点、展开议论，这样可较为自然地成为“一家之言”；二是适当变换议题的角度，用独特的视角来看待问题、阐发观点，使人耳目一新；三是选择那些富有新意的材料来说明问题。

(2) 独树风格。领导讲话最忌千篇一律。由于领导人的性格、职务特点、语言习惯不同，讲话风格也必然各具特色。秘书人员要在把握领导的思维、语言特点的基础上，发挥创造性，使领导的讲话稿有其自身的特色。

(3) 适当调剂。由于会议不同，领导的讲话有长有短，对于这一点，秘书人员也要预先考虑到，在较长的讲话中适当增加一些“调剂品”，以激发听众的情绪和注意力。

资料来源：http://www.chinaacc.com/，经过删改。

第六节 会议记录

导引案例

12月16日至18日，××集团公司在公司一号会议室召开了××集团2011年度财务工作会议，各分公司总会计师、财务科长、决算人员、审计人员，各指挥部办事处财务主管等130余人参加了会议。宣传处干事刑军为此次会议作了详细的记录。会后，刑军请领导兼主持人审核签字，领导看了表示满意。

问题：

1. 会议记录由哪些要素组成？
2. 做会议记录需要掌握哪些技巧？

知识链接

一、什么是会议记录

会议记录是对会议进程客观、真实的记载，为日后查考、研究会议提供了第一手的材料，也为形成决定、决议、会议纪要等最后的会议文件打下基础，便于传达和学习会议精神。

二、会议记录的准备

(1) 准备足够的钢笔、铅笔、笔记本和记录用纸。

(2) 准备好录音笔来补充手工记录。

（3）要备有一份议程表和其他的相关文件资料，需要核对相关数据和事实时可随时使用。

（4）提前到达会场，了解与会者的座位图，便于识别会议上的发言者。

（5）在利用录音笔的同时，必须手工记录，以防止录音笔中途出故障。

三、会议记录的结构与写法

会议记录的结构一般是：标题＋正文＋尾部。

（一）标题

（1）会议名称＋文种，如“××集团公司第三届董事会会议记录”。

（2）文种，如“会议记录”。

（二）正文

正文通常是由首部、主体、结尾三部分组成。

1. 首部

首部一般用表格形式记载会议基本情况，具体包括以下几方面：

（1）会议名称（全称）。

（2）会议时间，包括开会时间、中间休会时间、结束时间，具体到时、分。

（3）会议地点。

（4）主持人，写清姓名、职务。

（5）参加人员，写清姓名、单位、职务。

（6）缺席人员，写清姓名、单位、职务及缺席原因。

（7）记录人。

2. 主体

这部分是核心，记载会议的实际进程，包括以下内容：

（1）会议议题与议程。

（2）发言情况。

（3）讨论、提出的建议等。

（4）会议决议。

（5）会场情况。

对于发言的内容，一是详细具体地记录，尽量记录原话，这种记录方式主要用于比较重要的会议和重要的发言。二是摘要性记录，只记录会议要点和中心内容，这种记录方式多用于一般性会议。

3. 结尾

会议结束，记录完毕，另起一行写明“散会”并注明散会时间；如中途休会，要写明“休会”。

（三）尾部

尾部用于各项署名，如主持人、记录人的签名。

会议记录的格式可参见表4—7和表4—8。

表 4—7 会议记录格式（一）

会议名称	
会议时间	
会议地点	
记录人	
出席人员	
缺席人员	
会议主持人	
主要议题	
发言记录：	
签字：	
审阅：	共××页

表 4—8 会议记录格式（二）

××公司办公会议记录

时间：××××年×月×日×时
地点：公司办公楼五楼大会议室
出席人：××× ××× ××× ××× ××× ×××
缺席人：××× ×××
主持人：公司总经理
记录人：办公室主任刘××
主持人发言：（略）
与会者发言：×××
×××
散会
主持人：×××（签名）
记录人：×××（签名）
（本会议记录共×页）

四、会议记录的方法

（1）会议记录应将主要讨论的观点、决议、决定，重要的声明、修正案内容、结论等重要内容一字不漏地记录下来，而其他的内容可简要、概括地记录。

（2）漏记的内容，可事先做出记号，然后对照录音修改，也可提示会议主持人请发言者重复内容或对某一术语做出简要的解释。

（3）与会者提出的意见、建议，要把人名记录下来。

五、会议记录的注意事项

（1）不能遗漏与会者的重要发言内容。

（2）必须尊重发言者的愿意。

（3）不能随意猜测。

（4）插话的处理。首先，排除无意义的表达情绪的插话；其次，重要的插话要在记录中保留在应该的位置，并加括号表示这句话是插话。

（5）笔迹清楚，表达顺畅，易于理解。

（6）必须使用专门的记录纸，选用耐久性的书写材料。

（7）如果现场使用录音设备进行辅助，应该尽快地根据录音整理出会议记录的文字材料。

（8）如果会议有重要的会议决定，那么会议主持人应该审核会议记录并签字。

（9）如果某一成员指出会议记录中的一个错误，经会议批准，主席或秘书可以在会议记录中改正这一错误。

（10）在定稿打字之前，通常要向主席提交一份草稿经他签字批准。会议记录一经签名，任何地方都不能再作改动。

拓展阅读

会议记录的技巧

会议记录是一项难度很高的工作。尤其当参会人员人数增加、相互之间的交流频率大为提高、会场气氛非常热烈时，要做到准确倾听、记录无误，对记录员的挑战极大。因此，会议记录人员要掌握必要的记录技巧：

（1）熟悉参会人员；

（2）熟悉座位次序；

（3）熟悉会议资料；

（4）熟悉会议议程所涉及的工作内容；

（5）使用规范化的简称；

（6）使用规范的缩写法；

（7）省略法；

（8）速记。

第七节　会议纪要

导引案例

×××县第二次县长办公会议纪要

（××××年×月×日）

2月28日下午，县委书记××、县长××召集县委办、县政府办、县教育局、县财政局、县人事劳动和社会保障局、县公安局、县工商局、县文化旅游局等单位主要负责同志就××××年高考工作及县各普通高中教师编制、债务、学校发展环境等问题开会进行了研究，这是×××县召开的第二次县长办公会议。会上各位领导认真分析研讨，提出了许多问题，并就一些共同关注的问题达成一致意见。县政府办公室王秘书做了会议记录并在会后及时整理，形成了会议纪要，报领导审核后下发到了下级相关单位。

问题：

1. 会议纪要和会议记录有什么不同？
2. 如何拟写会议纪要？

知识链接

一、什么是会议纪要

会议纪要是记载、传达会议情况和议定事项的会议文书。根据内容可分为情况会议纪要和议定事项会议纪要。

二、会议纪要的内容

会议纪要是根据会议记录、会议文件材料提炼而成的。会议纪要对会议内容要择要而记，情况会议纪要以记载会议主要情况为主要内容，议定事项会议纪要以议定事项（决议）为主要内容。

三、会议纪要的结构与写法

（一）标题

标题一般由“会议名称＋会议纪要”构成，如“全国中小学民族团结教育工作部署视频会议纪要”。

（二）成文日期

成文日期写于标题正下方圆括号内。如果是经讨论通过的会议纪要，要写明“××××年×月×日通过”。

（三）正文

1. 前言

概述会议的组织情况及主要内容，包括会议召开的时间、地点、名称、内容、议题、主题、与会者、主持人、形成了什么决议或讨论了什么问题等。

2. 主体

议定事项的会议纪要要把所议定事项一一写出，通常采用概述式、条款式结构，以会议程序为记述顺序将会议议定事项概括叙述出来。

情况会议纪要要把会议的主要情况择要而记，通常可采用概述式、条款式或发言记录式的结构形式。概述式就是将会议的过程概括叙述出来；条款式就是按会议议题分为几项来写，也可以将会议发言经过分析综合后提炼出几个方面的观点来写；发言记录式就是对重点发言一一进行叙述。

3. 结尾

结尾可以提出希望、发出号召，如“会议希望……”、“会议要求……”；也可以自然收束，没有结尾。

四、会议纪要的形成与使用

（1）会议纪要的形成有一个过程，会前要阅读有关会议文件，如会议方案、会议讲话稿、要讨论的材料等；会中要亲临会场，作好会议记录；会后要迅速构思执笔。需要在会上讨论的会议纪要，要在会议结束前提交。

（2）会议纪要既可以作为上行文用来向上级报告会议情况，也可以作为下行文用来传达会议精神，还可以作为平行文用来与平级或不相隶属单位交流沟通。

提醒您

会议纪要以会议为主要陈述对象，段落、语句通常用“会议指出”、“会议认为”、“与会者一致认为”、“会议讨论了”、“会议研究了”、“会议听取了”、“会议决定”等短语开头。会议纪要在写作时要注意“三无一有”：无主送单位、无落款、无公章、有主题词。

拓展阅读

此“纪”非彼“记”

“纪”与“记”同音，纪要用“纪”，记录用“记”，区别是“纪”当整理、综合整理讲；“记”是把事物写下来。会议纪要需要对会议情况、发言和议事情况进行综合整理，然后传达出去；会议记录仅是如实记录会议情况或按发言顺序记下发言，主要作为一种内部原始资料。

资料来源：百度百科。

第八节　会议简报

导引案例

某公司新近研发出一款新蓝牙耳机。这款蓝牙耳机无论外观设计、外形尺寸，还是佩戴方式和适用机型，都比以前有较大的改进。为了使消费者更快、更好地了解和体验新产品，该公司于周五上午举办了一次新产品发布会暨促销信息会。会后销售部的小刘撰写了一份简报送到公司新闻中心，同时也发给了科技导报的记者。

问题：

1. 你会撰写这则会议简报吗？
2. 简报与新闻中的消息写作一样吗？

知识链接

一、什么是会议简报

会议简报是简报中的一种，是在大中型会议期间，为报道会议情况、及时交流会议信息而编发的类似于消息的文稿。会议简报的文稿一般专业性较强，篇幅短小。

二、会议简报的内容

反映会议情况是编发会议简报的主要目的，其主要内容是发言摘要。此外，会议的花絮、轶事，以及主持人的通知等内容也可以登载在会议简报上。会议简报的内容要突出“新”和“短”两个特点，上午开会，下午就要在简报上反映出来；内容还要简短、单一。总之，会议简报的编写要求及时、简明，抓住具有指导意义、能引导会议健康发展的内容加以报道。

三、会议简报的特点

会议简报的特点集中体现在真、新、快、简四个方面：

(1)“真”是内容真实。会议简报所反映的内容、涉及的情况，必须严格遵循真实性原则，时间、地点、人物、事件、原因、结果，所有的要素都要真实，所有的数据都要确凿。

(2)“新”指内容的新鲜感。会议简报如果只报道一些司空见惯的事情，就没有多大价值和意义了，要反映新事物、新动向、新思想、新趋势。

(3)“快”是报道的迅速及时。会议简报写作要快，制作发送也要简易迅速，尽量让人们在第一时间里了解最新的会议情况。

(4)“简”是指内容集中、篇幅短小、提纲挈领、不枝不蔓。简报名目之前冠以“简”字，可以看出简洁对会议简报来说有多么重要。

四、会议简报版面格式与文稿的写法

(一) 会议简报版面格式

1. 报头

(1) 简报名称：在报头正中用醒目大字标明简报名称。会议简报常用的名称有：“会议动态”、“会议简讯”、“会议要情”、“会议摘报”、“会议情况反映”、“会议情况交流”、“内部参考”等。一般用红色艺术字体印刷。

(2) 编号：在简报名称正下方，写上“第×期”放置于圆括号内。

(3) 编印单位、印发日期：在编号下，左侧写编印单位名称，右侧写编印日期。

2. 报身

会议简报的报身由标题和正文组成，有时也在标题前加上按语或目录。

(1) 标题：与一般文章标题格式相同。会议简报的标题要鲜明，使读者看到标题便可以立即了解这份会议简报的主旨。

(2) 正文：是会议简报的主体。

3. 报尾

在简报最后一页的下方，注明主送单位或个人姓名、抄送单位、印发份数等。

会议简报版面格式的示例参见表 4—9。

表 4—9 **会议简报**

<table>
<tr><td>密级　　　　　　　　　　　　　　　　　　　　份号
简报名称
（第××期）
编发单位　　　　　　　　　　　　　　　　　　编发日期</td></tr>
<tr><td>按语（或目录）：×××××××××××××××××××
××××××（标题）
×××
×××
××××××××。（正文）</td></tr>
<tr><td>报：××××
送：××××
发：××××</td></tr>
<tr><td>共印××份</td></tr>
</table>

(二) 会议简报文稿的写法

1. 标题

简报标题一般采用新闻式标题，直接叙述新闻事实。

2. 正文

会议简报正文的内容，一般来说可以分为两部分：

(1) 开头。

开头部分用极简洁、明确的一段话概括会议的基本情况，包括会议时间、会议地点、与会人员、会议议题、会议目的、主持人等。

(2) 主体。

主体部分是会议简报的核心部分，主要概括叙述会议的情况和所要讨论的问题。编写方法大致有以下三种：

第一种为综述法。这是一种最为常用的会议简报形式，它由编者采集各方面的言论、意见加以概括而成，相当于一份会议的综合报道，将会议的进程、出席情况、会议的发言和议程一一摄入，全面加以反映。

第二种是重点报道法。重点反映会议的某个重要报告的内容、小组讨论情况或几个人的发言等。它可以使与会者详细了解某个方面的情况。

第三种为摘要法。摘录代表发言的要点或小组会议上的发言要点供与会者参阅。

范例欣赏

会议简报

（第××期）

大会秘书处　　2011 年 12 月 19 日

××集团公司召开财务工作会议

在清产核资工作全面展开、新的《企业会计制度》即将实施、主辅分离逐步开展的形势下，12 月 16 日至 18 日，集团公司在××楼召开了××集团 2011 年度财务工作会议，各分公司总会计师、财务科长、决算人员、审计人员，各指挥部办事处财务主管等 130 余人参加了会议。

集团公司总会计师××出席会议并做了重要讲话。在讲话中，××从认清新的财务形势、树立新的财务理念、完善成本管理机制、规范资金运作、实施新《企业会计制度》、做好清产核资工作、做好财务预算工作、做好审计工作、加强会计基础工作、加强财会队伍建设等十个方面做出重要指示，为集团公司下一步的财务工作指明了方向。

集团公司副总会计师、财会部部长××总结了 2011 年度××集团公司财务工作情况，并对下一年度××集团公司的财务工作做出了安排布置，提出了 2012 年度财务工作九个方面的要点：加强内部资金管理，提高信用意识；加大成本管理工作，探索有效的成本管理途径；严格执行财务预算制度，加大对资本运营中的监控；做好清产核资工作，为全面执行《企业会计制度》奠定基础；执行《企业会计制度》，完善相关的财务配套制度；结合"主辅分离"，紧缩经费开支；开展财会信息化建设，促进财会管理水平的提高；继续加强财会队伍的建设，提高公司的财务管理水平；加强财会学会建设，充分发挥财会学会的作用。

此次财务工作会议全面布置了 2011 年度财务决算编制工作，提出了 2012 年财务预算的编制要求，明确了清产核资的步骤和方法，解答了汇总纳税的有关问题，为下一步做好财务决算编制工作，提高财务预算的编制水平，加强国有资产的监控管理，合理筹划纳税工作，全面实施《企业会计制度》打下了基础、做好了准备。

报：……

送：……

发：……

（共印 20 份）

五、会议简报的形成与使用

（1）在时间长、人数多的会议期间，会议简报由会议秘书组等负责编辑印制，撰稿人可以是秘书组成员，也可以是与会者，秘书组负责组稿和审稿。

(2) 会议简报在会议期间要及时发放到与会者手中，与会者也要认真阅读每一期会议简报的内容，及时沟通会议信息，提高会议效率。

提醒您

会议简报要用有限的篇幅，将会议情况交代得清清楚楚，所以内容应尽量单一，语言要有高度的表现力。在写作时要注意语言简洁、思路清晰、概念明确、篇幅精练。报道会议情况时可采用新闻中的“倒金字塔”结构，将主要事实、重要内容写在前面，次要的内容如背景等放在后面来写。

拓展阅读

视频会议简报

2009年6月30日上午9点30分，教育部“农村义务教育中小学校长预算管理国家级远程专题培训”视频会议如期举行，承担本次培训任务的××县培训机构负责人、班主任、管理员、辅导员及学员代表等参加了会议。会议结束后培训机构领导对本次培训进行了认真部署和安排。

为了确保本次培训的顺利开展，为下一步培训工作奠定良好的基础，进修校干训处高度重视培训准备工作。除了严格按照要求准备场地和各种器材外，还组织召开了工作会议，统一认识，熟悉操作流程，细化工作要求，明确分工，责任到人。为了确保参培人员个人信息准确、翔实，进修校还对有关人员的信息进行了细致的统计和更新。

经过大量周密的准备工作，6月30日的远程视频会议信号清晰、过程流畅、效果较好。

会后，培训机构领导×××同志和班主任××老师对本次工作进行了认真部署和安排。

一、明确分工。明确并落实辅导员、管理员、微机调试员的具体职责。

二、工作安排。提出本次培训的阶段性工作安排意见和要求。

准备阶段：6月30日—7月9日；实施阶段：7月10日—7月20日；总结阶段：7月21日—7月25日。

三、纪律保障。制定严格的工作和学习制度，严格考核，确保本次培训顺利完成。

××县教师进修校

2009年7月1日

资料来源：全国中小学教师继续教育网。

第九节 会议总结

导引案例

会议总结为什么会流于形式

每次大型的会议结束后，很多会议组织者都会进行相应的会议总结。通过这种形式，对会议的组织工作进行认真的总结和反省，使大家分享成功的经验和失败的教训，相互取长补短，并在此基础上来提高办会水平。但是在实际的操作过程中，很多会议总结经常是没有达到预期的效果，甚至流于形式。这里面的原因是多方面的，有思想上的，有组织上的，其中主要的一个原因就是总结写得不够全面、公正、客观与准确。

问题：

1. 在现实工作中做会议总结时应该重点叙述什么？
2. 你认为会议总结与工作总结一样吗？

知识链接

一、什么是会议总结

会议总结是总结中的一种，是关于某一次会议的专题性总结，是在会议结束后对整个会议的组织工作的全面回顾与反思，目的是总结经验教训、提高工作水平。

二、会议总结的内容

会议总结的内容重点在会务组织工作上，从会前的立项策划、会议筹备，到会中的各种服务、会议的实际效率，都要全面进行总结，找出经验、发现不足，提高会议组织工作的水平。

三、会议总结的结构与写法

（一）标题

（1）单标题：由“会议名称＋总结”构成，如“党风廉政建设电视电话会议总结”。

（2）双标题：正标题用一句话概括会议总结的主旨，副标题由“会议名称＋总结”组成，如“做好会前调查是会议组织的关键——党风廉政建设电视电话会议总结”。

（二）正文

正文由“前言＋主体＋结尾”构成。

（1）前言。简述会议组织的基本情况，如前期策划立项、筹备组织、会中服务等。

（2）主体。主要是在客观事实的基础上对会议成绩进行分析评价，总结经验与教训。通常可先交代会议规模、参会人数、会场布置、会议时间安排、会议内容等客观情况，然后将成绩与经验归纳为几个方面，逐一分析。

（3）结尾。主要指出会议组织过程中的不足，并有针对性地写出今后努力的方向。

四、会议总结的形成与使用

（1）会议总结的作者要全面收集会议资料，广泛听取各方面的意见，对会议总体情况进行回顾与反思、分析与综合，点面结合，客观地评价会议组织过程获得的经验和失败的教训。

(2) 会议总结是会议文书的重要组成部分，会议结束后要立即对整个会议组织工作进行总结，并且与其他会议文书一起归档保存。

五、会议总结的写作提示

(1) 会议总结不同于领导人在会议行将结束时在会上所作的总结讲话，前者重点在会议组织上的成败得失，后者重点在会议的议程。

(2) 会议总结对材料要进行提炼，最好总结出规律性的东西，上升到理论层面，切忌面面俱到、蜻蜓点水式的总结。

提醒您

工作总结与会议总结的关系可表述为以下两点：

(1) 工作总结是指对过去的某个时期、某个阶段、某个方面已完成的工作进行回顾、分析、研究，找出规律性的认识，用以指导今后工作的事务性文书。工作总结的内容通常包括工作基本情况、成绩和不足、经验和教训。

(2) 工作总结可分为专题性工作总结和全面性工作总结。专题性工作总结如《××厂团支部青工文化补课总结》，内容涉及一项工作。一个会议就是一项专题性工作，所以会议总结属于专题性工作总结。

通过总结，人们可以把零散的、肤浅的感性认识上升为系统的、深刻的理性认识，从而得出科学的结论，发扬成绩，弥补不足，吸取教训。总结还可以作为先进经验被推广开来，以供他人借鉴。

拓展阅读

职场口才：你必须知道的会议总结发言技巧

会议总结发言是会议领导者对会议情况的归纳性陈述，是领导者对会议的画龙点睛之笔，关系到会议能否开得圆满成功，关系到会议质量的高低。会议总结发言看似简单，但领导者要做好它也并非易事。

领导者做会议总结发言，应尊重事实、一分为二，既充分肯定成绩，又指出不足之处，尤其要对今后的努力方向和奋斗目标予以强调。

1. 会议总结的方式

领导者有效地进行会议总结，可以采用穿珠式、归纳式、升华式、评论式、拍板式。

2. 常见的会议总结方法

领导者作会议总结，应根据不同的会议种类，有所侧重，有所区别。

(1) 解决问题会议总结法。

每一个问题讨论完毕，会议领导者都要做一次归纳，形成一致的意见；全部问题讨论完毕，会议领导者再做简要的会议总结，归纳一下会议的成绩与不足，强调一下有关问题。如果需要将会议决议内容形成一个文件或会议纪要，则应当场交由承办人落实。如果需要举行下次会议，则同大家商定下次会议的开法与时间。

在这类会议总结中，除了对会议的整体情况进行回顾和概述外，如果会议中有些问题还没有得到解决，有待进一步研究，在会议总结中也可以一并向与会者交代清楚。

(2) 决策性研究会议总结法。

这类会议在最后作总结时，应做到以下三点：

第一，充分肯定会议取得的成效是大家共同努力的结果。

第二，一定要把所有有价值的意见尽可能不遗漏地综合起来，给予肯定。

第三，一般不要“封口”，永远不要把某些意见说得十全十美，给予全面肯定。

同时，领导者应明确表示，希望大家散会后还要继续思考、积极探索，欢迎并随时准备倾听大家的新意见，等等。

总结这类会议最忌讳的是，与会者发表了十条意见，会议领导者在最后作总结时却发表了一通早已想好的、与众多意见相悖的意见。这样，便会降低大家参加这类会议的兴趣。

(3) 全体员工会议总结法。

这种会议的总结与一般会议总结是有区别的：前者对会议情况的总结是高度的概括，后者则比较深入具体；前者的文字比较严谨庄重，后者则较轻松随意。

资料来源：http://edu.gongchang.com/f/zhichang-2011-08-07-20336.html。

本章小结

本章介绍了几种常用会议文书，其中“结构与写法”和“形成和使用”是重点。会议文书印制后就是会议文件材料，是召开会议的必备条件，没有文件材料的会议是很难想象的。写好会议文书，准备好会议文件材料，是现代会议服务的重要工作内容。

实践训练

● 训练一

1. 实训目标

通过训练，使学生掌握会议议程和会议日程的撰写。

2. 实训内容

霓裳服装公司欲举行北京旗舰店和全国各地霓裳专卖店店长的销售培训会，会议定于6月6日在北京大运河会议中心举行。与会者200余人，会期2天。韩方总经理将亲临大会做报告，同时邀请了北京高校的营销专家进行营销策略和管理方面的培训，还要由人力资源部组织一些联谊活动。

3. 实训要求

(1) 分组讨论：拟定会议日程，为何事先要从上司那里获取有关的信息？会议日程制定出来之后，为何要报上司审核把关？会议日程表中经常留有“备注”一栏，它有什么作用?

（2）全班分成三组，每组学生合作完成写作任务：为本次活动拟制一个会议日程表。

（3）教师对每组拟写的会议日程表进行点评，指出每组的特色。

● **训练二**

1. 实训目标

通过训练，让学生掌握领导发言稿的写作。

2. 实训内容

金秋十月，你校要举行第六届秋季运动会，请你为校长写一份在运动会开幕式上的讲话。

3. 实训要求

（1）开幕词字数不少于300字，语言要求口语化、富有感情色彩。

（2）教师随机抽取两到三名同学到讲台上，以校长的身份向同学们致开幕词，教师在每个同学发言后进行点评。

● **训练三**

1. 实训目标

通过训练，让学生掌握会议通知的写作。

2. 实训内容

广东天瑞公司准备在2012年1月10日至11日在广州市香格里拉酒店召开2012年订货会，于2011年12月20日发出会议通知。会期为2天，1月9日报到。报到地点在香格里拉酒店1506房。请各地重要经销商参与，会务费自理。请根据以上材料拟写一份带回执的会议通知。

3. 实训要求

（1）要求格式规范，条款清晰，语言得体。

（2）会议通知的字数不限，但要涵盖材料中的所有要点。

（3）教师对学生拟写的会议通知进行点评。

● **训练四**

1. 实训目标

通过训练，让学生掌握会议记录、会议纪要的写法。

2. 实训内容

将全班学生分为两组，每组自由选择一个与学习生活关系密切的题目，尝试召开一个小型的研讨会。一组开会时，另一组同学练习做会议记录，会后根据参会情况和会议记录完成一份会议纪要。

3. 实训要求

（1）会议记录的字数不限，但要如实记录会议所有要点。

（2）会议纪要要体现会议基本程序或会议的主要精神。

（3）教师对学生的作业进行点评或让学生互评。

● 训练五

1. 实训目标

通过训练，让学生更好地掌握会议简报和会议总结的基本格式与写作。

2. 实训内容

请你为本校、本系或本班所开的会议撰写会议简报与会议总结。

3. 实训要求

（1）所有文书均在计算机上完成，文档要求格式规范，内容正确，条理性强，表达明确、顺畅，编辑打印精美。

（2）会议简报要能反映出本次会议的基本情况，简报内容要准确，分析、评价要科学，格式要规范。会议总结也要提炼出有规律性的东西。

（3）教师对学生的文稿进行点评。

第五章

现代会议环境服务

定向目标

- 了解会场的选择
- 掌握会议座次安排
- 熟练掌握会场环境的布置
- 了解会场善后的工作安排

第一节　会场座位格局安排

导引案例

嘉宾找不到座位

某公司年底为表达对客户的谢意，召开了客户联谊会，会后共进晚餐，负责接待工作的秘书李刚根据上司的指示和宴会惯例，安排桌次座位。这次宴会共设三桌，餐厅正面靠墙为主桌，编 1 号，靠入口处为 2、3 号桌，摆成三角形，以突出主桌。重要客户在主桌。为方便来宾入席，李刚特意做了座位名签，并摆在桌上。但由于这次联谊会时间紧，与会人员名单确定得晚，李刚在抄写时漏了一位应在主桌上的重要客户，结果致使该客户入席时找不到座位，出现了十分尴尬的场面。

问题：

1. 如何安排会场座位?

2. 根据上述案例，谈谈应如何做好会场的相关物品准备。

知识链接

一、会场形式的布置

会场形式的安排，要根据会议的规模、性质和需要来确定。不同的会场布置形式，体现不同的意义、气氛和效果，适用于不同的会议类型。会场形式的布置，整体上可分为相对式、全围式、半围式、分散式四种。

（一）相对式

相对式会场布置形式的主要特征是主席台和代表席采取上下面对面的形式，从而突出了主席台的地位。由于专门设立了主席台，有一个绝对的中心，整个会场气氛显得比较严肃和庄重，适用于大中型的报告会、总结表彰会和代表大会等。相对式会场布置形式如图 5—1 所示。

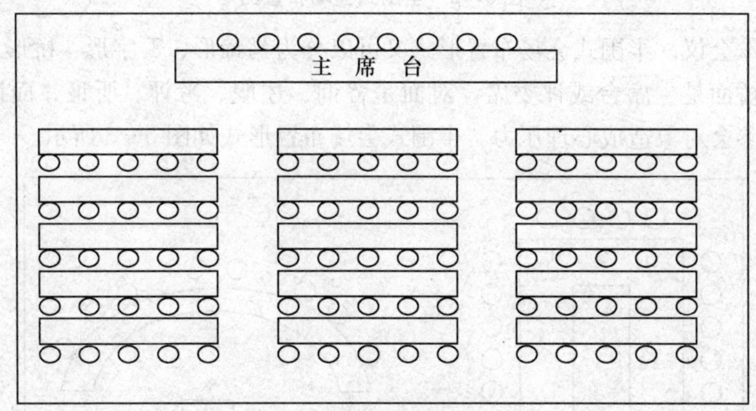

图 5—1　相对式会场布置图

（二）全围式

全围式会场布置形式的主要特征是不设专门的主席台，会议的领导和主持人同其他与会者围坐在一起。这种布置形式的优点是容易形成融洽与合作的气氛，体现平等和相互尊重的精神，有助于与会者之间相互熟悉并充分交流思想、沟通情况。这种形式也便于主持人细致观察每位与会者的意向、表情，及时、准确地把握与会者的心理状态，从而保证会议取得成果。

全围式会场布置形式适用于一些小型会议、特小型会议以及座谈会、小型协商会等。日常办公会议常采用这种方式。全围式会场布置形式又可分为圆形、椭圆形、多边形、长方形等，这些形式可以使参加会议的人坐得比较紧凑，彼此面对面，容易消除拘束感。全围式会场布置形式如图 5—2 所示。

（三）半围式

半围式会场布置形式介于相对式和全围式之间，即在主席台的正面和两侧安排代表席，形成半围的形状，既突出了主席台的地位，又增加了融洽的气氛。这种形式适用于

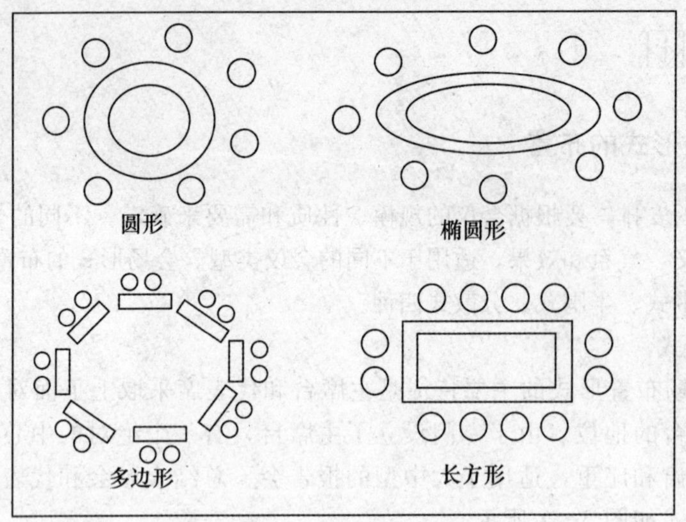

图 5—2 全围式会场布置图

中小型的工作会议。半围式会场布置形式又可以分为马蹄形、T 字形、桥形等。桥形格局较特殊，桥面是主席台或评委席，对面是咨询、述职、考评、听证、面试对象的座位，容易给参会对象造成心理压力。半围式会场布置形式如图 5—3 所示。

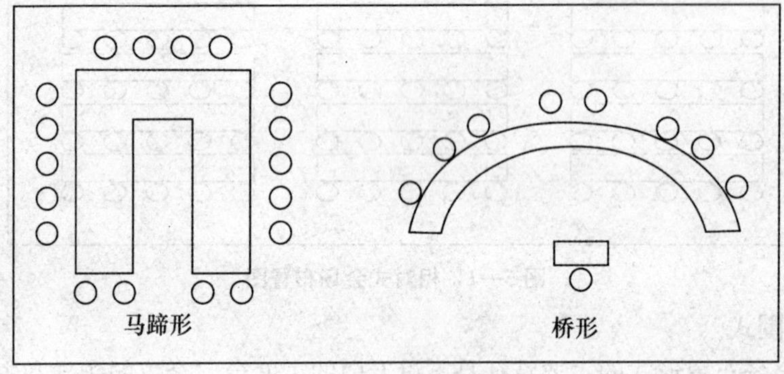

图 5—3 半围式会场布置图

（四）分散式

分散式会场布置形式就是将会场分成若干个中心，每个中心设一桌席。其中，领导人和会议主席就座的桌席称作“主桌”。这种座位格局既在一定程度上突出主桌的地位和作用，同时又给与会者提供了多个谈话、交流的中心，使会议气氛更为轻松、和谐。

分散式会场布置形式适用于规模较大的联欢会、茶话会、团拜会等。这种会场布置形式要求会议主持人具有较强的组织和控制会议的能力。分散式会场布置形式又可以分为方桌形、V 字形、圆桌形等。分散式会场布置形式如图 5—4 所示。

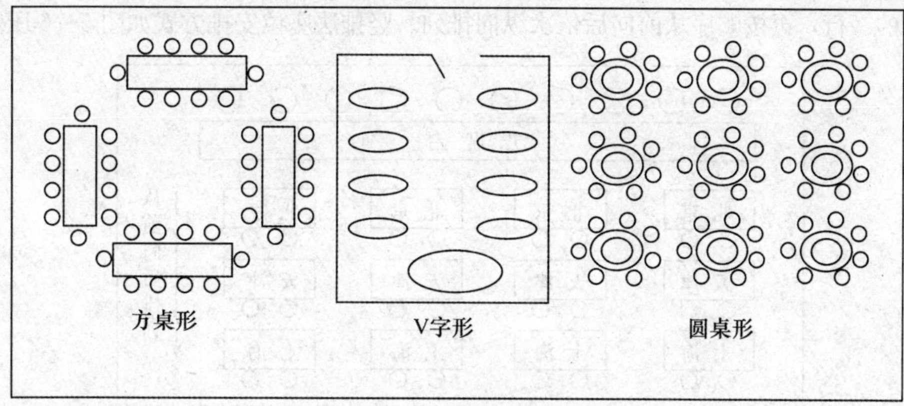

图 5—4 分散式会场布置图

提醒您

会场布置的注意事项如下：

(1) 根据会议议题、会议形式来设计会场。

(2) 注意是否有大宗物品的陈设与展示，要事先备有劳务人员电话，临时可用搬家公司应急。

(3) 注意与会嘉宾和领导的座次。

二、会场座位安排技巧

(一) 横排法

这种排列方法的要领是，把每个代表团、小组、单位的坐席从前向后排成纵向一列，按组别顺序以代表坐席的朝向为准，从左至右横向依次排列座次。横排法座位安排方式如图 5—5 所示。

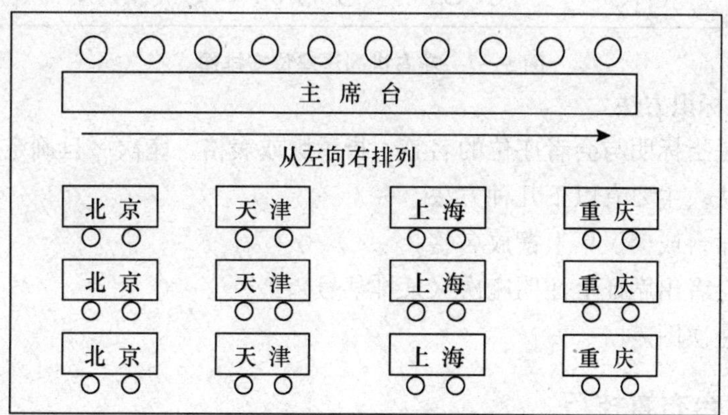

图 5—5 横排法座位安排图

(二) 竖排法

这种排列方法的要领是，按照既定的次序把参会的每个代表团、小组、单位的坐席排成横向的一行，再按顺序从前向后依次纵向排列。竖排法座位安排方式如图 5—6 所示。

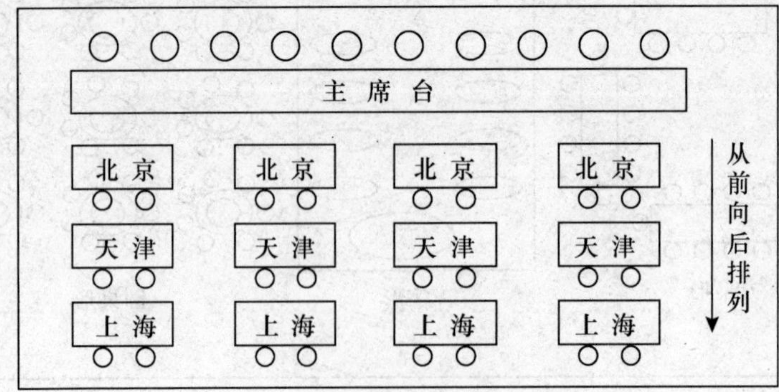

图 5—6 竖排法座位安排图

（三）左右排列法

这种排列方法的要领是，把每个参会的代表团、小组、单位的坐席安排成纵向的一列，再以会场的中心为基点，将顺序在前的排在中间位置，然后先左后右，一左一右向两侧横向交错扩展排列座次。左右排列法座位安排方式如图 5—7 所示。

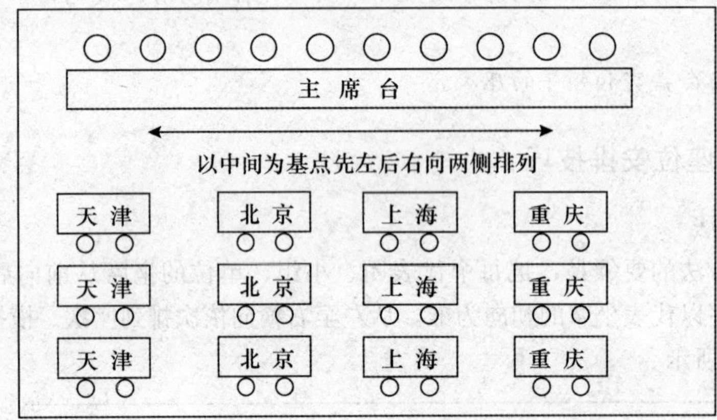

图 5—7 左右排列法座位安排图

（四）座次标识方法

座次标识是指标明与会者座位的名签、指示牌或表格。座次一旦确定，就要选择好标识座次的方法。主要有以下几种方法：

（1）在主席台或会议桌上摆放名签。

（2）在与会者出席证上注明座次（某排某号）。

（3）印制座次图表。

三、主席台布置技巧

（一）主席台座次的排列原则

1. 国内会议主席台座次排列

在一个严肃的会议上，座位是身份和地位的象征，不可随意乱坐。通常的做法是：

身份最高的领导人就座于主席台前排中央，其他领导人根据身份高低按先左后右顺序（以主席台就座者的左右为准）依次就座。

2. 国际性会议主席台座次排列

一般情况下，主办方身份最高的出席者居中，其他来宾根据身份高低按先右后左顺序（以主席台就座者的左右为准）向两边排开。这一点与国内会议先左后右的排列方法正好相反。

（二）主席台的座次安排

大型会场的主席台，一般应面对会场主入口。在主席台上就座的人，通常应当与在群众席上就座的人呈面对面之势。主席台上每一名成员面前的桌上，均应在左侧放置双向的桌签。主席台的座次安排具体又可分为主席团排座、主持人坐席、发言者席位三个不同方面的问题。

1. 主席团排座

主席团，在此是指在主席台上正式就座的全体人员。国内目前排定主席团座次的基本规则有三：一是前排高于后排；二是中央高于两侧；三是左侧高于右侧（如果是国际会议应为右侧高于左侧）。

2. 主持人坐席

会议主持人又称大会主席，其具体位置之所在有三种方式可供选择：一是居于前排正中央；二是居于前排的两侧；三是按其具体身份排座，但不宜令其就座于后排。

3. 发言者席位

发言者席位，又叫做发言席。在正式会议上，发言者发言时不宜就座于原处。发言席的常规位置有二：一是主席团的正前方；二是主席台的右前方。

（三）主席台就座领导的座次安排

（1）领导人数为奇数，比如5人，按正常领导职级排序分为1、2、3、4、5。排座次的原则是：主要领导居中，其余领导的座次安排按国际惯例是以右为尊，而中国国内是以左为尊。图5—8的排列方式是领导人数为奇数时以左为尊的主席台座次安排。

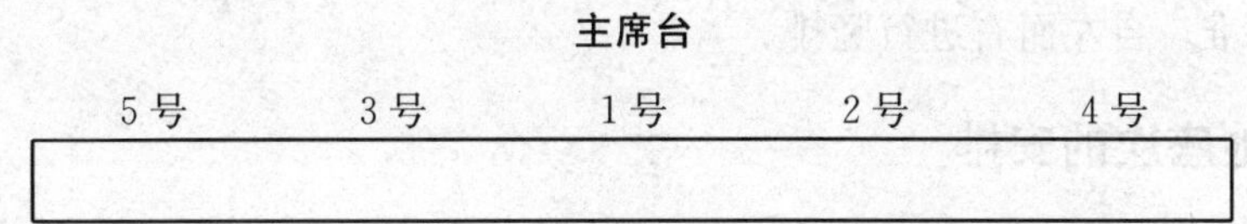

图5—8　领导人数为奇数时以左为尊的主席台座次安排

（2）领导人数为偶数，比如6人，按正常领导职级排序分为1、2、3、4、5、6。排座次的原则是：可先把1号和2号合二为一，再进行排序。图5—9的排列方式是领导人数为偶数时以左为尊的主席台座次安排。

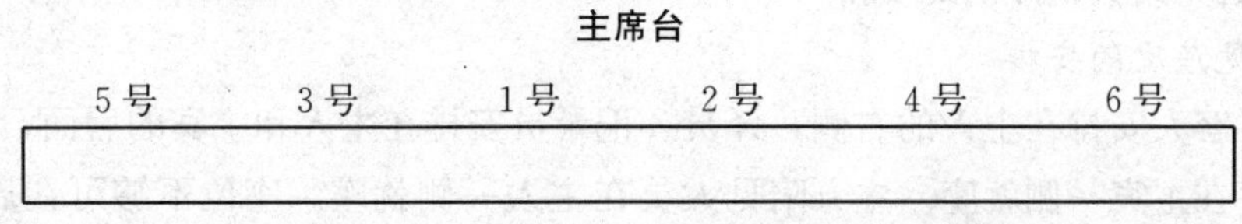

图5—9　领导人数为偶数时以左为尊的主席台座次安排

在对主席台就座领导的座次进行安排时，还应把握以下几个要点：

第一，灵活掌握，不生搬硬套。如对一些德高望重的老同志，也可适当往前排，而对一些较年轻的领导同志，可适当往后排。

第二，对邀请的上级单位或兄弟单位的来宾，也不一定非得按职务高低来排。通常掌握的原则是：上级单位或同级单位的来宾，其实际职务略低于主人一方领导的，可安排在主席台适当位置就座。这样，既体现出对来宾的尊重，又使主客都感到较为得体。

第三，对安排在主席台就座的领导同志能否届时出席会议，在会前务必逐一落实。领导同志到会场后，要安排在休息室稍候，再逐一核实，并告知上台后所坐方位。如果主席台人数较多，还应准备座位图。如果有临时变化，应及时调整座次、名签，防止主席台上出现名签差错或领导空缺。

四、群众席座次的安排

在大型会议上，主席台之下的一切坐席均称为群众席。群众席的座次安排方式有以下几种。

1. 自由式择座

即不进行统一安排，而由大家各自择位而坐。

2. 按单位就座

它指的是与会者在群众席上按单位、部门或者地位、行业就座。它的具体依据，既可以是与会单位、部门的汉字笔画的多少、汉语拼音字母的前后，也可以是平时约定俗成的序列。按单位就座时，若分为前排后排，一般以前排为高、后排为低；若分为不同楼层，则楼层越高排序越低。

3. 在同一楼层排座

有两种普遍通行的方式：一是以面对主席台为基准，自前往后进行横排；二是以面对主席台为基准，自左而右进行竖排。

五、其他座次的安排

（一）宴请座次的安排

宴请客人，一般主陪在面对房门的位置，副主陪在主陪的对面，1 号客人在主陪的右手边，2 号客人在主陪的左手边，3 号客人在副主陪的右手边，4 号客人在副主陪的左手边，其他可以随意。如果有特殊因素，则应视情况而定。

（二）会见或会谈座次的安排

1. 会见座次的安排

通常将客人安排在主人的右侧，译员、记录员安排在主人和主宾的后面，其他人员按礼宾次序在主宾一侧就座。主方陪见人员在主人一侧就座。座位不够可在后排加座。双方人员排序可视情况而定。

2. 会谈座次的安排

双边会谈通常用长方形、椭圆形或圆形桌子，宾主相对而坐，以正门为准，主人坐背门一侧，客人坐面门一侧，主谈人居中。双方人员的排序由双方按照每个人的职务、地位等综合排定。

礼节性的会见与商务性会谈一般在会议室或会客室里进行，可根据会见或会谈的人数、身份及内容等对座位进行合理的布局。一般来讲，会见或会谈的人数少时，多选择马蹄形，即不用会议桌，而用沙发，主宾各坐一边，主人在左，主宾在主人的右边就座。如果会见或会谈人数较多，需要摆放会议桌，可选择圆形、方形或长方形等座次排列形式，可事先在桌上放置座位名签。如果对方是外宾，名签应用主宾双方语种标示。

（三）领导人合影安排

安排合影时，要将所有合影人员排出次序，每排再按开会时主席台上的就座次序排列。为了突出主要领导，要保证主要领导居中。

拓展阅读

这个会议如何安排座次

明天学校准备开一次重要会议，出席会议的相关领导有：A书记、B校长、C副书记、D副书记、E副校长、F副校长、G副校长、H副校长、教育局长××先生。校长办公室秘书小王根据自己之前所学的知识，认为安排座次应主要按职务的大小来排。最中间是职位最大的，职位第二的位于职位最大者的左边，然后谁跟左边的那个人相比，职位要低，就在右边。根据这个排座方式，小王第二天顺利地安排了各位领导的座位，会议开得也很成功！

第二节 会场选择与环境布置

导引案例

“俗气”与“素雅”

A公司与B公司在深圳香格里拉酒店举行合作签约仪式，酒店服务人员按酒店例行规定，在主席台摆放了以红色为主的色彩绚丽的几盆鲜花。A公司公关部秘书王小姐提前来检查会场的布置，她觉得这几盆颜色鲜艳的鲜花有些俗气，就让服务人员换了几盆素雅的鲜花，摆上后，办公室主任认为此花与会场的气氛不配，又请服务员将原来的鲜花摆上。

资料来源：葛洪岩：《新编秘书实务》，北京，高等教育出版社，2007。

问题：

1. 如何根据不同的会议类型在布置时体现会场气氛？
2. 选择会场环境时有哪些注意的要点？

知识链接

会场环境布置就是为了烘托会议气氛、体现会议要求而对会场内外的环境进行的一系列的布置。

一、会场选择

会场即会议召开的场所。会场的选择首先应考虑会议的性质与目的；其次要考虑会场规格、大小、交通、环境与设备是否适合；最后，要注意与会人数的多少、背景情况及偏好等。

二、会场检查要点

不论我们对会议的规划有多详尽，也不论对会议的准备工作有多周全，倘若在开会前对会场不作最后的审视，都有可能功亏一篑。基于此，在开会前的半个小时至一个小时，秘书人员最好是亲自或是派人到会场审视以下四件事是否已做好：

（1）座位是否按原定计划编排。

（2）视听器材是否准备妥当。如果用幻灯机或投影机，要确认其焦距是否已事先调整妥当；如果用放映机，要确认其焦距、音量等是否已调妥；如果用麦克风，要确认其声音效果是否已事先调好。此外，还要确认幻灯机、投影机及放映机是否已备妥额外的灯泡。

（3）会议有关的资料是否齐全，这包括准备会中派发的资料、姓名卡片、纸张、铅笔等。

（4）必要的时候，再致电与会者提醒他们开会时间及地点。特别是在会议通知已发出去很久的情况下，开会前的提醒颇能产生实效。

三、会场环境布置与装饰

（一）会场环境布置

布置会场时，须注意以下几项：

（1）应先决定准不准在会场吸烟。倘若准许吸烟，则应准备烟灰缸。倘若不准吸烟，则不能让烟灰缸在会场中出现。此外，最好能在会场中张贴不准吸烟的标志或文字。当与会人数较多时，也可以按实际需要，将座位区分为吸烟区与非吸烟区。

（2）如果与会者之间彼此并不熟悉，则应考虑是否事先准备姓名卡片。

（3）准备视听器材。黑板（白板）、幻灯机、投影机、放映机等应该被视为一般会议可借用的基本工具，但要特别注意的是：幻灯机、投影机与放映机所投射出来的文字或图形，应让全部与会者都能看清楚，而且它们在会前就应准备就绪以便随时启用。

（4）除非是较长的会议（超过一个半小时的会议），否则尽量不要提供茶点，以防与会者分心。

（5）当议程较短且无须作记录时，可考虑采取站立的方式开会。

（二）会场装饰

1. 主席台的装饰

设有主席台的会场，主席台是装饰的重点，因为主席台是整个会场的中心。一般应在主席台上方悬挂红色的会标（亦称横幅），会标上用美术字标明会议的名称；主席台背景处（亦称天幕）可悬挂会徽或红旗以及其他艺术造型等；主席台前或台下可摆放花卉。

2. 会场背景的装饰

会场背景的装饰除了主席台的装饰之外，主要指会场四周和会场门口的装饰。这些地方可悬挂横幅标语、宣传画、广告、彩色气球等，还可摆放鲜花等装饰物。一些礼节性的会见，可多摆些鲜花。同时根据会议的内容，可选择适当的背景色调或摆放、悬挂突出会议主题的装饰物等。

3. 色调的选择

色调在这里主要是指会场内色彩的搭配与整体基调。与会议内容相协调的色调，可以对与会者的感官形成一定的刺激，在其心理上产生积极的影响。通常可以通过对主席台、天幕、台布、场内桌椅及装饰物色彩的调节而烘托会场整体的色调。大型会议的会场在主通道和主席台上铺设地毯，地毯颜色以红色为主，其主要目的就是提升会议气氛。

4. 花卉的布置

花卉的布置对人的情绪会产生一定的影响。世界上的许多国家都有花语，如铁树、棕榈代表庄严；月季、玫瑰表示喜庆；牡丹表示富贵等。根据会议内容，恰当地配置花卉，可以使人心情愉快。

布置花卉时，在背景处或角落处可以选择较高且大方的花卉植物，如散尾葵、大叶伞等。在主席台前可摆放2～4层（依会场大小而定）花卉，最里面要摆放以绿色或花叶为主的植物，且高度在这几层中最高，但也不能高于主席台的高度，一般以相等为宜；第二层可以选择开花的花卉植物，如红掌、彩色马蹄莲、凤梨等，高度比第一层要稍矮；最外面一层可以选择开花的或是常绿的相对较矮的植物。如果主席台的桌面比较宽或有空间，可以考虑用切花插几个插花组件（一般去花店选择或是由花店人员设计并制作）摆放于主席台的桌上。

5. 会场的气味效应

会场内有淡淡的清香，可以使人的心情变得舒畅；反之，如果会场内异味弥漫，会使人心情变得烦躁，产生焦虑情绪，急于离开会场。因此，要注意会场内的气味效应。

提醒您

改善会场内气味的方法有以下两种：

（1）在会场里放置有清香气味的鲜花（如米兰、茉莉、月季和兰花等）。

（2）在会场提前喷洒少量具有清香气味的空气清新剂（以柠檬香型为好），但不可过于浓郁。

四、视频会议室环境要求

视频会议系统，又称会议电视系统，是指帮助两个或两个以上不同地方的个人或群体，通过传输线路及多媒体设备，将声音、影像及文件资料互传，实现即时互动，以达到会议目的的系统设备。视频会议能使双方或多方进行语言交流，还能看到彼此的表情和动作，使处于不同地方的人就像在同一房间内沟通交流一样。

视频会议通过设备、系统、环境之间的良好配合，能够带给用户高质量的音视频交流享受，但在设备配置、系统调试、环境要求等方面都有着更为严格的要求。

（一）设备安装方式和设备负荷

终端设备均采用机架式安装方式安装，摄像头采用支架或托盘安装。设备负荷最大功耗为200W。

（二）灯光要求

灯光是视频会议室的一个基本条件。视频会议室的门窗需要用深色窗帘遮挡。视频会议室的灯光布置必须合理，光源对于人的视觉应无不良影响（无刺眼感觉），同时光线分布在人脸上应均匀。实践证明，三基色灯（R、G、B，色温为3 200 K）效果最好。

（三）布局要求

为了确保图像的观看效果和防止颜色对人物摄像产生的“夺目”及“反光”效应，背景墙应采用均匀单一的浅颜色（但不宜用白色），而房间其他三面墙壁、桌布、地毯、天花板等均应与背景墙相匹配，建议桌、椅及墙壁均采用浅驼色或浅青蓝色，椅子不宜采用沙发式的，也不宜采用高靠背，以免挡住后面的与会者。摄像机放置的最佳位置应与监视器的位置基本相同，扬声器可放置在会议室的四角，离墙壁 0.5 米左右。

（四）噪音要求

为保证会议进行时有一个安静的会议环境，减少噪音对于会议的影响，要求会议室的环境噪音应小于 40DB，并有良好的吸音和隔音设备。同时，尽量选用专业会议扩音设备，包括音频功率放大器和音箱。

（五）温度、湿度要求

视频会议室的环境温度和湿度应满足表 5—1 中的要求。

表 5—1　视频会议室的环境温度和湿度要求

温度（℃）		相对湿度（%）	
长期工作条件	短期工作条件	长期工作条件	短期工作条件
18℃～28℃	0℃～40℃	50%～70%	15%～90%

注：(1) 会场内工作环境温度、湿度的测量值是指在设备机架前后没有保护板时，距地板以上 1.5 米和距设备前方 0.4 米处测量的数值。

(2) 短期工作条件指连续工作不超过 48 小时和一年内累计工作时间不超过 15 天。

（六）供电要求

为保证视频会议室供电的安全性，减少经电源途径带来的电气串扰，应采用三套供电系统。第一套供电系统为视频会议室的照明供电；第二套供电系统为整套设备供电；第三套供电系统为空调等设施供电。

（七）其他辅助设备

视频会议的辅助设备包括：电视墙服务器、视音频矩阵、特技切换台、录像机、DVD 机、音箱、中控系统等。

拓展阅读

失败的婚宴会场布置

在整个婚礼中，婚宴是重要组成部分。所以，挑选婚宴场地和进行会场布置对于婚礼来说非常重要。下面是一些挑选婚宴场地时可能犯的错误，提供给大家做参考：

1. 场地不够大；
2. 酒店服务差；
3. 会场交通不方便；
4. 会场菜肴口味不佳；
5. 舞台太小；
6. 会场音响效果差；
7. 没有宾客休息室。

资料来源：http://cq.qq.com/。

第三节　会场的善后工作

导引案例

秘书小迟清理会场

2011 年 12 月 18 日，上海××公司与中国台湾××公司在华尔关大酒店会议厅举行合作签约仪式。

会议厅主席台的背景墙上布置着“上海××公司与中国台湾××公司合作签约仪式”的会标，主席台上有话筒、手提电脑、双方领导层人员名字席卡、鲜花等。台下的会议桌上放着出席仪式的双方公司职员代表的名字席卡和介绍双方公司情况的资料。酒店大厅及过道里摆放着本次会议的通知牌及方向标志。

签约仪式结束后，会议主办方上海××公司总经理秘书小迟与酒店服务人员一起整理会场。小迟先将手提电脑装进电脑包，随后再将名字席卡及会议资料收集归类，分别装进纸箱及资料袋，准备带回公司。服务人员则协助将会标、话筒、鲜花、通知牌、方向标志等撤走。话筒与鲜花归还酒店，而会标、通知牌、方向标志等则予以销毁。

会场整理完毕后，酒店服务人员切断了电源，关闭了会议厅。接着秘书小迟与酒店结清了租借会议厅的开支费用，带着电脑、席卡、资料等开车返回了公司。

问题：

1. 会场的善后工作主要有哪些？
2. 会场应该如何清理？
3. 会议所用物品哪些需要保存？哪些应该销毁？

知识链接

会议结束后，还要做好清理会场、归还会议所借物品等工作。如果是内部会场，会场的善后工作就简单得多；如果是外借会场，则需与租借方结算会议开支费用、归还会议所借物品，并将会场中公司自带的东西拿走。会场的善后工作应重点做好以下两项工作。

一、清理会场

（1）拿走通知牌和方向标志。

（2）撤去会场上布置的会标等宣传品。可重复利用的应统计、归类、入库，以便下次使用。

（3）收拾好会议上使用的幻灯片、手提电脑等东西。如果清理会场时发现有与会者遗留物应及时与会务组联系，尽快物归原主。如果与会者已离开，要做好记录妥善保管；如果与会者回来认领应核实身份。

（4）收回所有应该收回的会议资料，将所有纸张进行整理、清点，找出有用资料，不能再利用的要销毁。

（5）认真打扫收拾会场，使会场恢复原状。会场清理时应不留死角，特别注意有无安全隐患。

（6）会议结束后通知配电人员切断会场电源，关闭会场。

二、归还所借物品

会议结束后，要及时归还从公司内部其他部门或其他单位借用的相关物品，归还前要检查是否完好，如果损坏要按约定予以赔偿。

拓展阅读

清理会场　确保主席台“一尘不染”

从6点开始，工作人员轮班清扫并用胶带粘掉地毯上的杂物。

今天下午，×××领导将在本届年会上作重要讲话。今天上午，记者来到会场看到，虽然刚刚上午8点多，但工作人员已经开始布置会场。

大门口，一名工作人员正清理门的死角，她的同事则在用胶带粘掉红地毯上的细小杂物。

记者了解到，为了布置好会场，主办方共安排了30多名工作人员，从早晨6点便开始入场，轮班进行工作。

正在擦拭主席台的工作人员告诉记者，她这一整天的任务就是保证主席台“一尘不染”。

主席台下，几名工作人员正忙着摆放给各国听众使用的同传设备。

虽然注册参会人员有 1 400 人左右，为了保证万无一失，主办方预备了 1 500 套设备。而在会场后排，三台摄像机静静立在过道上，显然已经布置好了机位。

资料来源：北青网。

本章小结

本章旨在让秘书从业人员了解有关会议整体格局的选择，会议主席台与代表席的座次安排，会场内外的布置，以及会后会场清理工作等。掌握了会场环境服务，既能为会议的顺利开展做好必要的准备，也能为下一次会议的召开打下良好的基础。

实践训练

- **训练一**

1. 实训目标

通过训练，使学生掌握会场座次排列及实际排列方法。

2. 实训内容

深圳浩天置业有限公司规定，每周一下午 3:00～5:00 召开公司部门经理例会。会议由总经理主持，部门经理、副经理共计 20 人参加会议，总经理秘书做会议记录。如果你是办公室秘书，你应该怎样安排会议室座位?

3. 实训要求

(1) 以小组为单位，分别扮演不同角色。

(2) 情景模拟。要求学生课前准备或制作操作中需要使用的物品，如话筒、扩音器、计算机、照相机、投影仪、台布、姓名台签、标志牌、桌椅等。有些物品比较难准备，可以用纸制道具代替。

(3) 安排主席台座次和场内其他与会人员座次。完成后，由一名成员向全班同学讲解会场的布置及这样布置的原因。

- **训练二**

1. 实训目标

通过训练，使学生能够掌握不同类型会议的会场布置。

2. 实训内容

菁菁饲料工业总公司是一家国有老企业，再过一个月，就是企业成立 50 周年的纪念日。为此，公司决定举办一系列纪念活动，一方面回顾、总结企业 50 年来走过的历程，继承和发扬当年艰苦创业的优良传统和精神；另一方面研究、确定企业下一步的发展战略，寻求新的发展机遇。在系列纪念活动中，共安排了 4 次会议：

(1) 庆典大会。邀请市领导、行业协会领导、新闻记者、有关专家、客户代表、退休老职工，以及企业员工代表约 300 人出席。根据会议方案，主席台将安排 3 位市领导、2位行业领导、2位专家、1位客户代表、1位退休老职工和企业总经理、副总经理共11人就座。

（2）报告会。请2位专家讲授行业的发展状况、新技术及国外发展现状等。会议规模为100人。

（3）企业发展战略研讨会。邀请研究院所、高等院校及行业机构的专家、学者以及金融界人士20人与15名企业中层以上领导干部，共同研讨企业下一步的发展战略，请专家为企业把脉，为企业开处方。

（4）劳动模范座谈会。拟邀请企业内各级劳动模范11人，与企业4位党政领导及工会主席进行座谈，回顾创业历程，听取劳动模范对企业发展的意见和建议。

本着节俭办会的原则，根据公司的安排，4次会议的会场布置均由公司秘书小武负责。

3. 实训要求

（1）分小组进行，每个小组确定一名负责人。

（2）每个小组在四个会场中任选一个会场进行仿真布置。

（3）要按真实会场布置的要求进行实训，并达到以下要求：布置庆典大会会场要热烈、隆重，布置报告会会场要庄重、美观，布置研讨会会场要庄重、舒适，布置座谈会会场要轻松、和谐。

第六章

现代会议接待服务

定向目标

- 了解接站、返程工作的重要性
- 理解会议报到工作流程
- 掌握会议报到登记表与签到表的制作
- 能够处理送别与会者的相关事宜

第一节　会议报到服务

导引案例

会议接站工作

广顺公司定于2012年2月15日在京召开为期两天的新产品推广会，邀请了国内外十几家合作公司的管理人员、技术人员近百人参加。秘书石峰负责安排接站和报到工作，但因春节后客流量较大，他又缺乏相关经验，使得部分与会者没能找到接站处，费了很大周折才找到报到地点，因而损害了企业的良好形象。

问题：

1. 会议接站人员应该提前做好哪些准备？
2. 会议报到包括哪些工作内容？

知识链接

一、会议接待概述

（一）会议接待的含义与内容

会议接待就是指在会议正式召开前和召开后的一系列接待工作，主要包含以下内容：与会者到达后的接站工作、到达会场后的报到和引导工作、会议正式开始前的签到工作、会议结束后安排与会者返程和送别工作等。

（二）会议接待的程序

会议接待的程序包括准备工作、接待与会者、与会者返程和善后工作等，具体可参见表 6—1。

表 6—1　　会议接待流程表

工作程序	内容	负责部门
第一步 准备工作	了解与会者基本情况	会务组
	拟定接待方案	
第二步 接待与会者	接机、接站	接待组
	报到、引导	
	安排食宿	
	预订返程机票、车票	
第三步 与会者返程	赠送纪念品	会务组
	送往机场、车站	接待组
第四步 善后工作	报账	会务组
	保存与会者有关资料	
	保存会议接待安排有关资料	
	年终统一整理，存档备查	

（三）会议接待的方针

会议接待要本着热情诚恳、细致周到、照章办事、讲究礼仪的要求进行组织和服务，力求保证会议的正常和顺利开展。

二、会议接站

大型会议特别是国际性会议由于参会人数多，且与会者来自各个地区或国家，对会议举办地不熟悉，所以要做好接站工作。会议接站是跨地区、全国性和国际性会议活动接待工作的第一个环节。具体包括以下几个方面的工作内容：

（1）通过会议回执或电话联系，掌握与会者详细信息，包括姓名、性别、职务及所在单位等，详细准确记录与会者抵达的具体时间、地点。

（2）根据与会者信息，确定接站的规格。重要领导或外宾前来参加会议，主办方应当派有一定身份的人士前往机场、车站、码头迎接。要事先落实好接站人、接站队伍，高规格的还需要准备鲜花、横幅等，并举行简短的欢迎仪式。

（3）做好接站工具准备。接站工具主要是指接站用的接站牌或横幅。在会议规定的报到日期，应在车站、码头、机场等主要交通站点，用醒目的牌子标明会议主办单位名称或会议名称，以利于与会者一下交通工具就能看见并清楚识别。此外，还需提前准备好接送车辆。

（4）掌握抵达情况。随时掌握并统计抵达的与会者的名单和人数，特别要留意晚点抵达的与会者，避免发生漏接现象。

（5）介绍宾主双方。与会者到达时，迎接人员应迎上前去自我介绍，并主动与其握手以示欢迎。如果领导人亲自前去迎接重要的与会者，且双方是初次见面，可由接待人员或翻译人员进行介绍。通常先向与会者介绍主办方欢迎人员中身份最高者，然后再介绍与会者。

提醒您

介绍宾主双方时要注意以下几点：

（1）被介绍人的姓名、职务、职称要说得十分准确清楚。

（2）介绍时要讲究介绍顺序，应该本着"让尊者优先了解对方情况"的原则。

（3）介绍时要有礼貌地用手掌示意，而不要用手指指来指去。

三、会议报到

会议报到是与会者到达会议活动所在地后办理的登记手续，主要作用在于使主办方掌握实际到会人数，便于会议管理。

（一）会议报到地点的要求

（1）会议报到处应设置在会议举办地的显眼处并设置指示标志。报到处一般在大厅等比较宽敞的地方，便于与会者有序进入，又不影响其他人。

（2）按工作流程排列报到各个环节的位置，如填写登记表处、交会务费处、领取会议资料处、咨询处。

（3）准备好与会者登记用的笔、纸、票据、电脑等工具。

（4）提供与会者临时休息的地方及暂时放置行李处。

（5）大型会议应多设几个会议登记桌，分组报到登记，减少登记时的拥挤与等待时间。

（二）查验证件

查验证件主要是检查与会者身份证、会议通知、所在单位的证明或介绍信等有效证件，其目的是确定与会者的参会资格。

（三）填写会议登记表

会议登记表内容的多少取决于会议主办方需要了解与会者信息的多少。通过会议登记表，会议主办方可以更好地了解和收集与会者信息。会议登记表一般包含以下项目：报到序号，姓名，性别，单位名称及地址，职务，类别（出席、列席、旁听、嘉宾、媒体记者），电话号码，电子邮件，随行人员姓名、关系，登记日期。会议登记表的示例可参见表6—2。

表6—2　会议登记表

序号	姓名	性别	单位名称及地址	职务	类别	电话	电子邮件	随行人员姓名、关系	登记日期

(四) 接收与会者所带资料

统一接收与会者随身带来的需要在会上分发的资料，经审查后再统一分发，以免与会者在会场上自行分发而影响会议秩序，同时也防止自行分发资料可能造成的其他不良影响。

(五) 分发会议资料

会议中所需要的资料，秘书人员应在与会人员报到时及时、准确地分发到每位与会者的手中。分发会议资料一般有会前分发、会中分发两种分发形式。

1. 会前分发

会前分发即在与会者报到或进入会场时，由会议工作人员在会议报到处或会场入口处将会议文件和材料分发给每位与会者。通常每位与会者一个资料袋，里边装有与会者在会议期间所需要了解的各种必备资料，一般包含以下内容：

(1) 文具类：开会时做记录用的笔记本和笔。

(2) 票证类：会议证件、餐票。

(3) 会议资料类：会议须知或要求、会议日程安排、会议编组、会议住宿房间及会议保障。

2. 会中分发

会中分发即在会议进行过程中，让会议工作人员把相应的资料发到每位与会者手中。

(六) 预收费用

有些会议需要与会者支付一定的费用，在报到时应安排财会人员现场预收并开收据。

(七) 安排与会者住宿

会务服务人员交给与会者住宿房间钥匙，必要时，应引导与会者去其住宿房间。在安排好与会者住宿的基础上，报到时与会者如有特殊需要，在现有条件下尽可能给予满足。

提醒您

会议报到的方式主要有四种：

(1) 与会者本人持会议通知或单位介绍信亲自报到。

(2) 本单位与会人员代为报到。一个单位参加同一会议的人员较多时，可以采用这种方式，由一人代劳。

（3）秘书人员代劳。

（4）电话报到。

拓展阅读

周密的会议接站工作

田秘书很早就已经开始了会议接站准备工作，她按照与会人员乘坐的不同交通工具分为两条接站路线，一条是火车站到会场的路线，另一条是飞机场到会场的路线。再根据会议通知回执和记录的反馈信息中与会人员到会的车次、班次和时间，详细列出一个接站名单，现场接待人员每人一份。同时，每条线派出3辆中型面包车，保证有足够的车辆接送与会人员到会报到。考虑到这次与会人数非常多，接待人员不可能对每位与会人员逐个接站，就在火车站和飞机场分别设了一个会议接待处，挂了一条醒目的“××投资研讨会接待处”的横幅，让与会人员一出站就能一眼看到。每个接待处配备了两名接待员，为的是方便轮换去卫生间和吃饭。当与会人员到达时，一名接待员引导与会人员上车，但是不跟车去会场，而另一名接待员留在接待处继续等候其他与会人员，这样就不会造成接待处没人接待的情况。

田秘书还一再叮嘱接站的司机开车一定不要太快，不要赶时间，注意交通安全，把与会人员安全送到会场才是第一位的；还要求他们注意接待的礼貌，以树立公司形象。

在会议报到的第三天，大多数与会人员已经到会，只有少数人还在途中。田秘书决定撤回接站的人员和车辆，改为派人随时接站。这几天，大家都很辛苦，田秘书安排接站人员轮流休息。

就这样，到第三天晚上，在田秘书周到的安排下，所有与会人员都安全地到会了。

大型会议参加人数很多，会务秘书应该及时做好接站工作。在与会人员集中抵达的几天里，可以在机场和车站安排专人等候，设立接待站。接站前要做好充分准备，要详细地编制与会人员抵达的具体、准确的时间总表。根据总表的信息将时间相近的与会人员集中接站，而将时间间隔较长的与会人员分散接站，并安排足够的接站车辆和人员。

资料来源：孟庆荣：《秘书工作案例及分析》，北京，清华大学出版社，2010。

第二节　会议入场服务

导引案例

参会人员来早了？

××省欲在××市召开一个经济会议，通知早晨九点召开会议。负责会场接待的工作人员想，参会人员旅途劳累，不可能来得太早，上午九点开始会议，八点半去迎接就可以了。谁知，参会人员怕来晚了，出发得很早，刚过八点就到了。他们到了会场门口没有人接待，也进不了会议室，只好待在大厅里。他们把电话打给负责接待的会务人员的上级领导，领导又把电话打到办公室。会务人员匆忙赶过去，看到提前到达的参会人员一个个不太愉快的脸色，心中很不是滋味。

问题：

1. 会议接待部门的工作人员有无失职之过？

2. 会务人员应该如何做好与会人员的接待引导工作？

知识链接

会议入场服务是指会议正式开始前所要进行的具体工作，包括会议签到和会议引导两个方面。

一、会议签到

签到，是为了及时了解该到会的人是否都已到会，并准确地统计出到会的实际人数。会期较长、具体活动较多、内容较重要、需要集中接待的会议活动，与会者除了办理报到手续外，还要在每一场会议活动的签到簿上签名，表明其参加了这一次会议。尤其是各级党代会和人民代表大会，签到可以确切掌握出席人数是否达到法定的人数，这对于表决和选举结果是否有效至关重要。

(一) 会议签到的作用

(1) 便于统计实到人数，以确定法定性会议的有效性。

(2) 检查缺席情况，以便及时通知有关人员到会，或通知缺席对象另行补会。

(3) 庆典仪式、纪念性和追悼性会议活动的签到簿可以珍藏，留作永久的纪念。

(4) 与会者的亲笔签名是第一手签到记录，是其参加会议活动的书面证明，可为日后的查考提供历史凭据。在一些法定性会议上，签到还是一种法律行为。

(二) 会议签到的方式

会议签到是一项很重要的会务服务，会务服务人员要认真、负责地做好签到工作。采用何种签到形式，要根据会议的规模、种类、性质等来定。会议常见的签到形式有下列几种。

1. 簿式签到

簿式签到就是与会者进入会场前，在秘书人员事先准备好的签到簿上签名，以示到会。签名应用毛笔或钢笔。这种签到方法便于保存、易于查找，适用于小型会议；对于人数较多的大型会议，会出现拥挤现象，影响与会者进入会场的速度，甚至可能导致会议不能按时进行。

2. 表式签到

表式签到即采用格式规范的表格签到。规模较大、参加人数较多的会议活动，要多准备一些签到表，采取分头签到的方法。会议结束后，再将签到表装订成册。特别要避免用白纸或普通信笺签到，这样既不方便统计人数、检查缺席情况，也不利于将来查考。

3. 电子签到机签到

电子签到机签到是目前比较先进的签到方式。即采用磁记录技术事先将与会者的代号记录在签到卡上，并将与会者的相关信息（姓名、性别、年龄、单位、职务、职称、代表性质、组别、代表证编号、座位号）也事先输入签到机，签到者只要把签到卡插入电子签到机，签到机的识别头就能将磁信号转化为电信号，并经过签到机内单板机的识别、转换，自动进行统计分析，在显示屏上显示出到会和缺席的情况等一系列数据。电子签到卡可以和代表证组合制作，使用更加方便。在国外，这种签到方式已广泛用于大中型会议。

4. 会议秘书人员代为签到

这种签到方式即由会议秘书人员事先制定好参加会议的与会者名单，在与会者的姓名前用特定的符号标示，以示到会情况。如用"√"表示到会，"×"表示缺席，"○"表示请假。这种签到方法一般适用于小型会议或单位内部会议，因为秘书人员必须知道与会者的姓名。大型会议不适宜采用这种方法。

5. 签到卡签到

签到卡签到就是与会者进入会场前，交一张签有本人姓名的签到卡给会议秘书人员。签到卡是由会议秘书部门制发的，上面印有会议名称、日期和固定的号码。号码必须同与会者名单（签到表或座次表）上的该与会者的号码一致。秘书人员根据号码找出该与会者的姓名，并在姓名的打头字上画个圈，表示该与会者已到会。目前，国内绝大部分地区和部门召开的大中型会议，大都采用此种签到方式。

6. 名片签到

名片签到就是在会场入口处放一个名片盒，与会者入场时将自己的名片放入盒中，从而起到签到的作用。这种方式有一定的局限，就是与会者必须都有名片，并且随身还带有名片。

7. 座次表签到

座次表签到就是会议工作人员事先编制座次表，表上的每个座位按要求填上合适的与会者姓名和座位号码，与会者到会时，就在座次表上销号表示出席。印制座次表时，与会者座次安排要有一定规律，如从×号到××号是某地区（部门）代表座位，将同一地区、同一部门的与会者集中在一起，以便他们查找自己的座位号。

签到工作结束后，负责会议签到的工作人员应及时将与会者到会情况报告会议的主持人，让会议主持人心中有数，从而有效地主持会议。

（三）会议签到表的格式

同一个单位或同一类会议的签到表应当统一格式。一般来说，会议签到表由标题和正文两部分组成。

1. 标题

普通的会议写"会议签到表"即可。重大的会议还应当写明会议的名称，如"中共××××××代表大会签到表"。经常性的会议，标题可以固定化，如"××××办公会议签到表”。

2. 正文

签到表的正文应载明下列项目：

（1）会议名称。如标题中未写明会议活动名称，则在表格内写明。

（2）主办单位。应当写全称或规范化简称。

（3）举行时间。写明具体的年、月、日、时、分。

（4）会议地点。写明举行会议的场所名称，具体到房间号。

（5）出席单位/出席人。这一栏秘书人员要事先填好，经常性会议活动参加的单位和人员相对固定，可在制表时将出席单位和出席人一起印出，以便与会者对号签名。这样做可使缺席情况一目了然，同时也便于统计参会人数。

（6）与会者签名。在出席单位/出席人姓名后面设置相应的空格，供与会者签名。

会议签到表的样式可参见表6—3。

表6—3 会议签到表

会议名称	
主办单位	
举行时间	
会议地点	
出席单位/出席人	与会者签名

（四）会议签到的要求

1. 认真准备

认真准备就是会前要将有关签到工具、设备准备好。用簿式签到，要事前准备好签到簿；卡式签到，就要事先印制好签到卡；机器签到，则要准备好签到机，并要经过测试，避免到时出现故障。

2. 有序组织

有序组织就是签到的工作要有条不紊地进行。要事先安排好签到处，安排会务人员等候。如果签到时还要发放文件，则要事先将有关材料装好袋，避免代表签到时等候。

3. 及时统计

及时统计就是组织签到时，要以最快的速度统计出到会人数和缺席人数，并在会议正式召开之前报告大会主席或会议主持人，以便其根据签到结果确认会议是否符合法定人数，从而决定会议是否能够如期召开。

二、会议引导

会议引导是指会议活动期间，会务工作人员为与会者指引会场、座位、展区、餐厅、住宿的房间，以及指示与会者问询的路线、方向和具体位置的一项工作，它贯穿于整个会议期间。与会者事先可能不熟悉会场，因此，会务工作人员应在会间负责引导，这样既方便与会者，又能维持会场的秩序。

（一）小型会议的引导工作

一般来说，日常的小型会议，与会者都有自己的习惯座位，但大多数会议需要与会者按照会前安排好的座位或区域就座。因此，应在出席证或签到证上注明座位号，在每个会议桌上摆置名签，并同时印制“座次表”发给与会者。与会者第一次进入会场时，会务工作人员应做必要的引导，以便与会者找到座位，保证会议顺利进行。

（二）大型会议的引导工作

召开大型会议，为了方便与会者尽快就座以保持会场秩序，需要会务工作人员采取某种方式引导座位。比如，在会议厅召开的大中型会议，一般都采用对号入座的方式或是将会场划分为若干区域，以地区或部门为单位集中就座。根据不同情况，有时也可采取随便入座的方式。无论采取对号入座，还是随便入座，或是划分区域入座，都可以设立指示座位的标志或由会议工作人员引导入座，这样有利于会场内外正常秩序的建立。

（三）负责会议引导的礼仪工作

大型的或重要的会议，在会议报到以及进入会场时应当派专人负责引导，这类专职引导人员常常称为礼仪人员。负责引导的礼仪人员要统一着装，熟悉会场的布局以及各种配套设施的情况。大型会议活动的礼仪人员还要了解本地的交通、旅游、购物等情况，以备与会者随时咨询。国际性会议的礼仪人员还要掌握外语会话能力。

拓展阅读

一次成功的会议接待

东海公司定于 2007 年 12 月 15 日在杭州召开为期两天的新产品推广会，邀请了国内外十几家合作公司的管理人员、技术人员近百人参加。此次会务工作由办公室负责。办公室主任王志强是一位办会经验非常丰富的领导，他将会议任务分解，交由办公室相关人员分别负责，使这次会议取得了圆满成功。

关于会议的报到与引导工作的要点，他向会务组工作人员做了如下介绍。

1. 做好接站报到工作

（1）编制与会人员抵达的时间表（包括与会人员的名单、飞机、火车、轮船的班次及抵达的准确时间、与会人员的联系方式）。

（2）准备足够的车辆和接站的人员。接站人员人手一份接站时间和路线表，按事先的分工接站。

（3）在接站处以及交通工具上要有醒目的接待标志，可用牌子或横幅，上面要标明“东海公司新产品推广会接待处”字样。

(4) 对于自备交通工具的外地与会人员，要事先通过发传真或打电话的形式告知报到地点的详细路线。

(5) 在报到处的周围设立引导牌和标识牌，标明报到的具体位置。

(6) 接待人员将预先准备好的文件袋（包括文件、证件、餐券、住宿房间号码、文具等）发给报到的与会人员。必要时，引导与会人员去其住宿的房间，并简单介绍周围的情况和开会的要求。

2. 发放会议文件资料注意事项

(1) 为与会人员每人发放一个文件袋，袋上填写与会人员的姓名，并注明“会议文件”的字样。

(2) 分发重要文件一般要编号、登记。文件编号通常印在文件首页的左上角处，字体字号应有别于文件正文；具有保密内容的文件，还要注明密级。

(3) 一些征求意见稿或保密性文件，需要在会后退回的，则应附上一份文件清退目录。

(4) 分发会议资料时要适时适量。准备会议资料不能有多少与会人员就打印多少份，要预防可能出现临时增加与会人员，或者出现与会人员丢失资料的情况，一定要留有充分的余地。

(5) 内容重要又需事先送达与会人员的文件，可派专人递送或用传真、特快专递送达。

3. 设计会议报到登记表

会议报到登记表可由会议组织者按照与会人员在报到时需要登记的项目设计印制。如果列数较多，可将版面设计为横向排列，保证有足够的空间填写内容。

4. 设计会议签到表

根据会议情况考虑是否需要会议签到表，许多会议往往只使用会议报到登记表。

5. 座位引导

为了保证会议入场的秩序，大中型会议一般事先制作好各种座次标识用品（如主席台或会议桌上的签名卡片、座次图表、指示牌等），采取对号入座的方式，或是将会场划分为若干区域，以部门或地区为单位集中就座。不论采用哪种方式，会场一般都安排几位会务人员引导就座。

资料来源：葛红岩：《秘书与会议组织和服务》，北京，人民出版社，2007。

第三节 安排与会者返离工作

导引案例

上海市高校体育论文报告会送别安排

20××年12月31日，20××年上海市高校体育论文报告会在上海××学院报告厅隆重举行。会议闭幕后，承办方上海××学院体育教学中心需要与院长办公室有关人员共同协作，分头做好安排与会人员离场的各项工作，完成送别与会人员的最后一项任务。具体工作如下：

1. 体育教学中心教师小金和小梁负责同与会人员结清会务费用，开具相关发票。

2. 院长办公室秘书小林负责安排车辆将与会人员送至轻轨5号线华宁路站。

3. 学院分管体育的副校长、院长办公室主任、体育教研室主任在与会人员上车离校前与他们握手告别，礼貌送别。

问题：

1. 是不是会议结束了，会务人员的工作就结束了呢？
2. 给与会人员结清会务费用的注意事项是什么？
3. 如何根据与会人员需要安排车辆与行车路线？
4. 送别与会人员时需要注意哪些事项？

知识链接

秘书人员应根据会议时间的长短以及与会者地域情况的不同，提前安排与会者的返离事宜。因为，这直接关系到与会者能否按时返回，不影响后续工作。

一、返程票的安排

（1）了解与会者返程要求。秘书应通过会议回执、报到等多种渠道充分了解与会者对返程的具体要求，包括：日期、时间、交通工具的选择、舱位及座位类型、抵达地点等。如有必要，应绘制成表格，将每位与会者的要求全部准确、清晰地标示出来。一般情况下，按照与会者先远后近的次序预订返程票。

（2）及时和与会者协商，了解其对回程安排是否满意，如有变动及时更正。

（3）联系票务部门及时订票，用会议预付款支付票款。

（4）将订好的票送交与会者，收取票款，同时和与会者商量离开的具体时间。

（5）编制与会者离开时间表，安排送别车辆、人员。

此外，还可根据与会者的要求，通知与会者单位，告知与会者何时乘何次航班或火车返回，以便对方安排接站。

提醒您

帮助购买返程票和送站是比较烦琐的事情，一定要熟悉每位与会者的回程要求，细心安排。如有困难，应及时和与会者沟通，保证其满意离开。

二、结清会务费用

会议结束后，会议主办方应及时安排与会者结算会务费用，同时提供相关发票，以供与会者回单位后报销。

（1）结算费用。在会议结束后、与会者离开之前，要列清与会者参会期间的每项具体开支，如住宿费、餐饮费等，在报到收款金额中多退少补，并将开会报到时出具的收款收据换成正式发票，以便与会者回到所在单位进行报销。

（2）检查房间。在与会者离会前，还应协助其检查会场或房间里有无遗漏的一些物品和文件。一旦发现，应及时上交或归还。尤其是住宿房间，应由宾馆服务人员仔细检查设备有无损坏、是否消费了协议中需自费的商品。

提醒您

会议费用的承担大致有以下三种情况：

（1）会议所有费用都由主办方承担。

（2）主办方担负会务费，其他费用由与会者自理。

（3）所有费用都由与会者担负，承办方只负责会务组织和服务。

三、告别送行

与会者离会时要热情告别送行，人们常说“迎人迎三步，送人送七步”，离开时的送别比开始时的接待更重要。具体要求如下：

（1）根据会议性质，会议主办方的领导人尽可能安排时间出面道别。道别的形式可以是到与会者住宿的房间走访道别。如果与会者第二天早上走，则应在前一天晚上道别；如果在当天下午或晚上走，则在当天上午道别，且停留时间不要太长，半个小时为宜。除此之外，也可以在会议活动闭幕式结束后到会场门口道别。重要的与会者还要安排一定级别的领导人亲自到机场或车站送别。

（2）提前安排好送别车辆，并告知与会者乘车时间，按时将与会者送至车站、码头或机场。

（3）送别时应目送与会者乘坐的交通工具消失在视野中之后方可离开。

拓展阅读

不欢而散的研讨会

2011年7月15日至18日，某出版社主办的高校大学英语教学及教材出版研讨会在杭州国际假日酒店举行。会议规定，所有会议经费、车费、住宿费都由出版社承担，会议不安排旅游项目。与会者15日全天报到，18日上午离会。每位与会者可以带一名家属，但家属费用应按会议统一标准自行解决。

由于是在旅游地召开会议，出版社把订票任务交给了当地旅行社。旅行社通知与会者17日下午到总台取返程票。到下午7点前，与会者都拿到了返程票。

会费结算时间定在17日20点开始，地点在酒店17层的会议室。20点整，17层会议室外的楼道里排起了长队。会务组人员对与会者的身份证、教师证及车票一一核实审查，审查合格后予以报销。报销的方法是按单程硬卧车票的两倍报销，如果乘坐飞机或软卧，多余部分由与会者自行负担。有的与会者的审查工作很快完毕，有的却要等上很长时间。因为在这些报销人员的票据中，混进了与会者家属的票据，会务人员要把票据姓名、人数和最初各高校填报的回执单上的姓名及身份证号码一一核对。一直等到22:30，核对工作仍在进行。与会者开了一天会已经很累了，又在这儿排了两个多小时的队，所以怨气冲天。性子急的与会者甚至和会务人员吵了起来，闹得不欢而散。

因为是假期，又有一些家属跟随，许多与会者都准备在杭州玩两天。可结账时却发现，原本在会议期间每天150元的房间，变成了260元。这又一次让与会者深感郁闷。

资料来源：向阳、强月霞：《会议策划与组织》，重庆，重庆大学出版社，2010，经过删改。

本章小结

从与会者报到至与会者离开，会议的主办方要做好“一条龙”服务。哪一个环节不周到，都会影响会议的质量，影响与会者对会议主办方的印象。会议的接站、报到、签到、引导、入场服务、安排与会者返离等一系列工作，都对会议的成功起着至关重要的作用。

实践训练

● **训练一**

1. 实训目标

通过训练，让学生了解现代会议接待服务的内容，完成会议报到、引导工作。

2. 实训内容

2009年3月14日—15日，全国高等教育研究机构协作组会议在厦门大学召开。会议主题：新形势下高教研究机构建设与高等教育研究。重点探讨新形势下高等教育的研究范式变化。参加人员包括各省级教育（高等教育）研究机构负责人、各高等学校高等教育研究机构负责人以及各高等学校高等教育学会负责人。假如你是秘书组成员，请问秘书组应该如何开展工作？

3. 实训要求

（1）教师指定班级两个小组，一组负责场地布置与扮演与会者，另一组承担会务接待工作，相互配合共同完成模拟练习。

（2）完成后，经小组讨论，推选出一人代表小组向全班同学做口头总结，指出完成会议接待工作的要点。

● **训练二**

1. 实训目标

通过训练，让学生学会结算会议费用。

2. 实训内容

3月14日—15日，济源市2011年旅游工作会议召开。来自河南省的从事旅游文化研究的学者、市内各大旅行社的负责人、景区负责人等60多人参加会议。与会者需支付会务费400元，其中：会议资料费50元，食宿费350元。交通费则由主办方济源市旅游局提供。根据背景材料，制作会务费用结算单。

3. 实训要求

以小组为单位，分角色完成此项任务。操作中需要使用的物品，要求学生课前准备或制作。

- 训练三

1. 实训目标

通过分析、训练，让学生了解安排与会者返离工作的重要性。

2. 实训内容

周恩来总理对待送别可以说是细致周到。有一次，周总理和外交部的工作人员送一位外国友人到机场，飞机刚一起飞，我方人员就说笑着准备离去，周总理制止了工作人员。他告诉工作人员，送客时要站立向外宾挥手致意，等到飞机消失在视野里才能离去，这代表着我国人员对宾客的尊重友善。

3. 实训要求

(1) 联系案例回顾你在送别他人时是怎么做的，说说怎样才能做好对与会者的会后送别工作。

(2) 请总结会后送别工作的要点。教师指定班级小组分析讨论，一个组总结要点，另一组评论补充上述说法正确与否。

(3) 经小组讨论，推选出一人代表小组向全班同学做口头总结，指出完成会后送别工作的要点。

- 训练四

1. 实训目标

通过训练，使学生掌握发放回程票、安排人员送站的技能。

2. 实训内容

2011 年 6 月 15 日，北京捷达汽车有限公司在北京公司总部举行业务推广会，该公司分布于全国各地的汽车销售业务员 45 人参加了会议。推广会结束后，公司总部派陈秘书向与会者发放了回程票，并派专车将与会者送往北京火车站或首都机场，公司副总经理张林和李珍亲自将与会者送上专车。

3. 实训要求

(1) 小组分角色演练以上场景。

(2) 模拟制作回程票，以标牌方式替代专车、北京火车站及首都机场的位置。

(3) 教师提醒学生注意：回程票必须发放至与会者本人手里，不能由其他人代领，以免出现差错；送客时应面带微笑、态度热情，以给与会者留下美好的印象和愉快的回忆。

第七章

现代会议礼仪服务

定向目标

- 掌握会议工作人员仪表、语言、举止的礼仪要求
- 理解会议全过程会务工作的各项礼仪规范
- 熟练掌握及运用会议现场接待服务礼仪

第一节　形象礼仪

导引案例

我只是微笑而已

一天，某公司召开新电子产品交流会，售后服务部的员工张林负责接待来宾，其中有一些是新客户。一位客户在会议间歇时找到张林，反映他刚买的电脑出现了问题。张林知道是这位客户不懂电脑导致的问题，他就开始向客户解释出现问题的原因。可是解释了半天，客户还是一副茫然的样子。张林于是按照平时培训时要求的标准微笑对着客户说："看来您还是没明白，我建议您……"没想到话还没说完，那位客户就发火了，认为张林态度不好，嘲笑他不懂电脑，明明是电脑有问题，不仅不承认，还要把责任推到客户身上，转身就去找总经理投诉。总经理也批评张林不该嘲笑客人。张林说："我哪里是嘲笑他，我只是按照要求对他露出八颗牙微笑而已！"

问题：

1. 张林为什么受到投诉？他在会务礼仪上哪些方面做得不够好？

2. 如果让你接待这位客户，你会怎么做？

知识链接

会务人员的形象往往代表着组织的形象，因此必须注意塑造自己良好的职业形象。会议形象礼仪主要包括仪容礼仪、服饰礼仪、仪态礼仪三个方面。

一、仪容礼仪

会务人员仪容的基本要求是：干净整洁、相对保守、适度化妆、清香健康。人们对非常前卫、时尚的仪容形象往往会有不同的看法，因此，会务人员保持相对保守的仪容可以避免引起非议。下面分别从几方面谈谈如何修饰仪容。

（一）干净整洁

1. 头发

头发是别人第一眼关注的地方，所以，会务人员个人形象的塑造，一定要“从头做起”。整洁的头发配以大方的发型，能给人留下良好的印象，太过花哨的发型在职场中会令人不舒服。

2. 面部

（1）要时刻保持面部清爽。

（2）注意眼部卫生，要及时去除眼角产生的分泌物。

（3）男士不蓄须。

（4）鼻毛不外现。

（5）口无异味。

3. 手部

手是人的第二张脸。会务人员工作时经常与人握手、用手传递东西、做手势等，如果手的“形象”不佳，整体形象将大打折扣。手部的具体要求有：清洁，不留长指甲，不涂抹醒目的指甲油。

4. 颈部

颈部的皱纹最能泄露一个人的年龄，因此要注意保养颈部。擦脸部护肤品时也要擦颈部，或使用专用的颈霜并经常按摩。

（二）适度化妆

在西方文化中，女人化妆意味着对他人的尊重。恰如其分的妆容不但可以增加个人形象的分值，还能展示良好的精神风貌，体现出对自身职业的尊重。

会务人员在工作中要适当化妆，但必须以利于工作为标准，切忌浓妆艳抹，让人觉得过分招摇、轻浮、不稳重。基本规范为“淡妆上岗”，要求自然、协调，起到美化自身的作用即可。

小提示

化妆步骤：

1. 洁面—爽肤水—护肤品—防晒霜；
2. 粉底；
3. 描眉画眼；
4. 美化鼻部；
5. 打腮红；
6. 抹口红；
7. 修正补妆。

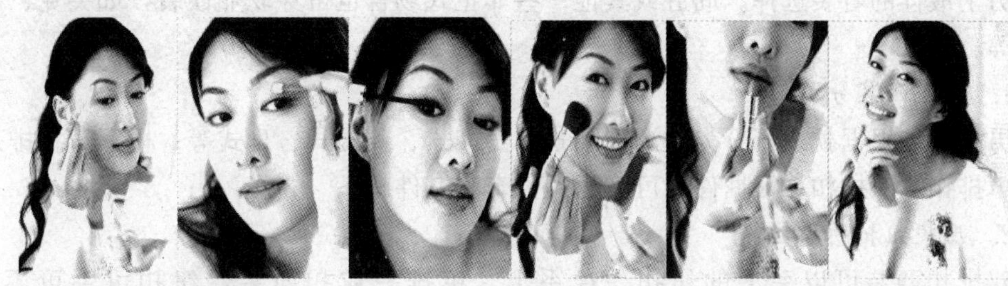

(三) 恰当使用香水

工作场合最好使用香料含量5%～10%的淡香型香水，以在一米以内才能闻到为佳。使用方法有喷洒和涂抹两种。一般将香水涂抹在耳后、脖颈、手腕、脚踝等有脉搏跳动之处，这样可用脉搏的微热帮助香水持续散发。如果使用喷洒的方法，应将香水喷在外衣的腋下、衣服内衬部位、裙摆里侧、裤管底口内侧等处，不要直接喷洒在浅色衣服上，以避免留下色素沉淀。

二、服饰礼仪

服饰，包括服装和饰物两方面。会务人员的衣着要符合自己的身份、职务，体现出大方、精干、务实、可信的风格。因此，衣着既不可过于随意，又不可过分前卫或华丽，应选择质地和剪裁优良且款式庄重、高雅的服装。

(一) 着装的原则和规范

1. 符合身份

着装应掌握PAS原则。P—profession（职业）；A—age（年龄）；S—status（地位）。每个人的着装必须与其所在单位形象、所从事的具体工作相称，做到男女有别、职级有别、身份有别、职业有别、岗位有别。

2. 国际通行的TPO原则

T—Time（时间）；P—Place（地点）；O—Object（目的）。意思是在不同的时间、地点，因不同的目的应该穿不同的服装。

3. 与自身条件协调

着装要充分体现服装的美化作用，要注意用服装来突出自己身体条件的优势、掩盖劣势，即扬长避短。如肥胖的人要避免穿浅色、横条纹的服装，身材矮小的人要避免穿过分宽大的服装。

4. 盛装原则

在一些正式的活动中，穿着隆重一些是一种比较安全的着装方法。例如一位男士穿着正装出席活动，到现场发现大部分人都穿便装，那么他只要解下领带，其着装的正式程度就马上降低；但如果这位男士穿着T恤衫、沙滩裤参加一个活动，到现场发现大家都是西装革履，恐怕就没有办法临时补救了。

（二）男士着装礼仪

在目前国际商务活动中，不管是出席庆典活动，还是日常的商务工作，深色西服套装是男士最佳的着装选择。周五或其他一些非正式场合也可穿职业便装，如夹克、有领T恤等。

1. 男式西装分类

男式西装根据款式可分为欧洲大陆式、美国式、英国式、日式等；根据纽扣排列可分为单排扣、双排扣；根据件数可分为两件套和三件套。

2. 西装纽扣的系法

双排扣西装可以系上的纽扣一律系上。单排一粒扣西装，纽扣可系可不系；单排两粒扣西装，纽扣系上不系下；单排三粒扣西装，纽扣系中间或系上面的两粒。一般站立时，纽扣应系上，以示郑重其事；就座时，可解开纽扣，以防西装走样。

3. 西装的配件

男士穿着西装的配件主要有：衬衫、领带、皮鞋、袜子、领带夹、公文包、腰带等，这些在出席正式场合时，应搭配得体、合适。

4. 男士饰物的佩戴

男士可戴银、金或不锈钢的手表，不要戴电子表。戒指每只手只能戴一枚。不要戴耳环，除非你供职的单位允许男士戴耳环。

提醒您

西装穿着注意事项：

（1）要拆除衣袖上的商标。

（2）西裤长度以裤口垂放在鞋面为标准，不能太短。

（3）西裤应熨烫平整，裤线要明显。

（4）按规则系好纽扣。

（5）在公共场所不可挽袖子和裤腿。

（6）衬衫应扎放在西裤内不能放在西裤外。

（7）穿西装最好不穿毛衣，若穿一定要选择薄V形领单色羊毛（绒）衫，以不外露为佳。

（8）口袋内少装东西。西装的口袋是装饰性的，不要装得鼓鼓囊囊。上衣胸前的口袋不要放钢笔、眼镜等，在庄重的场合可放装饰性的真丝手帕。内侧胸袋可放钱夹、名片夹、钢笔等。

（三）女士着装礼仪

1. 职业女性着装规则

（1）典雅大方的裙装是最具职业女性特色的服装，其中尤以长裙和半长裙为佳。女士在不同的场合应穿着不同的裙装。在日常公务活动中应穿西服裙装，在庆典活动、晚宴、文化娱乐活动中可以穿质地柔软的连衣裙。女士也可以穿裤装，但不要穿紧身裤，应以西服裤装为主。

（2）不要穿过于时髦和暴露的服装。如果穿过分时髦、性感暴露的服装出现在办公室易给人留下“花瓶”的印象，失去升职的可能。薄纱型衣裙因透光性较强，穿着时应慎重，一般需要有内衬，否则会显得不雅。对外国朋友来说，“透”比“露”更让人难以接受，会让人觉得是一种不自爱的表现。

（3）着装要表现出专业人员的权威感、安全感和信任感。

（4）服装质地一定要讲究，品质第一。要买可穿多年且不易被淘汰的衣服，要宁缺毋滥。经济能力不允许时，就要以讲求外观上的大方端庄为准则。

（5）应讲究整体装扮的协调性，从头到脚，包括饰品、丝巾、皮包等不要超过三种颜色，且要讲究色彩的搭配和质地风格的统一协调。

（6）要符合任职单位对服饰的具体要求，在个性表现和群体合作上求得平衡。不同国家的企业在服饰上的风格习惯不同，可随时注意办公室其他人员的穿着，尤其是比自己职位高的同事的穿着。

2. 穿西服裙装的礼仪规范

（1）西服裙装的选择。西服裙装的色彩一般以冷色调为主，如深蓝、深灰、浅灰、咖啡色、驼色等。这些颜色能传达出职业女性的典雅、端庄、成熟、干练、稳重。当然也可以配以鲜亮的颜色，但一套群装的全部色彩至多不要超出两种，否则会显得杂乱无章。

（2）西服裙装配件。西服裙装的配件主要有衬衫、鞋、袜子、手提包等，这些都是影响西服裙装着装效果的因素，需要格外注意。

（四）会务人员着装注意事项

1. 不能过于鲜艳

会务人员在正式场合的着装色彩不能繁杂和过于鲜艳，应遵循三色原则，全身服装控制在三个颜色以内，图案也不要过于烦琐或标新立异。

2. 不能过于杂乱

会务人员在正式场合要规范化着装，杂乱的着装极易给人留下不良的印象，容易令与会者怀疑会议组织者的管理水平。

3. 不能过于暴露

会务人员的着装要相对保守，不暴露胸部、肩部、大腿。

4. 不能过于透视

会务人员在正式场合不能穿能透出着装者的背心、内衣、内裤、衬裙等的服装，因为这是对别人的不尊重。

5. 不能过于短小或紧身

会务人员不能穿短裤、超短裙、露脐装以及过分紧身的服装，非常重要的场合不允许穿短袖衬衫。

三、仪态礼仪

仪态，又称为体态，是指一个人的姿态和风度。姿态是一个人身体显现出来的样子，如站立、行走、手势、面部表情等；风度是一个人内在气质的外在表现，主要通过人的言谈、眼神等体现出来。

在会议组织和服务中，举止优雅、大方、从容、自信是非常重要的。在商务活动中，举止优雅的人容易与别人沟通，得到信任。

（一）规范的姿态

1. 站姿

（1）正确站姿的体态要求。

站立时要头正稍抬，下颌内收；面容平和自然，面带微笑，目光平视，略向上 15 度；双脚并拢，双脚前端在一条平行线上；收腹，挺胸，双肩向后舒展，向下沉，肩胛骨内收；后背展平，提臀立腰，后腰出现凹形弧度。

（2）女士标准站姿。

大臂与地面垂直，小臂、手与地面呈 45 度，两小臂呈 90 度。右手握住左手，叠放于小腹前。女士站姿主要有丁字步站姿和标准站姿，如图 7—1 所示。

丁字步站姿

标准站姿

图 7—1　女士站姿

（3）男士标准站姿。

男士站立时可双手放背后尾骨处，右手握住左手，双肘呈菱形（在一个平面上）；也可双手自然垂于体侧；还可双手相握放于身前。男士站立时的脚位一般有三种，标准脚位：双脚并拢，脚尖在一条水平线上；V 字步：立正姿势站好，脚尖打开呈 V 字形；分腿站立式：双脚打开三拳，约一脚的距离。男士站姿如图 7—2 所示。

标准站姿　　V字步站姿　　分腿站立式站姿

图 7—2　男士站姿

(4) 不良站姿。

不良站姿包括站立时探脖、斜肩、驼背、挺腹、撅臀、耸肩、双腿弯曲或不停颤抖、双手插兜、倚墙靠柱等。

2. 坐姿

正确的坐姿是：落座轻稳，坐下后不能松懈。在公务场合、涉外场合，坐姿一定要端正。女性双腿要并拢，穿短裙时要特别注意。在比较严肃的场合，坐椅子的 1/2～2/3 就可以了。如果对方是很重要的客人，与之交谈时，身体可以略向前倾。

(1) 女士正确坐姿。

双膝并拢，小腿稍向前伸 10 厘米，使脚背舒展；大臂尽量与地面垂直，双手握放于左腿膝上；上半身与地面垂直，在交谈时可身体略向前倾。

(2) 男士正确坐姿。

双膝打开，与肩同宽；双肘打开，双手自然放于膝上；上半身与地面垂直，稍向前倾。

(3) 女士坐姿的脚位变化。

1) 45 度丁字步：左脚跟靠于右脚内侧中间部位，两脚尖展开 45 度，两膝并拢，如图 7—3 所示。

2) 交叉平行步：休息时，可以小腿前伸，左右脚踝关节处交叉（两脚前端外侧着地，膝部可展开，但不可过大）。在正式场合时，双脚踩向地面，身体稍向前倾，如图 7—4 所示。

3) 左侧点式（右侧点式）：两腿并拢，向左侧或向右侧平放，脚尖点地，如图7—5 所示。

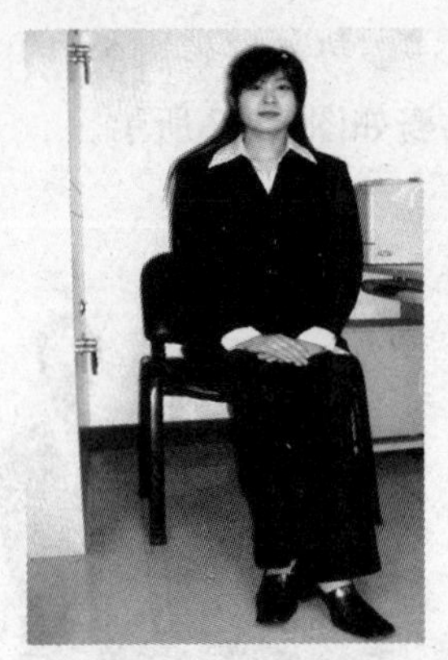

图 7—3 45 度丁字步

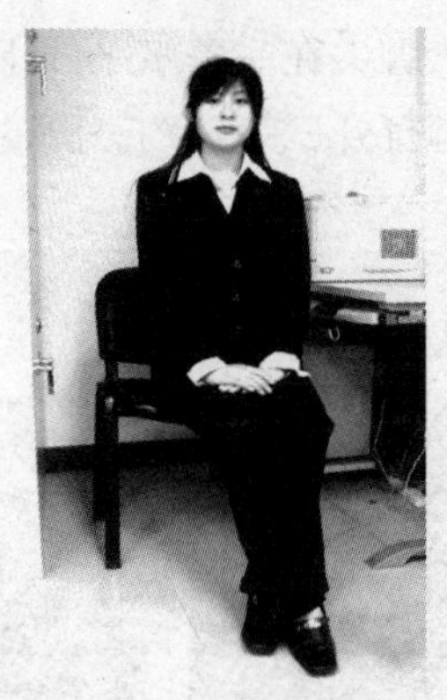

图 7—4 交叉平行步

4）后点式：两脚后撤，脚尖点地，如图 7—6 所示。

5）点式丁字步：又称 90 度丁字步或曲直式。左腿前伸，右脚后撤，脚掌着地，两膝并紧，两脚前后在一条线上，如图 7—7 所示。

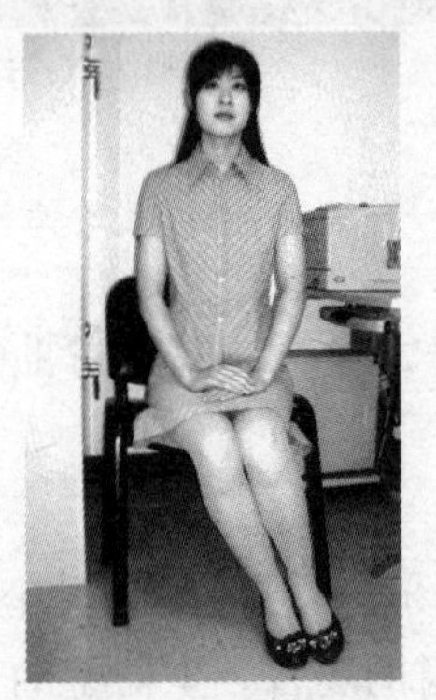

图 7—5 左侧点式

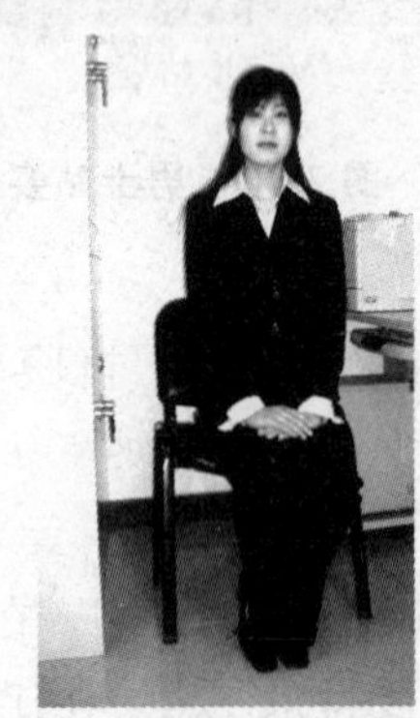

图 7—6 后点式

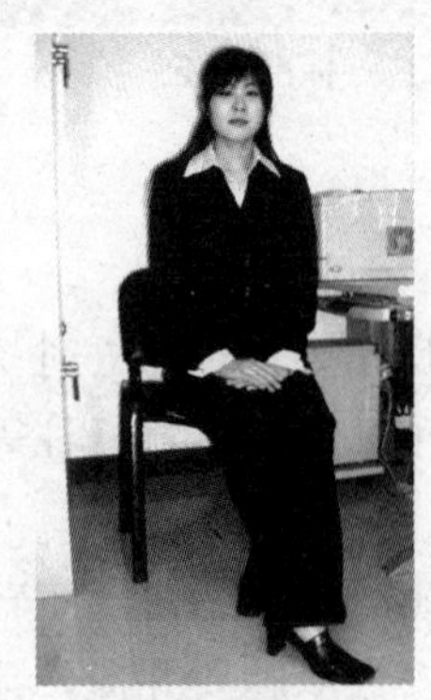

图 7—7 点式丁字步

（4）男士坐姿的脚位变化。

1）开膝式：双脚自然平行停放，双膝弯曲 90 度至 120 度。

2）交叉式：双脚脚踝部分自然交叉，往前停放在椅前或曲回停放在椅下。

3）重叠式（二郎腿）：注意不要鞋底向人。

（5）入座礼仪。

入座时，主人先请宾客入座，客人应待主人示意后再入座。陪同应等主人或主宾入座后再坐。入座、离座时动作要轻稳，不要让椅子发出声响。在宴会、会谈等有台桌的场合，最好遵从左进左出的出入座方式。坐下后不可随意挪动椅子，或站起来整理衣服。

3. 走姿

走姿的规范标准：双肩平稳，不要过于僵硬，双臂前后自然摆动，摆幅以 30～45 度为宜。挺胸，收臀立腰，重心稍向前倾，大腿带动小腿向前迈，两只脚的内侧落地时，行走的线迹是一条直线。步幅适当，一般以前脚跟与后脚尖相距一脚为宜。

不正确的走姿：内八字、外八字；弯腰驼背，歪肩晃膀；走路大甩手，扭腰摆臀；双腿过于弯曲，步子太大或太碎。

4. 搭乘轿车的姿势

女士穿裙装乘坐轿车时，应先坐在座位上，然后将双腿并拢一起收进车内，如图7—8所示。男士乘坐轿车时，也应先坐下，再把腿一前一后收进车内；或者先迈进一条腿坐下，再将另一条腿收进车内。

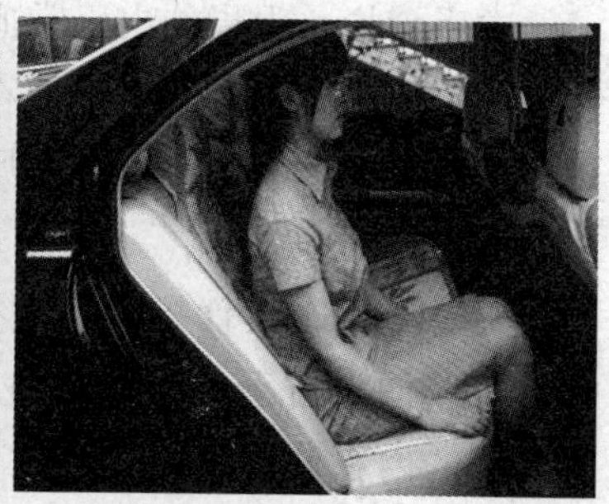

图 7—8　女士搭乘轿车姿势

（二）手势的运用

1. “请”的手势

“请”的手势在秘书工作中是运用最多的，如引导客人、介绍、指示方向都会用到。做“请”的手势时要五指并拢，女性大拇指可稍向中指靠拢，显得比较秀美，如图7—9所示。

图 7—9　“请”的姿势

2. 递送物品

递送物品一般要用双手，不方便时也要用右手，以左手递物一般被视为不礼貌。当递送剪刀等物品时，应把尖朝向自己，把把手给对方。

3. OK 手势

有些人爱用右手的拇指和食指做成一个圈，其余三个手指伸出，表示事情顺利。但这个手势在日本则表示钱，在巴西则表示非常下流的意思，因此，在使用过程中要注意场合。

4. 竖大拇指

在我国，竖大拇指是积极的信号，通常指高度的称赞，但在希腊则表示让对方滚蛋。在新西兰、澳大利亚也有恶意骂人的含义。

5. V字手势

右手食指、中指伸出，掌心向外，构成英文字母"V"字，是英国首相丘吉尔首次使用的，代表胜利的意思。但在希腊等国家这却是侮辱的手势。而如果掌心向内，在英国、澳大利亚、新西兰等国家则是侮辱的手势。

6. 指点自己

不要使用右手食指或者大拇指指点自己，这会显得很粗俗。与宾客谈话涉及自己时，可以伸出右手，手指并拢，手掌朝向身体，按在左胸前，这样既文明又显出自尊自信的内在修养。

需要注意的是，我们的一些习惯性手势在涉外场合最好不要用，否则容易引起误解或造成失礼。如用右手食指或大拇指指人、指路、指示某种事物都是失礼的。

（三）表情语

表情也是一种沟通的方式。在涉外活动中，秘书人员的待人态度和表情更为重要。秘书的表情应自然、镇定、平和，不过分外露。

1. 微笑

微笑是人际沟通最好的桥梁，是待人接物最基本的表情。微笑应是发自内心的，真诚友好地对待每一个人就会经常微笑。

2. 目光

"眼睛是心灵的窗户"，目光也是构成面部表情的一个重要因素。在国际通行的礼仪中，要求谈话的大部分时间要注视对方。谈话时目光要注视对方并不是要一直盯着对方的眼睛，目光相接占整个交谈时间的30%～50%即可，其余多为注视脸部的一个范围内。当然，谈话的场合不同，注视的部位也不一样。

（1）公务凝视。在严肃的公务活动场合，目光应注视对方双眼到前额的部位。

（2）社交凝视。在社交场合，应注视对方双眼到嘴的三角形区域。

（3）亲密凝视。亲朋好友、恋人、夫妻之间，目光范围大一些，可注视双眼到胸部。总之，越严肃的场合，目光所注视的范围就越窄。

拓展阅读

妥善利用颜色的感觉

各种颜色代表着不同的印象。当您要去客户处道歉时，蓝色系的服装能表现出诚意；相反地，如果要积极销售产品时，红色系就可以表现出充满能量的感觉。配合工作场合来选择适宜的领带、服装颜色，定能获得不错的效果。

不同的颜色代表着不同的感觉，具体如下所述：

红色：精力充沛，用于想将自己的想法充分传达给对方的场合。

黄色：宽容、有精神，用于需要活泼明快、有协调性的场合。

蓝色：知性、诚意，用于希望获得信赖或表现诚实的场合。

绿色：安心、转换心情，用于想要创造和谐气氛的场合。

棕色：坚定、冷静沉着，用于希望冷静推动工作事务的场合。

第二节　沟通礼仪

导引案例

某公司的年终市场销售分析会议正在进行，公司总经理担任会议主席。在会议进行过程中，公司负责市场工作的副总经理提出，公司明年的市场营销重点应从“以巩固国内市场为主”转向“以开拓国际市场为主”。他希望他的设想能在这次会议上得到大家的支持。但负责市场营销的几位部门经理对这个设想提出了反对意见，他们认为国内的市场潜力还很大，而企业的资金实力不够，与其全面开花，还不如采用“各个击破”的战略，先在国内市场取得绝对优势地位。结果双方争论得不可开交。

问题：

1. 如果你是会议主席，面对这种争论的局面，你准备如何解决？

2. 如果最终需要你就这次分析会议作总结，你将如何对“市场营销的重点”这一问题作总结？

3. 面对这种争论不休的状况，你认为是否需要安排下一次会议？如果需要，哪些人将参加？你将在会前提醒与会人员准备些什么？

知识链接

沟通是人际交往中信息交流的过程，是人际交往的重要工具和手段。会务人员在工作中，不可避免要和各种人打交道，这就要求有良好的沟通能力。

沟通按传递方式可分为语言性沟通和非语言性沟通，前者指用语言或文字进行沟通，后者指通过面部表情、身体姿势、语气、手势、眼神等进行沟通。在会务工作中，会务人员需要掌握见面礼仪、交谈礼仪、电话礼仪等。

一、见面礼仪

见面的礼仪主要有问候、称呼、介绍、握手及交换名片等。

（一）问候

接待与会者时，要主动问候。问候的一般次序是位低者先行，即职位低者、年轻人、男性先向职位高者、年长者、女性问候。

（二）称呼

在公务活动中，人们习惯按人的职务职称称呼，一般在姓氏后面加上职务职称，如张经理、陈教授等。在国际交往中，一般称男士为先生；对女性，没有结婚的称“小姐”，对戴结婚戒指的（左手无名指上），可称“夫人”；不了解婚姻状况的，最为合适的称呼是“女士”。知道客户姓名时，直接称呼“××先生/小姐”，不知道时则称呼对方“这位先生/小姐”。对于客户的公司称呼“贵公司”。

（三）介绍

介绍是使陌生的双方相识的必不可少的礼节。主要有为他人介绍和自我介绍两种方式。

1. 为他人介绍

为他人介绍时，讲究介绍顺序，总原则是位尊者优先了解情况。先把男士介绍给女士，把年轻的介绍给年长的，把职位低的介绍给职位高的，以此表示对后者的尊重。在公务活动中一般不考虑女士优先的原则，而是以身份、地位为首选因素。介绍时，作为介绍者，提到谁的名字，向谁介绍，目光就应该注视谁。

介绍时三方均应起立，要对他人的介绍作出礼貌反应。介绍完毕，被介绍双方应微笑点头示意或握手示意。宴会、谈判桌旁可不必起立，微笑点头或举手致意即可。

2. 自我介绍

当会务人员独自去机场、车站迎接客人或对外联络工作时，就需要通过自我介绍让对方认识你。自我介绍时应首先向对方点头致意，得到回应后再向对方介绍自己的姓名、职务。

（四）握手

握手是国际交往中最常见的礼节。初次见面、久别重逢、告别或表示祝贺、鼓励、感谢、慰问等都可行握手礼。

1. 握手的标准姿势

双方保持一步左右距离，各自伸出右手，四指并拢，拇指张开指向对方，双方的虎口要相碰，手心对手心，握紧握实，稍摇动两三下即可放开。正确的握手姿势如图 7—10 所示，不正确的握手姿势如图 7—11 所示。

图 7—10 正确握手姿势

图 7—11　不正确握手姿势

2. 伸手的先后顺序——尊者居前

在商务场合，一般职位高者、主人先伸手。社交场合女士、年长者先伸手。同时与多人握手应先上级后下级，先长辈后晚辈，先主人后其他客人，先女士后男士。不过，目前在国际上，这一次序变得不太重要了，谁先伸手问题都不大，这是礼仪方面新的变化，值得关注。

3. 握手的注意事项

握手时应站立、脱帽、摘眼镜、摘手套。手要干净，正巧不便时可伸手示意致歉，但注意任何时候都不要用左手与人握手。握完手后不能搓手、擦手。一般他人已伸手时不得拒绝握手。男士对女士、初次相识者一般不采用双手握，那样会显得有点过分热情，让人不太自在。几个人在一起时，可顺时针握手，但忌交叉握手。

(五) 交换名片

初次见面时，经他人介绍或自我介绍后，双方稍有了解，此时交换名片最好。递名片时要做好准备工作，名片最好放在名片夹中，不要临时找。交换时要双手拿名片的两边，把字朝向对方，注视对方，以齐胸高度递上，并说“这是我的名片，请多指教”之类的话。一般以位低者、客人主动给位高者、主人递名片为宜。东方人比较注重双手递送名片，以示尊重；欧美人则较随意，也可用右手递送名片。

接名片的人应立即放下手中事情，起立并双手接名片。要仔细阅读上面的名字和职位，可读出声来；名字中有不认识的字要请教对方，然后要将名片郑重收好。在开会时可将对方的名片放在桌子上，按座次放好，以此来帮助记忆别人的名字。名片上面不能压东西或弄脏，因为名片即代表对方。

二、交谈礼仪

优雅得体的谈吐有利于会务人员树立自己良好的职业形象。声音信号和语言信号（主要指措辞、讲话等）占一个人给别人“第一印象”的15%。一个声音优美动听的人会给自己的形象加很多分，而一个善于使用语言与他人沟通的人，在工作生活中更容易获得成功。

（一）正确选择话题

1. 初次见面与人谈话时禁忌的话题

（1）隐私问题。如工资收入、年龄、婚否、健康、个人经历以及家庭住址、所忙何事等。

（2）令人反感的话题。如死亡、疾病等。

（3）涉及对方自身短处的话题。如对方的生理缺陷等。

2. 初次见面合适的话题

（1）对方擅长的主题。

（2）格调高雅的主题。

（3）轻松愉快的主题。

（4）时尚流行的主题。

3. 职场应酬聊天六不谈

（1）不能非议国家和政府。

（2）不能涉及国家机密和行业秘密。

（3）不能随意涉及交往对象的内部事务。

（4）不能背后议论同行、领导、同事。

（5）不能谈论格调不高的问题。

（6）不能涉及私人问题。

（二）学会倾听

倾听是对讲话者的一种尊重。在交流的过程中要尽可能有问必答，要通过参与对方的谈话，如点头或说“对”、“好”、“嗯”等来鼓励对方将话说出来。

（三）经常使用礼貌用语

说话礼貌的关键就在于尊重对方和自我谦让。如多用“您”、“请”、“贵公司”、“谢谢”等敬语、谦语。

（四）掌握说话分寸

（1）说话时机要合乎时宜，不可不分场合，避免不该讲话时讲话，该讲时又不讲的现象。

（2）要与人为善，每个人都有自己的言谈习惯，尊重他人的言谈习惯同时也能获得他人的尊重。

（3）不说刻薄、挖苦别人、伤害对方感情的话，公共场合不要指责别人的毛病。

（五）交谈的技巧

（1）适当地寒暄。

（2）善意地恭维。

（3）委婉地说“不”。

（六）与人交谈的注意事项

（1）与人谈话时最好不打断别人、不纠正别人、不质疑别人、不否定别人。

（2）要使用通用的语言，说对方能理解的规范语言，如英语、普通话等，不要用方言。

(3) 与谈话对象互动，要有反馈，如点头等。

(4) 按一定顺序交谈，不冷落任何人。

(5) 少讲自己。谈论到自己时，不刻意强调“我”，在职场中必须将自己身份放低而且要谦虚。

(6) 适可而止。一个人说话最好不长于3分钟，一般交谈以半小时为宜，最长不超过1小时。

(七) 与外国人交谈时应注意的问题

社会文化制约着人们的语言行为，人们的语言行为反映了一定的社会文化背景。与外国人士交谈时，秘书一定要了解一些中外语言习俗的差异。

欧美社会文化是建立在人文主义基础之上的，因此，与欧美人士交流时，要特别注意不要涉及对方的隐私。此外，与欧美人士交谈时应注意以下几个问题：

(1) 不过分热情关心。

(2) 不过分谦虚。

(3) 有话直说。

(4) 不过分客气礼让。

三、电话礼仪

打电话时，人们看不见对方的表情、举动，但通过电话应答的声音、表达方式会在心里想象出对方的模样，是美丽亲切大方的还是刻板冷漠的。秘书电话应答的声音或方式是对方能够直接感受到的全部信息，因此要学会树立自己的电话形象。

(一) 树立电话形象

1. 让对方听到你的笑容

尽管对方不会看到你的表情，但微笑会使你的声音听起来更加柔和、悦耳。要将笑容保持到电话结束，微笑是能让对方“听”到的。这也是秘书人员电话形象非常重要的一个因素。

2. 施展声音的魅力

(1) 注意语调。

语调是言语声调的高低变化，语调能反映出说话者的内心世界，表露出个人的情感和态度。冷淡生硬的语调会令听者不快，明快、热情的语调有使人心情舒畅的力量。语调关系到电话交谈的成败。

(2) 注意发音。

正确清晰的发音有助于语言的准确表达。所以，在电话表达中吐字一定要清晰，遇到多音字或发音相近的字最好加以解释或说明，发音刺耳或过多地使用鼻音会让人听起来不舒服，从而产生一种抵触情绪。

(3) 控制说话的音量。

在电话事务中，秘书的说话音量应既能让对方听清，又不影响他人的工作。与话筒保持1～2厘米的间距最规范，用比平常聊天稍高的音量即可，不要旁若无人地大声讲话、大笑。

(4) 注意说话的节奏。

节奏即语音的顿挫和快慢。适当的说话速度为每分钟120～160个字，这会让人感觉自信、镇定。

3. 保持正确的姿势

打电话时对方虽然看不见你，但却能通过电话里的声音想象出你现在的姿势。

(1) 接打电话的错误姿势。

1) 边打电话边嚼口香糖。

2) 边打电话边吃东西或喝饮料。

3) 边打电话边吸烟。

4) 边打电话边用手或笔敲击桌面。

5) 边打电话边敲击电脑键盘。

6) 斜靠在椅子上，甚至双脚放在桌面上打电话。

7) 趴在桌上打电话。

8) 跷二郎腿打电话（跷二郎腿也会妨碍身体的重心，减弱你说话的音量）。

(2) 接打电话的正确姿势。

挺胸、收腹，双脚平放地面，即正确的接打电话的坐姿。这种姿势能使你的声音达到最佳状态。

4. 注意聆听

对方讲话时，你如果长时间沉默，会使对方猜疑你没注意听，给人留下不好的印象。专家研究证明，影响电话效果的细节主要有聆听、表达、微笑、有礼貌。因此，用心聆听非常重要，听的同时要时时给对方积极的回应、反馈。

5. 语言委婉，有礼貌

在通话过程中，秘书应该让对方感觉你是非常欢迎他打电话来的，而不是感到厌烦。所以在电话应答中应表现出礼貌友好的态度，让对方觉得心情愉快。应尽量使用礼貌用语，如“您好”、“请”、“谢谢”等。不要使用强硬的措辞，而要用委婉而又温和的语言告知他人不愉快的事情。如：“对不起”、“失礼了”、“给您添麻烦了”、“打搅了”等。

6. 善于识别声音

如果对方已经不止一次打来电话，秘书应用心记住对方的声音，这样不用对方自我通报就能及时、准确地称呼他，使人有种受到尊重的感觉。识别电话里的声音是秘书的一种专业技巧。

（二）常用的电话礼仪

1. 迅速接听电话

电话响很多声而没人接听是非常没有礼貌的，一般三声之内要接起电话。最规范的做法是响两声之后，因为电话铃刚响时信号还不太稳定，马上拿起电话信号容易断。如果电话连续响了三声以上才接起电话，一定要向对方道歉。

2. 注意打电话的时间

(1) 公务电话在上班时打，不要在节假日、周末打。

(2) 双方约定的通话时间，不要轻易更改。

(3) 最好不要选择在刚上班、快下班时打电话。

(4) 不在对方用餐、睡觉（午休）时打电话。

(5) 最好不在客户刚出差回来第一天上班时打电话。

(6) 即使客户已把家中电话告诉你，也尽量不要往家里打电话。

(7) 工作时间不与朋友电话闲聊。

(8) 跟一位很忙的人开始长谈前，一定要问对方是否有时间。

3. 语言简洁

打电话时尽量长话短说，把事情说清楚即可，不占用对方过多的时间，不没话找话。

4. 结束通话的礼仪

结束通话时应恭候通话双方中地位较高者先放下电话。接电话一方不宜率先提出终止通话的要求，特殊情况应说明原因，并告诉对方："一有空闲我马上打电话给您。"

5. 不要重重地挂断电话

如果电话打完后重重地挂断电话，对方听到这"砰"的一声会以为你不高兴而"摔"电话，从而产生不愉快的感觉。

（三）接听电话的流程

1. 问候对方

一次电话会谈应从问候语开始，铃声响两声后拿起电话，说"您好"、"上午好"、"下午好"等。

2. 自报家门

主动报出自己单位的名称、自己的姓名和职务。如果是公司内线，直接报出自己的姓名即可。

3. 确认对方身份

询问对方单位名称、姓名、职务。信息沟通顺利进行的前提是沟通双方身份的明确。

4. 详细记录通话内容

重要电话，无论是接听还是打出的，都要有完备的电话记录。重要电话记录跟其他公文一样，都要立卷归档。

在电话旁边一般要准备好专用的电话记录本和笔。电话铃响时，左手拿起电话，右手就要准备做电话记录。可按国际通用的5W2H法进行记录：

What——什么事、需要什么；

When——时间；

Where——地点；

Who——谁；

Why——事情原因；

How——怎样完成或处置；

How much——需花费多长时间或费用等。

5. 复述通话内容，以便确认

复述重要的通话内容是秘书接听电话时要特别注意的一点，这可以避免电话沟通中听错、语言歧义、理解不一致等口语沟通中常见的问题。一个职业秘书首先要有确认意识，其次要反应快，知道何时可以礼貌地打断对方进行重复和确认。

提醒您

复述通话的主要内容有以下几方面：

（1）对方电话号码；

（2）对方的姓名，如果是外文要逐字拼写；

（3）有关时间、地点、数字等易发生错误的细节；

（4）双方认同的地方，以及仍然存在分歧的地方。

6. 道别，挂断电话

确认事情已经谈完后，接听方最好不马上提出结束通话，可礼貌地问一句“请问还有什么事情吗?”在得到否定的回答后再礼貌地道别并挂断电话。

7. 整理记录、提出拟办意见，请上司批阅

（1）重要紧急电话应立即呈上司批阅。

（2）其他来电内容相对集中的，可有条理地做一次性报告并附上自己的意见，帮助领导处理。

（四）拨打电话的流程

（1）通话前的准备。核对对方电话号码、单位、姓名，理清思路，列出提纲，备齐资料。电话中与他人谈话时，对方肯定会问一些问题，所以应该考虑对方有可能问的问题，事先准备好如何做出回答。

（2）拨通电话后要耐心等候，至少响6声后再挂断，不要埋怨对方接晚了。

（3）电话接通后，先问清楚是否就是要通话的单位，然后通报自己的单位名称、职务和姓名，再问自己要找的人是否在。例如，“您好（上午好），请问是明达公司吗？我是欣欣公司李明，请问销售部周先生在吗?”

（4）表明打电话的目的。在通报身份后，立即向对方讲明自己打电话的目的，迅速转入正题。

（5）适时结束通话。通话时间过长意味着滥用对方的善意。一般商务电话尽量在3分钟内结束。结束时，要把刚才谈过的问题适当总结一下。

（6）挂断电话前应礼貌道谢，并让对方先挂电话。

（五）手机使用礼仪

手机要放在公文包里或上衣口袋里，切勿挂在腰带上，经常撩起衣服取用、查看手机是很不雅观的。在公共场所活动时尽量关闭手机，或转为无声、振动状态。谈判、会

客或出席重要仪式活动，必要时要当着别人的面关掉手机，表明自己一心不二用，这也是对有关交往对象的尊重、对有关活动的重视。

拓展阅读

她为什么受冷遇?

孙小姐是某合资企业秘书，随团到中东地区某国考察。抵达目的地后，东道主设宴招待。席间，为表示敬意，主人向每位客人一一递上一杯当地特产饮料。轮到孙小姐接饮料时，“左撇子”的孙小姐不假思索，便伸出左手去接。主人见此情景脸色骤变，没有将饮料递到孙小姐的手中，而是非常生气地将饮料重重地放在桌上，并不再理睬孙小姐。这是为什么？孙小姐非常迷惑。

第三节 会议礼仪

导引案例

小刘的公司应邀参加一个研讨会，该次研讨会邀请了很多商界知名人士以及新闻界人士参加。老总特别安排小刘和他一道去参加，同时也让小刘见识一下大场面。

小刘早上睡过了头，等他赶到时，会议已经进行了二十分钟。他急急忙忙推开了会议室的门，“吱”的一声响，他一下子成了会场上的焦点。刚坐下不到五分钟，肃静的会场里又响起了土耳其进行曲，是谁在播放音乐？原来是小刘的手机响了！这下子，小刘可成了全会场的明星……

没过多久，听说小刘已经另谋高就了。

不管是参加自己单位还是其他单位的会议，都必须遵守会议礼仪。因为在这种高度聚焦的场合，稍有不慎，便会严重有损自己和单位的形象。

问题：

1. 小刘的行为违反了哪些礼仪要求？
2. 你认为小刘应该怎样做。

知识链接

作为会议的组织和服务人员，会务人员应对会议的礼仪知识有所了解，并做好相应的服务。为确保会议的顺利进行，会务人员一定要遵循有关的礼仪规范。

一、会前礼仪服务

(一) 会前通知礼仪

1. 拟写通知

拟写通知时，应保证其完整而规范。如果需要参会部门或人员在会议上发言或讨论的，也应在通知中一并说明，以便对方有所准备。

2. 通知时间

会前的通知非常重要，否则很容易出乱子。在开会前的一段时间要将开会信息传送给与会者，具体提前多长时间发出通知，要看会议的类型而定。比较重要的会议通常要提前 10 天到 3 周发送会议通知。

3. 通知方式

发放会议通知的方式很多，如传真、电子邮件、信函、电话以及当面送达等。选择哪一种方式均可，关键是要确保该会议通知能够及时、准确地送达与会者。为了确保不出纰漏，可同时选择几种发放通知的方式，且发放会议通知之后应进行确认。比如，以邮件或传真方式发放通知后，可以另行以电话方式确认对方是否收到、内容是否清楚完整等。

（二）会场环境布置

会场的环境布置从礼仪角度来说，有下列几项要注意。

1. 会场的装饰

（1）花卉。适当的花卉能给人轻松活泼之感，既能烘托会场氛围，又能减轻与会者长时间开会的疲劳。花篮适用于会场门口及主要通道的布置；贵宾胸花用于贵宾出席开幕式、主题发言时佩戴；陈列用花可用于椭圆形、回字形等会议桌当中的空间布置。

（2）旗帜。重要的会议宜在会场内外悬挂一些旗帜以烘托气氛。不同的会议根据规则有不同的旗帜悬挂要求。

（3）标语。简洁明快的标语口号能强化会议主题，振奋与会者精神。

（4）台幕。台幕是主席台的背景，一般用紫红色或深蓝色面料制成，可视会议性质分别选用。不同色调的台幕会给与会者不同的感官刺激：红、粉、黄、橙，亮丽明快，给人热烈、隆重的感觉，适合庆典类会议；蓝、绿、紫，庄重典雅，给人严肃、端正的感觉，适合一般工作会议。一般台幕都用单色，也可采用分割法，用几种颜色配搭。

2. 光线的选择

会场内的光线可利用自然光源，即阳光，但应有窗帘，以防阳光刺目。也可使用人造光源，但要注意灯光的亮度。一般主席台上的灯光比台下代表席的灯光要亮，但反差不宜太大。要合理配置灯具，光线不要太强，尽量柔和淡雅，给人以安定的感觉。

3. 声音的要求

会议室内要保持安静，会议室的选择应尽量不临街，远离噪声源，门窗要能隔音，还应尽可能降低会议室的回声。与会者也应将手机调成静音状态。

4. 温度和湿度

要保证会议室内的温度和湿度适当，一般室温以 22℃～26℃为宜，相对湿度在 40％～60％最适合。要至少提前 30 分钟打开空调和加湿器。

5. 路标的设置

会场较大或较难找时，就需要用路标来指引方向。要在通往会议室的路线上都贴上标识，让与会者能顺利找到会场。

6. 会场的布局

会场中各个通道要保持畅通，要考虑安全疏散的需要和特殊人士的需要，要确保任何行动不便的人也能轻松到达会场的所有区域。

(三) 座次安排

从古至今，中国人接待来宾时，都非常重视“让座于人”。对来宾进行座次排列时，不仅要重视运用具体的礼仪技巧，还应当注意内外有别、中外有别和主随客便三大要点。与此同时，一些同座次相关的礼仪规范亦应重视。

1. 会场座次

相关内容详见第五章第一节。

2. 合影座次

合影是正式会议必不可少的环节。合影时，一般应站立，也可安排前排人员就座，后排人员呈梯级状站立。参加合影者的座次安排原则是前排高于后排，中央高于两侧，主办方的人员应站在最外侧。合影座次安排方式如图 7—12 所示。

5　4　4　4　4　4　5
5　4　4　4　4　4　4　4　5
5　4　4　4　2　1　3　4　4　4　5
6

1 主人　2 主宾　3 第二主宾　4 客方人员（或主客穿插排列）　5 主方人员　6 摄影师

图 7—12　合影座次

3. 乘车的座次安排

(1) 小轿车。

乘坐小轿车时，如果有司机驾驶，则后排右侧的座位为首位，左侧座位次之，中间座位再次之，驾驶座右侧的座位为末席。如果由主人亲自驾驶，则驾驶座右侧的座位为首位，后排右侧座位次之，左侧座位再次之，而后排中间座位为末席。如果上宾首先上车，则其所坐的位置即是上宾席，不必劳驾其移位。

(2) 吉普车。

吉普车无论是主人驾驶还是司机驾驶，都应以前排右座为尊，后排右侧次之，后排左侧为末席。上车时，后排位低者先上车，前排尊者后上车。下车时前排客人先下车，后排客人再下车。

(3) 中型或大型轿车。

接待客人较多，采用中型式大型轿车接送客人时，以司机座后第一排为尊，后排依次为小。座位的尊卑，从每排右侧往左侧递减。

二、会中礼仪服务

(一) 会议签到

为掌握到会人数、严肃会议纪律，凡大型会议或重要会议，通常要求与会者在入场时签名报到。

1. 签到准备

签到区一般位于会场的入口处。签到区要求干净、整洁，最好有台布；要提前将有关材料装好袋，避免与会者签到时等候。签到后要及时统计出到会人数和缺席人数，并迅速报告大会主席或会议主持人。

2. 工作人员礼仪

工作人员应在与会者入场前 20～30 分钟做好工作准备。入口处应有醒目的引导牌，可有礼仪小姐身披绶带，统一穿鲜艳的服装，主动上前迎接与会者到签到区。其他负责签到的工作人员要细心、周到地指导与会者签到。

(二) 引导礼仪

在会议期间，要有会议接待人员为与会者指引会场、座位等。引导服务看似小事，却能为与会者提供许多方便。因此，引导服务应贯穿于整个会议期间，要注意相应的礼仪规范。

1. 在走廊的引导方法

接待人员应走在与会者左前方两三步，上半身转向与会者，向与会者介绍要去的地方；拐弯时提前向与会者说明，不能只顾自己向前走，一路无话。

2. 在楼梯的引导方法

当引导与会者上楼时，应该让与会者走在前面，接待人员走在后面；若是下楼，则应该由接待人员走在前面，与会者在后面。上下楼梯时，接待人员应该注意与会者的安全。

3. 在电梯的引导方法

引导与会者乘坐电梯时，接待人员先进入电梯，等与会者进入后关闭电梯门。到达时，接待人员打开电梯门，让与会者先走出电梯。如果电梯内有专人开电梯，则无论上下都应让与会者优先。

4. 会客室里的引导方法

引导与会者进入会客室时，如果门是向外打开的，打开门后应把住门把手，站在门旁，做出“请”的手势，让与会者先进；如果门是向内开的，应先进门压住门边，再请与会者进会客室。

当与会者进入会客室，应用右手将门轻轻关上，请与会者入座后，才能行点头礼然后离开。如果与会者错坐了下座（一般靠近门的一方为下座），应请与会者改坐上座。

(三) 接待礼仪

会议接待人员要主动为与会者提供周到的服务。会议开始前要尽可能多搜集与会者的各种背景资料，如职务、年龄、性别、抵离时间、宗教信仰等，便于安排食宿、接送、选择礼品等，这是接待工作成功的基础。

1. 接站服务

要事先弄清楚与会者抵达的时间，并要在与会者启程前后再次予以确认。负责接站的会务人员要至少提前 30 分钟到达迎宾地点。

如果和与会者从未见过面，就要制作一个牌子或欢迎条幅。为了给与会者留下美好的第一印象，要对牌子进行一定的装饰。最好不要使用常见的白纸板，而要使用彩色的纸板，缤纷的色彩既醒目又热情，非常适合迎宾。另外，纸板上还要写清与会者的单位名称、与会者的名字。字迹要大，让人能从远处看清。还可对牌子进行个性化装饰，比如在牌子的下方悬挂两个铃铛。当与会者出来时，就轻轻摇晃牌子，铃铛发出的细碎而悦耳的声音很容易吸引他们的注意力，从而可以有效缩短寻找的时间，也能带给与会者愉悦的感觉。

当接待人员看到有人向自己走过来并介绍自己的身份时，应该马上表示欢迎，主动与对方握手并自我介绍。然后接过对方的大件行李（随身携带的小挎包、公文包由与会者自己拿着），引导与会者登车。陪同人员可对沿途景观、当地的风土人情等做简要介绍。

2. 住宿服务

接到与会者后一般是先送至会务组安排的酒店入住，帮助与会者办理好入住的手续。接待人员可简单向与会者介绍日程安排，并介绍所住饭店的设施。如果是外宾还可以提供一张用中文和外文书写的饭店位置卡，当外宾外出迷路时可以求助他人。

3. 组织参观、游览、娱乐、购物活动

如果会议持续时间较长，可在会议结束后安排参观、游览和娱乐活动等。在组织相关活动时应注意以下几点：

（1）安排参观时要注意参观目的应与会议主题一致。在正式参观前一天要检查已定好的参观地点和项目，做好准备工作，如果发现问题，及时与具体负责人商量解决办法。

（2）游览本地区的著名景点时，要注意了解与会者的身体情况、兴趣等。

（3）娱乐活动有观看项目（听音乐会、看话剧或京剧、欣赏舞蹈、参观博物馆等）和参与项目（如打高尔夫球或台球、唱卡拉OK、跳舞等）之分，要事先了解与会者的特长和兴趣，并做好相关的服务。

(四) 茶水与茶歇服务

1. 茶水服务

在所有的会议中，都必须准备茶水、饮料。会上所提供的饮料，最好便于与会者自助饮用，因为频频斟茶续水往往既不卫生、安全，又有可能妨碍对方。但中国人习惯饮用热水，所以国内很多会议还是习惯给与会者上茶。一般情况下，可以在会议桌上摆放一凉（如矿泉水）一热（茶）两种饮料，由与会者自己选择。

给与会者上茶的礼仪具体有以下几点：

首先，茶具要清洁。在招待尊贵与会者时，茶具要特别讲究。冲茶之前，一定要把茶具洗干净，尤其是久置未用的茶具，难免沾上灰尘、污垢，更要细心地用清水洗刷干净。在冲茶、倒茶之前最好用开水烫一下，这样既讲究卫生，又显得彬彬有礼。注意不要使用有缺口或裂缝的茶杯。如果用一次性杯子，在倒茶前要给一次性杯子套上杯托，以免水热烫手。

其次，茶叶要适量。茶叶不宜过多，也不宜太少。茶叶过多，茶味过浓；茶叶太少，冲出的茶没味道。假如与会者主动介绍自己喜欢喝浓茶或淡茶，那就按照他的口味把茶冲好。杯中茶水只能倒七分满，否则容易溢出烫伤人。

再次，端茶要得法。上茶时应用双手端茶。对有杯把的茶杯，通常是用一只手抓住杯把，另一只手托住杯底，把茶放在与会者桌上右前方，并将杯把转向与会者，方便其取放。

最后，及时清理茶具。要及时清理用过的茶具，并按要求重新摆放整齐。

提醒您

大中型会议应有专人提供茶水服务。会议服务人员在提供茶水服务时要把握以下几个要点：

(1) 要提前半小时准备好开水，开会前15分钟开始沏茶。

(2) 与会者入座时主动表示欢迎、问候，并快速给其上茶。茶水的温度应在70℃左右，不能太烫或太凉，应浓淡适中，倒入茶杯七八分满。上茶时一定要轻声示意，避免对方无意碰撞，摆放时右进右出。从地位高的与会者开始上茶，再给主方人员上茶。

(3) 要注意观察与会者饮水情况，并及时续水。添茶的顺序与上茶时一样。续水时用右手端起杯子撤至与会者右后侧约20厘米处，用左手拿的容器添满茶水，以防溅到桌面或与会者身上，然后轻轻放回原处。

大中型会议，不方便给所有与会者上茶，应设饮水处，为与会者提供饮料，如温茶、咖啡、纯净水等。

2. 茶歇服务

茶歇就是为会间休息兼气氛调节而设置的小型简易茶话会。一般大型会议较少有茶歇，中小型会议特别是公司或组织高层会议，会间茶歇很重要。

茶歇的饮品有矿泉水、白开水、绿茶、花茶、红茶、奶茶、罐装饮料、咖啡、微量酒精饮料、牛奶、果汁等；点心一般有各类糕点、饼干、西式蛋糕、袋装食品、各类甜品、时令水果、花式果盘等。

茶歇的服务包括准备点心、饮品、摆饰等，不同时段可更换不同的饮品、点心组合。

三、参会礼仪服务

(一) 会议主持人礼仪

会议的主持人一般由具有一定职位的人来担任，其礼仪表现对会议是否能成功有着重要的影响。会议主持人应注意以下几点：

(1) 主持人应衣着整洁、庄重大方、精神饱满，切忌不修边幅。如果是站立主持，应双腿并拢，背要挺直。在主持过程中，切忌出现搔头、揉眼、抖腿等不雅动作。

(2) 主持人言谈应口齿清楚、思维敏捷、简明扼要，可以说一些承上启下的话，但不要太长，以免喧宾夺主。如果需要，每个人发言结束，主持人可以进行简短总结。

(3) 主持人对会场上的熟人不能打招呼，更不能寒暄闲谈，会议开始前或会议休息中可点头、微笑致意。

（二）会议发言人礼仪

会议发言有正式发言和自由发言两种，前者一般是领导报告，后者一般是讨论发言。

（1）正式发言者应衣冠整齐，走上主席台应步态自然、刚劲有力，体现一种胸有成竹的风度与气质。发言时应口齿清晰，尽量采用较有节奏的语调。如果是站立发言，应双腿并拢，身体挺直；如果是坐着发言，应身体挺直，双臂前伸，双手轻按于桌沿；如果发言时有发言稿，要注意时常抬头扫视一下会场，不能只顾低头读稿，旁若无人。发言完毕，应对听众的倾听表示谢意。

（2）自由发言较随意，但应注意发言应讲究顺序和秩序，不能争抢发言；发言应简短，观点应明确；与他人有分歧时应以理服人、态度平和，听从主持人的指挥，不能只顾自己。如果有人提问，应礼貌作答，对不能回答的问题，应机智而礼貌地说明理由；对提问者的批评和意见应认真听取，即使提问者的批评是错误的，也不应失态。

（三）与会者礼仪

（1）与会者应衣着整洁，准时入场。一般要比规定的开会时间早五分钟左右到会场，而不是等开会时间到了，才不紧不慢地进入会场，这样既影响发言者的情绪，也扰乱倾听者的思绪。守时的人才会被人尊敬。

（2）要进出有序，依会议安排落座。在开会期间，无论对会议内容和主题是否感兴趣，都应该认真倾听，这是对会议主办方和发言者的尊重。

（3）开会时坐姿端正，表现出精神饱满的状态，切忌挠头、抖腿等不雅举止。开会期间手机应调整至静音，这样既表现出对他人的尊重，也不会打断发言者的思路。接打电话和发短信只能在会议休息期间进行。如果没有特别的需要，尽量不要来回走动以及和邻座私下小声说话。

（4）有特殊情况中途退场应轻手轻脚，不影响他人。如果正在播放幻灯片或有人发言，要弯下腰以免妨碍他人的视线。同时，在方便的情况下，应对会议组织者做个解释说明，而后再告辞离去。

（5）发言人发言结束时，应鼓掌致意。

会议的成功与否，取决于每一个与会议有关的人，只有每个人的礼仪到位，才能使会议体现出整体的和谐与美好。

四、会后礼仪服务

（一）送别

（1）购妥车、船、机票。一般在会议结束前，根据与会者的实际需求提前为他们购买好回程票，并及时送到与会者手中。

（2）提前安排好送别车辆，并按时将与会者送至车站、码头或机场。

（3）办理行李托运。如果与会者有大件物品不容易携带，会务组人员也应考虑周到，为与会者办理行李托运，以方便他们返程。

（4）送行。重要的与会者应由会议主办方的领导人出面送行，普通与会者由主办方工作人员送至车站、码头或机场即可。

(二) 赠送礼品

会议结束时，可向所有与会者赠送统一的、有代表性的会议纪念品。

1. 挑选礼品的原则

(1) 因人而异。选择礼品要因人而异，既要符合与会者的兴趣爱好，又要能体现地方特色。

(2) 体现风格。赠送外宾礼品一般挑选有中国特色的，比较合适的礼品有土特产、手工艺品，如中国结、印章、茶叶、茶具、造型生动的木雕或石雕、古香古色的瓷瓶等。可根据各国人民对礼物的不同喜好来选择礼品。

(3) 轻重得当。不能送太贵重的礼品，以免有贿赂之嫌，但也不能太廉价，显得不重视客人。

(4) 包装得当。礼品要包装好，以表示对客人的尊重，但也不要过分包装，应注意环保。

2. 赠送方式

(1) 掌握好赠送礼品的时间和场合，一般要在与会者离开前把礼品送上。

(2) 把握好赠送形式。一般要注重礼品包装，而且一定要去掉价签。

拓展阅读

送礼之前要问的问题

1. 它涉及文化或宗教方面的禁忌吗？

在中东的大部分地区，不要送酒或猪肉制品。在印度，不要送牛皮制造的礼品。因为印度人认为牛是神圣的，这样做会冒犯信仰印度教的人。

2. 颜色合适吗？

欧洲人视黑色为哀丧之色，蒙古人则认为黑色代表贫穷、不幸、黑暗。日本人忌讳绿色，他们认为绿色象征不祥。埃及人忌讳黄色，他们认为黄色代表死亡和不幸。中国人忌讳白色，因为白色让人联想到葬礼。巴西人认为紫色表示悲伤，黄色表示凶险，这两种颜色配在一起，一定会带来灾难。

3. 礼物本身包含你并不希望表达的含意吗？

中国人送礼忌讳送钟（因为与“送终”谐音）；在德国、澳大利亚和瑞士，红玫瑰只送给情人，它意味着“我爱你”；在意大利、法国和比利时，菊花主要用于葬礼。

4. 礼品上的图案合适吗？

美国人忌讳蝙蝠，认为它是凶神恶煞的象征。英国人忌讳大象、孔雀，认为大象是愚笨的象征，孔雀则是祸鸟。法国人忌讳仙鹤，认为它是蠢汉和淫妇的代称。瑞士人忌讳猫头鹰，认为是死人的象征。匈牙利人忌讳黑猫，认为它是不祥之物。日本人对狐狸很反感，认为它是贪婪、狡诈的代表。中国人将乌鸦视为不祥之物。

5. 数量合适吗？

在日本，四与死同音，赠礼时不能送四样东西；九的发音和苦相似，也在禁忌之列。韩国人也忌讳四字，送礼避免送四样。西方人送花要送单数，但忌讳13，礼品也要避开这一数字。中国人送礼喜欢双数，但也忌讳四字。

资料来源：众行管理资讯研发中心：《办公室事务管理》，广州，广东经济出版社，2003。

本章小结

本章主要学习了会前准备、会议进行中、会议结束后各项工作的礼节要领，以及会务人员形象、仪表仪态等方面的礼仪要求，并对不同身份的与会者也提出了相应的参会礼仪要求。

实践训练

● **训练一**

1. 实训目标

通过训练，使学生掌握乘车的座次安排及上下车的礼仪要求。

2. 实训内容

演练到机场迎接客人，引导客人乘坐小轿车的情景。

3. 实训要求

(1) 3人一组，分别扮演秘书、客方总经理及其助理，练习迎接客人、自我介绍、引导客人。

(2) 最好有一辆小轿车，学生练习安排座次以及上下车的姿势。

● **训练二**

1. 实训目标

通过训练，使学生掌握会议服务中的各项礼仪要求。

2. 实训内容

全班分为2组，分别模拟举办一次某公司客户联谊会或产品研讨会。地点：公司会议室。参会人员：本公司领导、参会嘉宾若干人、秘书、会议服务人员。具体工作内容如下：

(1) 会议室布置；座签的制作和摆放；投影仪、音响准备等。

(2) 会议主持人、发言人角色扮演，自由发言。

(3) 会议服务，如资料发放、引导、茶水服务等。

(4) 作会议记录。

3. 实训要求

(1) 分小组讨论会议议题、议程、如何角色分工等。

(2) 分工做好会议准备工作。

(3) 两组分别模拟演练会议服务的情景，结束后教师与学生共同总结。

● 训练三

1. 实训目标

通过训练，使学生掌握选择商务礼品的原则及赠送礼品的礼仪。

2. 实训内容

法国某公司代表到北京 B 公司洽谈合作事宜，会谈非常顺利。请帮助 B 公司领导选择送给嘉宾的礼品，并演示赠送礼品的情景。

3. 实训要求

(1) 每 6 人为一组，分别扮演 B 公司刘总经理和法国公司总经理、副总经理、秘书等。

(2) 模拟演示赠送礼品的情景，之后互评。

第八章

现代会议信息服务

定向目标

- 能够收集会议信息
- 了解现代会议信息服务的程序
- 掌握信息反馈的方法

第一节　会议信息收集

导引案例

小王的工作

××公司要召开产品质量研讨会，负责会务工作的小王在会前一个星期就采用问卷的方式，向消费者及本公司销售部门有关人员征求关于本公司主打产品质量方面的意见和建议。之后，小王在会前对会议立项、策划文件及会议筹备工作信息进行了收集，会中又从与会者及会议工作人员手中收集了大量的文件资料，如会议通知、会议发言、会议记录、会议讨论提纲等，在分小组讨论时还分别派人参加每个小组的讨论并要求大家做好记录交回，会后又收集了有关会议宣传的材料，如会议简报、会议纪要、会议总结等。最后，小王将上述所有材料进行归档保存。

问题：

1. 小王所做的工作有何意义？
2. 你知道小王所做的会议服务工作属于哪方面的工作吗？

知识链接

一、什么是会议信息

信息是事物在相互作用中所“刻画”出的记录，会议信息就是与会议有关的所有资料的统称。会议信息通常表现为会议通知、会议简报、会议纪要、会议报道，以及会议的传达提纲、要点等形式。

二、会议信息的作用

（一）利用信息保证会议的顺利进行

在会议活动的过程中，信息无时无处不在。要善于把握和利用信息，完善会议的各项工作，如策划会议、把握到会情况、进行情况反馈等。

（二）利用信息进行会议沟通

会议的过程就是沟通协调的过程，要充分利用信息，实现有效的沟通。信息沟通工作十分繁杂，必须做到心中有数、件件落实。

（三）利用信息进行催办

会议形成的文件信息是会议取得的重要成果，是会议精神贯彻落实的重要依据。利用信息加强催办，可以使领导全面了解会议精神的贯彻落实情况，了解办理过程中出现的新情况、新问题，并根据实际需要采取必要的措施，及时解决会议事项办理中遇到的困难和问题。

三、会议信息的分类

（一）按照会议信息的作用划分

1. 与会者信息

与会者是根据会议的目的、性质、议题以及议事规则确定的，他们是会议活动的主体，是会议活动成功与否的重要因素。与会者的有关信息可以方便会议的沟通协调，利于实现会议的目标。与会者的信息主要包括以下几方面：

（1）与会者的基本情况信息。包括与会者的国别、地区、所代表的组织机构、人数、姓名、性别、年龄、身份、职务、民族、宗教信仰、生活习俗、健康状况等。收集与会者基本情况信息的途径与方法主要是汇总回执和报名表。

（2）与会者的背景信息。包括与会者的与会目的及意图、过去参加会议情况、过去和现在的立场与态度以及其他背景材料。这些信息决定了与会者在会议期间的观点和态度，会务工作人员应当通过各种途径和渠道了解和掌握，以便有针对性地做好接待工作，确保会议期间的有效交流。

（3）与会者的抵、离信息。要准确掌握与会者抵达和离开的时间和所乘坐的交通工具，以便安排人员和车辆到机场、码头、车站迎接和送别。

2. 会议指导性、宣传性信息

(1) 指导性信息。包括有关的方针、政策，有关的法律、规章，上级单位的工作部署性文件和有关要求等。这些信息能正确指引会议的方向，明确会议的主题，因而具有极其重要的作用。

(2) 宣传性信息。主要是指传达会议情况、宣传会议精神、扩大会议影响力的文件信息，包括会议纪要、会议公报、会议简报、会议消息以及配合会议宣传的广告等。

3. 会议议题性信息

会议议题性信息是指需要列入会议议程，进行讨论、研究并解决问题和工作的文件信息。会议议题性信息有工作规划、计划、报告、预算决算、各项决议的草案等。秘书收集这类信息并及时向领导传递，帮助领导制定切合实际的会议议题和议程，从而使会议的目的更具有针对性和现实意义。

4. 会议主题内容信息

会议主题内容信息是在会议期间围绕会议目标和任务形成的文件信息，是会议的中心文件，包括开幕词、闭幕词、讲话稿、代表发言材料、经验介绍材料、专题报告、会议总结报告等。

5. 记录性、结果性文件信息

(1) 记录性文件信息。是指在会议过程中记载会议情况和进程的文件，如入会记录、会谈记录、会见记录等。

(2) 结果性文件信息。是指经过谈判、协商、审议、表决、签署而形成的会议文件，是记载会议结果的书面文件，包括各种决议、决定、纪要、公报、合同、协议、条约、协定、备忘录、声明、宣言、计划、纲领等。

6. 会议的程序性文件信息

程序性文件信息是为规范会议成员的行为、保障会议活动有序进行而形成的文件信息，包括议事规则、会议议程与日程安排表、会议时间安排表、选举程序及表决程序安排表等。

7. 会议交流性文件信息

会议交流性文件信息主要形成于总结性、交流性、研讨性会议，在会议中发挥宣传、交流作用，包括事迹报告、经验介绍、学术论文、会议简报等。事迹报告、经验介绍和学术论文一般由与会者或与会单位撰写提供，由会议组织者根据会议目的和主题进行筛选、修改、核查。会议简报则由会议秘书编写，经审定后印发。

8. 会议参考性信息

会议参考性信息是围绕会议议题和议程所收集的背景性、资料性信息。包括下级单位、人民群众、新闻媒体围绕即将召开的会议所形成的意见、建议、要求以及动向，国内外同行的经验和教训，帮助说明和阐述会议文件的有关资料等。如调查报告、可行性分析报告、统计报表、技术图纸或图表、典型材料、有关参考文书等。

会议参考性信息有助于会议领导和与会者全面掌握情况、开拓思路，为形成正确的决定和决议提供可靠的依据。

9. 会议管理性信息

会议管理性信息是对会议活动进行有效管理的文件信息，包括会议通知、会议须知、出席证件、作息安排表及保密规定、会议主席团名单、委员会名单、与会者名单、票证、签到簿、文件清退表等。及时、准确地收集会议管理方面的信息，对于做好会议的筹备工作意义重大。

（二）按照会议信息的保密性划分

1. 保密性会议信息

保密性会议信息是指内容涉及商业秘密，暂时不宜公开的文件信息。

2. 内部性会议信息

内部性会议信息是指内容涉及会议的主办单位和与会单位内部的事项，或者涉及正在酝酿而尚未决定的事项，暂时不宜对外公开，只能在会议内部传达、阅读和使用的会议文件信息。

3. 公开性会议信息

公开性会议信息包括在会议上通过的决定、决议、规章等。这类会议信息可以通过新闻媒介或以张贴的方式公开发布。

（三）按照会议信息的传递方式划分

1. 会议讲话信息

会议讲话信息是指与会者以个人或集体的名义在会议上口头宣读的信息，如开幕词、闭幕词、祝贺词、欢迎词、祝酒词、工作报告、发言稿等。会议讲话信息往往是会议文件的主体部分。

2. 会议书面信息

会议书面信息是指只以书面形式交流、不作口头发言的会议信息。有些会议因时间有限，与会者可以用书面文件代替口头发言。

3. 会议声像信息

会议声像信息是指将讲话事先制成录音或录像，然后在会议上播放的信息。随着会议传播信息技术的不断提高，声像信息越来越多。

四、会议信息的收集内容和收集原则

（一）会议信息的收集内容

会议信息的收集工作包括会前、会中和会后三个方面。会前会议信息的收集指根据会议主题和目标，对相关资料进行调研、征集；会中会议信息的收集指对与会人员情况、会上提出的意见和建议的收集；会后会议信息的收集指对所使用的部分文件资料以及会议期间形成的文件的收集。收集的会议信息既可供领导者参考，又可供会议参考交流。

（二）会议信息的收集原则

会议信息的收集要本着“准确、及时、全面、适用”的原则，通过会议的正式报告、研讨会上的讨论发言、与会者的议案以及会下的广泛交谈，随时获取有价值的信息。

五、收集会议信息的渠道与范围

（一）收集会议信息的渠道

（1）会前调研。通过网络、报纸、杂志和广播电视等收集与会议主题有关的第一手资料。

（2）向全体与会人员收集文件。

（3）向会议的有关工作人员收集文件，如会议的记录人员、文书起草人员等。

（4）从公司在各地的销售点、代理商、客户等处了解对此次会议的反馈情况。

（二）收集会议信息的范围

（1）围绕确定召开会议的必要性收集信息，如关于召开会议的请示、指示等。

（2）会议管理性文件。如会议通知、日程与议程安排表、会议须知、保密规定以及会议主席团名单、委员会名单、与会者名单、签到簿等。

（3）提交会议审议批准的文件。如工作规划、计划、报告、预算决算、行政法规及各项决议的草案等。

（4）会议期间使用的文件。如开幕词、闭幕词、领导人讲话稿、大会发言材料（包括典型经验介绍材料、专题报告）、会议总结报告等。

（5）会议参考性文件。如调查报告、可行性分析报告、统计报表、技术图纸或图表等。

（6）会议记录、简报。

（7）会议宣传性文件。如会议纪要、新闻报道等。

（8）会议的照片、录音、录像等资料。

（三）会议信息的加工方式

（1）综合加工：把各种相关的信息有机地结合在一起的过程。

（2）提炼加工：从各种信息中摄取所需要的信息深加工的过程。

（3）推导加工：依据已知消息，运用逻辑推理得出新结论的加工过程。

六、会议信息收集的方法

（1）收集会议文件资料。一般小型内部会议，由于参加会议的人数较少，人员又比较熟悉，可以在宣布会议结束的同时，由主持会议的领导提出要求，请与会者将需要退还的文件留下。也可由秘书人员在会场门口随时收集。大中型会议收集文件，应提前发文件清退目录，先由与会者个人清理，由召集人收齐交大会秘书处。对个别领取会议文件后未到会或提前离会的人员，应当及时采取个别催退的办法。

（2）召开会议，集中收集。召集掌握信息的人员进行座谈或汇报，集中收集信息。

（3）个别约谈。在会议进行中或结束后，通过个别访谈的方式向有关人员收集信息。

（4）调研或征集。一般在会前，可以用这种方式对与会议内容有关的情况进行摸底。

提醒您

在收集会议文件时，要注意以下几个要点：

（1）收集会议文件的责任应落实到人。

（2）收集会议文件应当与分发会议文件一样，履行严格的登记手续，并认真检查会议文件是否有缺件、缺页、缺损的情况。如果发现此类情况，应尽快采取补救措施。

（3）收集会议文件要及时，不得延误，以免造成文件的遗失。

（4）注意做好保密文件的收集工作，做到不失密、不泄密。

七、会议媒体

（一）接待新闻媒体的基本原则

（1）掌握会议信息的保密度，做到内外有别。

（2）媒体报道中的重要观点和提法，要经领导审定，以免造成差错或失误。

（3）撰写新闻报道稿及为新闻媒体采访会议提供服务都要全面周到、主动积极。

（4）会议结束后，秘书要为召开媒体沟通会提供必需的信息资料，使会议领导能更好地向新闻媒体介绍会议情况、回答记者的提问。

（二）与媒体沟通的方法

对媒体进行研究和细分，是与媒体进行有效沟通的前提和基础。与媒体沟通可采取面谈、电话、文件、网络和新闻发布会等形式来实现。同时，要与媒体记者保持互动。无论是正面的还是负面的新闻报道，都要在第一时间对作者进行反馈。

（三）接待新闻媒体的程序

在会议的过程中，会议服务人员应该尽量为媒体人员的活动提供方便。接待采访会议新闻媒体的程序如下所述。

1. 媒体人员登记

一般来说，应将参会的媒体人员与一般与会者以及工作人员进行区别，而且登记的地点要与一般与会者的登记地点进行区分，登记时要为媒体人员提供特殊的工作证。

2. 为媒体人员提供简单的会议材料

大多数媒体人员都喜欢自己决定采访哪些人、报道会议的哪些新闻。因此，会议主办方可以为他们安排一个介绍会，简单说明会议整体情况，着重指出可能引起媒体人员兴趣的人和事件，并向他们提供简单的会议材料，让他们从全局上进行把握。

3. 安排拍照和新闻发布会等传统活动

会议主办方应该为静态拍照和动态录像准备一个专门的场地。如果录像是为了电视报道，会议主办方应该为活动安排特定的日期，以免错过播出时间。会议秘书还应该为摄影师提供所有参加拍摄的人员名单。

如果有新闻发布会的话，会议主办方要为新闻发布会提供应有的准备，每个与会者都应该事先知道新闻发布会的日程安排，以及是否可以在会上提问等。

4. 安排媒体沟通会

媒体沟通会是一种非正式的新闻发布会，参加的媒体在发布新闻时将不直接引用采访者的话或者提到其姓名。媒体人员应该被明确告知该活动是不是媒体沟通会，虽然媒体沟通会规定了一些限制，但是许多媒体人员还是希望参加，因为他们可以从中得到一些非常重要的信息。

提醒您

如何妥善处理新闻媒体的负面报道是秘书人员需要考虑的一个问题。总的原则是要以负责任的态度出现在公众面前对舆论进行疏导，具体注意事项有以下几点：

(1) 快速作出反应。

(2) 联合或聘请专业公关公司处理危机。

(3) 让负责人出面。

(4) 对未知的事实不要推测。

(5) 不要隐瞒事实真相。

(6) 为媒体采访敞开大门。

(7) 统一口径，频繁沟通。

拓展阅读

妥善安排会议媒体

在公司召开新闻发布会期间，秘书钟苗与媒体进行了沟通。她在会前为记者安排了一个介绍会，准备了详尽的会议材料，专门辟出场地以供摄影、摄像，并且给了记者充分的提问时间。由于钟苗的工作很到位，此次新闻发布会很成功，媒体的报道内容翔实，很有说服力，在社会上引起了较大的反响。

由此可见，在会议期间一定要注意接待好新闻媒体，为记者的报道提供方便，让记者能够有充分的机会与时间了解相关信息。

资料来源：http://blog.sina.com.cn/cbdhall。

第二节 会议信息传递与利用

导引案例

一天上午，办公室秘书小陈正在印制公司的一份紧急文件。当她正要校对时，电话响了。小陈一手拿起电话，眼睛却还停留在打印稿上。

"您好！办公室。请问您有什么事情？"

"我是总公司张秘书，请通知你们李主任明天早上9:00到总公司会议室参加公司人事聘任工作会。"

"李主任，明天，是吧？"

"对。"

"好的，我马上通知。"

放下电话，小陈又全神贯注地校对起她的文稿。第二天上午，紧急文件终于发了下去，小陈刚坐下松了口气，突然又像弹簧一样弹了起来。她看了一眼表，嘴里一个劲地说着："糟了，糟了……"已经10:16了，她忘记通知李主任开会了。

问题：

1. 口头传递作为传递信息的一种方式，在有些情况下是不适用的。你认为总公司张秘书应该怎样传递开会通知这一信息？

2. 什么情况下不适宜采用口头传递的方式传递信息？

知识链接

一、什么是会议信息的传递与利用

我们召开会议，最基本的目的就是传递信息。会议信息的传递与利用就是借助一定的载体，通过一定的渠道，将会议组织与活动过程中产生的各种信息传递给需要者的过程。

会议信息传递和利用具有面广、直接、灵活和高效的特点，它们在会前、会中和会后都要进行。

二、会议信息传递与利用的渠道

(1) 会议通知的下发。做出会议决定后，就应将会议通知以当面告知、打电话、发传真、发电子邮件等方式传递给与会者，以确保通知信息准确迅速地传递。

(2) 会议文件的分发。会议文件可以在会议召开之前分发给与会者，也可以在会议召开时分发。

(3) 会议有关情况的沟通。在会议组织与进行的过程中有许多事项需要沟通与联系，包括会场内外、与会者之间、上下级之间的沟通等。

(4) 会议新闻的发布。可以是会议的综合信息或会议的专题新闻、典型报道，形式可以是邀请记者旁听编发会议新闻、秘书起草后以会议公报形式公布于众或召开记者招待会等。

三、会议信息传递与利用的方法

(一) 口头传递与利用

最直接的形式是面谈，包括报告、发言、讲话、交谈、辩论、咨询、表态等，这是会议成员传递信息、交流思想、表达观点的主要手段，也是会议信息传递与利用的主要形式。这种形式的特点是传递信息速度快。

口头传递与利用的形式还有电话交谈，这种形式具有传递信息速度快的特点，但也有深度不够、容易遗漏等缺点。

(二) 书面传递与利用

包括文本和表格两种形式，文本如会议通知、会议备忘录、会议记录等，表格如签到表等。书面传递的特点是对信息内容的表达充分完整，减少个人情绪、观点等因素对信息准确性的影响，还可以多次复制和远距离传递信息。

（三）声像传递与利用

包括两种形式，一种是直接播放录音或录像，另一种是以录音、录像作为书面传递的补充，供日后利用。这种方法的特点是形象直观，具有真实性、感染性和生动性。

（四）传真传递与利用

利用传真机传递与利用信息，其优点是速度快、不受时空限制；缺点是保密性差、对设备要求高。

（五）电子邮件传递与利用

这种方法的主要特点是效益高，节约办公费用，但容易对信息不做筛选而无限量发放，使对方不得要领。

（六）邮寄传递与利用

采用这种方法时要保证地址填写准确无误，对方收到后要进行确认。

四、会议信息传递与利用的要求

（一）传递准确的信息

准确性是信息传递的命脉。不真实的、错误的、不客观的信息会直接影响会议进程，削弱会议的效率，严重的会影响会议做出的决定。

（二）迅速及时传递信息

迅速及时是信息传递的根本，滞后的信息再真实、再准确也会失去利用的价值，严重的还可能影响会议的效率，造成不可挽回的后果。

拓展阅读

喜讯后面的悲剧

总经理一天打三次电话询问办公室信息秘书小王，了解南方市场的销售情况。小王一连打了好几次长途电话，总公司南方办事处主任都不在办公室，得不到答复。总经理要外出办事，临出门还叮嘱小王及时了解南方市场的情况，只要南方销售形势好，便可调整下一季度的生产任务，使企业销售额再上一个台阶。

小王中午也没有休息，终于打通了长途电话，接电话的正好是南方办事处的吴主任。

"吴主任吗？我是总公司办公室王秘书。总经理急需了解你们的销售情况。"

"我们的销售形势大好啊！我正忙着与港商洽谈十万套西服的出口合同呢！面料和样式与上次一样。"

"那太好了！能成功吗？"小王问。

"估计问题不大！意向书已经草签，今天下午四点进一步洽谈细节，然后签订合同。"吴主任说。

"那我下午四点半等您的准确消息。"

"四点半我还有个应酬。到时候我让办事处的小李给你回个电话。"

小王刚放下电话，总经理的秘书小刘又打来电话来问南方市场的销售情况。

“吴主任说，南方形势大好，正在与港商洽谈十万套西服的出口合同。”小王兴高采烈地说。

“成功的把握大吗?”小刘问。

“吴主任说，今天下午四点正式签约。面料和样式与上次一样。”

“那就是说，只有签约的手续了?”小刘又问。

“是的。”小王肯定地说：“我接到签约回电后马上告诉你。”

小刘放下电话后，在总经理写字桌的记事本上写道：办公室小王接到南方办事处吴主任电话，与港商洽谈出口十万套西服合同。面料和样式与上次一样。今天下午四点正式签约。3月25日小刘记录。

下午五点二十分，总经理回到办公室，急忙翻阅记事本，看了小刘的记录后非常高兴。他拨通电话，要求采购员按上次要求购进面料，通知设计部门做好准备，维修部门抓紧维护设备，生产部门准备另外招收一批熟练技工……时间就是金钱，总经理抢在时间前面调兵遣将，一直忙到晚上七点半还没有吃饭。

而下午四点半，办公室小王一连接到北方办事处、西北办事处的两个长途电话，一直打到下午五点半。刚放下电话，上海的男朋友又打来长途，商量结婚物资采购和蜜月旅行路线，一直谈了两个多钟头，柔情蜜意中连吃饭的事也给忘了。直到男朋友挂断电话，小王才想起南方办事处的重要电话还未接到。这时已快八点了，她一拨通南方办事处，小李就吼道：“怎么搞的？我拨了几个钟头电话，总是占线，你的电话拨不通，总经理的电话也拨不通。”

“合同签了吗?”小王来不及解释，打断小李的话问道。

“签个屁！生意让深圳一家公司抢去了。人家更有优势，吴主任气得高血压病也犯了，住院去了。”

小王赶快拨打总经理办公室的电话。总经理办公室电话无人接听，小刘也下班了。她又把电话打到总经理家里，家里说他没回来。最后，好不容易在大富酒楼里找到了总经理。

“什么？谈判失败?”总经理一听，手里的酒杯也落地了。他知道面料已经购进，现在只有压在仓库里…… 重大的经济损失不可避免，总经理、吴主任、小王、小刘、小李像害了一场大病似的。公司的前途，个人的去留，使他们忐忑不安……

及时、准确的信息传递十分重要，信息不畅会造成意想不到的后果。会议信息的准确传递也很重要，它直接关系着会议的效果。

资料来源：百度文库。

第三节 会议信息反馈

导引案例

神州物流公司召开第三季度业务拓展会议。会上，各大区负责人分别就本区域业务拓展计划进行交流，公司总经理在做会议总结之前要秘书小辛提供会议信息以便在会上进行反馈。小辛从总公司的计划、会议记录、会议简报中搜集了大量信息，既能反映大区对积极拓展业务工作的重视，也能反映其切实可行的工作方法，但总经理还是认为小辛的工作没有做好。

问题：

1. 总经理为什么认为小辛的工作没有做好？
2. 会议信息反馈要注意哪些问题？

知识链接

一、什么是会议信息反馈

信息反馈是信息管理工作的一部分。会议信息反馈是指将各种会议信息产生的结果反馈给会议的组织者，从而使信息对工作产生调节和控制作用。

会议信息反馈是会议信息管理工作的重要组成部分。在会议开始前、即将结束时或结束后，定期将信息以各种形式反馈给信息的输出者，是提高会议组织水平、实现会议目标的有效途径。

反馈包括正反馈和负反馈，正反馈反映正确做法，负反馈反映工作失误，二者都会成为进一步做好工作的基础。因此，会议信息的反馈要喜忧兼报。

二、会议信息反馈的内容

（一）反馈会前信息

在会议召开之前，要及时反馈会议的策划、宣传、筹备和组织方面的信息，以便及时地掌握会议的进展情况，了解与会者的态度和会议组织者在人、财、物等方面的问题和实施情况。

（二）反馈会中信息

在会议召开的过程中，应及时捕捉会议的动向，使会议的目标能够如期完成。反馈的方式有召开联系员会议、阅读各种会议记录和会议简报、和与会者座谈等。

（三）反馈会后传达落实的情况

会后对会议精神的传达和落实是会议工作产生实效的关键所在，可以通过座谈会、电话和问卷等形式对会后精神的传达和落实情况进行全面的反馈，并在此基础上进行修正。

三、会议信息反馈的工作程序

（1）布置会议信息收集工作。在会议筹备之初，就要对会议有关人员布置收集会议反馈信息的任务。

（2）会议信息的收集渠道的选择和建设。通过组织渠道、人际渠道建立广泛的信息网络，同时根据会议内容与特点选择主要的信息收集渠道。

（3）建立定期的会议信息反馈制度。确定会议信息反馈的周期或时限，保证会议信息的时效性。

（4）做好会议信息的反馈汇报工作。对会议精神和决定的执行情况应定期以书面或口头形式向领导汇报。

（5）抓好会议反馈信息的落实工作。根据领导听取汇报后的指示或根据反馈的结果，对下一步的修正工作进行跟踪与落实。

四、会议信息反馈的形式与方法

（一）会议信息反馈的形式

（1）正面指导反馈。这种反馈是积极的、正面的反馈，是一种正面的强化指导，即一般意义上的表扬，其特征是肯定行为价值、描述特定的行为。

（2）建设性反馈。这种反馈是一种劝告指导，即一般意义上的批评。建设性反馈要非常注意方式，既要达到反馈的目的，又不能伤害别人的自尊。

（二）会议信息反馈的方法

（1）口头反馈。包括一个人向大家反馈或一对一反馈两种情况。

（2）书面反馈。这种反馈方法的优点是形式上更正式，反馈的内容有据可查。

（3）会议反馈。通过召开座谈会、传达会、恳谈会等将信息反馈给与会者。

会议信息反馈表的样例可参见表8—1。

表8—1　会议信息反馈表样例

姓名：	性别：	
工作单位：		
联系地址：		
电话：	传真：	邮编：
职位：	公司类型：	单位性质：
您对本次会议的评价： □很好　□良好　□一般　□较差　□差		
您认为本次会议的节奏： □很好　□良好　□一般　□有待改进　□差		
您认为本次会议的亮点是：		
您认为需要改进的地方：		
您的整体满意度：		

五、会议信息反馈的要求

（1）会议信息反馈要注意点面结合、正负反馈结合。

（2）会议信息反馈的目的要明确。

（3）应充分重视会议的反馈信息沟通，正负反馈都要力求做到适时、适量、适度。

提醒您

反馈会议信息要掌握反馈的时机，通常有如下三个时机：

（1）在会议工作进展顺利时。在此时反馈，有利于鼓舞士气、营造良好的氛围，并可通过负反馈信息，帮助组织者保持清醒的头脑。

（2）在会议工作出现问题时。在此时反馈，可以帮助人们及时发现问题、解决问题，使各种漏洞能够及时得到补救。

（3）在会议工作处于停滞时。这种反馈有助于通过目前的状况，寻找会议工作下一阶段的突破口，发现会议组织过程中存在的隐患，及时制定预防措施。

拓展阅读

改进信息报道

会议报道好写，好在容易应付。时间、地点、参加会议的领导、会议主题，甚至连会议各类材料都应有尽有。简单地对会议有关材料进行改造或摘录便成为一篇“不折不扣”的会议报道。于是会议报道出现了空话多、套话多、引话多、领导名单排列多的状况，使会议报道失去了更大的读者群。究其原因：一是为了完成任务写作。二是为了完成任务而模仿别人写作，找来别人的会议报道进行简单模仿，结果会议报道真的成了有固定模式的文体。

会议报道难写，难在突破条条框框，突破难有作为的观念。每一位作者，特别是承担会议报道的记者或通讯员更应发挥作用，力争通过捕捉会议中的亮点写出会议报道精品来。

要想写好会议报道，写作者应该把握以下两个原则：

第一，应树立一个新观念，那就是会议报道不一定总是写会议本身。要善于捕捉会议中的“花絮”新闻，这不仅能反映会议，而且可以深化会议，往往更能赢得读者。

第二，不拘一格写信息。要在写法上不落俗套，在结构上推陈出新，在用语和修辞上与众不同，使读者不仅获得信息，而且得到艺术享受，增强会议报道的趣味性、可读性和艺术性。

资料来源：百度网，经过删改。

本章小结

会议的组织与活动过程在某种意义上讲就是信息工作的过程。本章主要讲解了会议的信息工作，包括收集、传递、利用、反馈等过程。收集信息的主要方法有收集会议形成的文件资料、召开座谈会等。会议信息的传递与利用有口头、书面、音像、传真、电子邮件、邮寄等主要方法。会议信息的反馈有正反馈和负反馈两种方法，二者都是进一步做好工作的基础。

实践训练

● **训练一**

1. 实训目标

通过训练，使学生学会正确收集会议信息。

2. 实训内容

某公司拟举办新产品发布会，请根据第一节有关“收集会议信息的渠道与范围”的相关内容，齐全、完整地收集会议信息。

3. 实训要求

（1）全班分为 2 个大组，每组举办一个小型的新产品发布会，然后在明确会前、会中、会后信息收集范围的基础上，准确收集各类信息。

（2）将收集的信息在全班展示说明，并由教师点评。

（3）在小组讨论的基础上，每个小组写一份总结，就如何做好信息收集工作和信息收集工作的特点谈谈自己的体会。

● **训练二**

1. 实训目标

通过训练，使学生掌握信息传递与利用的技巧。

2. 实训内容

根据本章第二节“导引案例”的情景材料进行模拟训练。

3. 实训要求

分组活动，5 人一组，由 2 名同学模拟上述情景，其他同学观察后讨论：

（1）口头传递信息的特点。

（2）信息传递工作的注意事项。

（3）传递信息的技巧。

第九章

现代会议生活服务

定向目标

- 理解会议住宿、饮食、娱乐服务的重要性
- 掌握车辆服务的工作内容
- 熟练掌握会议住宿、饮食服务的内容

第一节　会议住宿安排

导引案例

第28届全国数据库学术会议（NDBC2011）住宿安排

NDBC2011将于2011年10月21日至23日在复旦大学邯郸校区（上海市邯郸路220号）召开。会议组织者为参会代表提供如下住宿选择。由于会议期间住房紧张，请您务必于2011年9月10日前填好住宿回执并发至register.ndbc2011@gmail.com（邮件主题请使用“NDBC住宿”字样）；否则，我们不能保证安排您的住宿。

复宣酒店（位于复旦大学新闻学院院区内，国定路400号近邯郸路口，沿国定路向北100米至复旦大学邯郸校区东门）

单人房：420元/间（含早餐）

标准房：460元/间（含早餐）

复旦燕园宾馆（毗邻复旦大学邯郸校区，政通路270号，沿政通路向西100米至复旦大学邯郸校区东门）

单人房：268 元/间（含早餐，如用信用卡支付，需加收 3%手续费）

标准房：268 元/间（含早餐，如用信用卡支付，需加收 3%手续费）

复旦正大卿云楼（位于复旦大学邯郸校区校内东南角）

单人房（新楼）：350 元/间（含早餐）

标准房（新楼）：350 元/间（含早餐）

标准房（老楼）：238 元/间（含早餐）

住宿回执

<table>
<tr><td>单位名称</td><td colspan="6"></td></tr>
<tr><td>通信地址/邮编</td><td colspan="6"></td></tr>
<tr><td>代表姓名</td><td>职务/职称</td><td>手机</td><td>选择的宾馆</td><td>所需房间数</td><td>入住日期</td><td>退房日期</td></tr>
<tr><td></td><td></td><td></td><td></td><td></td><td></td><td></td></tr>
<tr><td colspan="7">注意：
1. 由于上海 10 月份住宿比较紧张，我们事先确定的宾馆房间数目有限，故请大家务必于 9 月 10 日前回复住宿信息，我们将根据回复的先后顺序为大家安排住宿。
2. 宾馆正式入住时间为下午 2 点后，退房时间为中午 12 点前。住宿费用请在入住时直接向宾馆支付，发票由宾馆直接开具。</td></tr>
</table>

乘车路线：

浦东机场——复旦大学邯郸校区

乘坐机场大巴四线至五角场站下车，沿邯郸路向西步行 800 米至复旦大学邯郸校区正门

虹桥机场——复旦大学邯郸校区

乘坐地铁 10 号线至江湾体育场站下车，沿政通路向西步行 600 米至复旦大学邯郸校区东门

上海南站——复旦大学邯郸校区

乘坐地铁 3 号线至大柏树站，换乘 133 路公交车至复旦大学站

问题：

1. 如何做好与会者的住宿安排？
2. 会议住宿服务应注意哪些问题？

知识链接

对于外地参会人员较多的会议来说，提供住宿服务是会议主办方的重要工作之一。会务组要根据与会者的实际情况、具体需求和房间条件等因素综合考虑、统筹安排，提前制定住宿分配方案。会议住宿安排通常包括三个要素：对备选会议住宿供应机构的考察、会议住宿房间的预订、住宿房间的具体安排。

一、对备选会议住宿供应机构的考察

(一) 依照一定标准，对本地的住宿供应机构进行筛选

会议主办方一定要根据会议的类型、与会者的层次、议题的重要性等，合理确定不同与会者的住宿标准和接待规格，并以此为依据，在会议经费预算许可的范围内，综合考虑住宿供应机构的实际接待能力、品牌与口碑、周边环境、交通状况、安全条件等因素。通过对本地的住宿供应机构的初步筛选，圈定几家符合基本条件的住宿供应机构，以备进一步考察。如果是由与会者自己支付住宿费，就需选择几家价格、条件不等的招待所、饭店、宾馆或者同一家宾馆不同标准的客房以供其选择。

(二) 对备选住宿供应机构进行考察比较

在对这些机构进行考察比较时，重点从以下几方面着手：

(1) 在会议期间可供使用的房间总数。一般而言，在选择住宿供应机构时，考察的重点就是住宿供应机构在会议期间可以提供的房间总数是否能满足会议要求。

(2) 是否有不同的房型满足不同与会者的需求。会议对房型要求最多的是双人标准间，但是如果有贵宾到会或是会议期间有小型讨论、洽谈，则可能需要套间，这就要求住宿供应机构要有不同的房型来满足会议的要求。

(3) 客房的配置条件。国内所有的星级酒店，都有相应的配备标准和要求。会议主办方应根据住宿供应机构的档次，考察其是否具有充分的硬件配备。

(4) 客房的服务质量。与硬件设备相比，软件更重要。因此，会议主办方应考察住宿供应机构的服务人员的工作质量，看其是否能通过细致的服务，让来宾有一种“宾至如归”的感觉。

在具体考察各备选住宿供应机构时，不仅要考察客房等微观环境，还应对其为顾客提供的整体生活服务环境进行考察，如餐饮、娱乐、美容、健身、购物等条件。

(三) 确定会议定点住宿供应机构

通过认真考察和反复比较，就可以最终确定会议的定点住宿供应机构，以进一步展开客房的预订工作。

二、会议住宿房间的预订

会议期间可能需要大量的房间，这些都必须事先预订，否则会造成住宿方面的问题。因此，会议主办方为与会者预订住宿房间，要做好以下几方面的工作。

(一) 与住宿供应机构签订预订合约

合约中应明确预订的客房数量、类型、价格；入住率不够的情况处理与经济责任；与会者预订的截止日期。

(二) 寄送会议通知（邀请函）和住宿登记卡（申请表）

对于一些参会人数较多的会议，会议主办方需要在会议通知（邀请函）中附寄住宿登记卡（申请表），根据住宿登记卡（申请表）提供相应的住宿服务。会议住宿登记卡

（申请表）应注明会议主办方提供的住宿宾馆、房型、价格等。

（三）收到住宿登记卡（申请表）及时回复确认

收到与会者的住宿登记卡（申请表）后，会议主办方或住宿供应机构应及时为其预订房间并将住宿确认书寄给与会者。

（四）会议特殊客房的预订

会议有时需要预订一些特殊客房，这主要是为会议发言人、贵宾和会议主办方的工作人员准备的。

（1）预订重要领导、贵宾的特殊客房。确定参会的重要领导、贵宾、特邀记者等重要人员名单后，要将详细的住宿要求告知住宿供应机构，以便为其提供贴近他们要求的特殊客房。

（2）预订会议主办方工作人员的房间。为方便会务工作，住宿供应机构应预备免费的房间供会议主办方的工作人员使用。

三、住宿房间的具体安排

（1）与会者住宿房间应尽可能集中，这样有助于会务组和与会者的信息沟通及事务联系，也便于与会者在休会期间进行非正式的沟通与交流。

（2）身份、职务相同的与会者，住房标准大体一致。

（3）一般情况下，应首先照顾女性、年长者和职务较高的与会者，将他们安排在向阳、通风、卫生条件较好的房间。

（4）尽量不要把汉族与会者和其他有民族禁忌的少数民族与会者安排在同一个房间，也不要把有打呼噜习惯的与会者与睡觉较轻的与会者安排在一起。

（5）与会者如带随行人员，则将他们安排在一起或相邻房间，以便于他们及时联系，方便工作的开展。

拓展阅读

一次成功的会议生活服务

永恒公司承办了一个信息研讨会，主办方邀请了全国相关行业的代表70余人到会，会议服务组的李秘书负责安排与会代表的生活服务。

李秘书接到任务后，决定先安排与会代表的住宿与饮食问题。她马上去会务组，找到会议通知的回执后，仔细查看了与会代表的性别、年龄、民族等个人信息，然后进行了分类统计。她统计后发现，与会代表共有62个男同志，12个女同志，以2人一间计算，应该预订37个标准间。然后，她又具体分析每位与会代表的具体要求，有些不习惯与其他人合住、有些要住在向阳的房间、有些要求住的楼层不要太高……李秘书仔细地统计，充分照顾每一位与会代表的要求。统计表制定好后，李秘书预订了宾馆的房间。

整个会议结束后，在会议反馈评价表上，与会代表对会务生活安排服务给予了很高的评价。

资料来源：梁春燕：《会议组织与服务》，北京，北京大学出版社，2010，经过删改。

第二节 会议餐饮服务

导引案例

××大学大型学术研讨会餐饮服务

2011年3月25日—27日，××大学承办了大型学术研讨会。与会的代表达百余人。24日，与会代表陆续抵达，××大学派了几名工作人员接待。由于餐费要早中晚餐一顿一顿分别计算，如果哪一顿不在酒店用餐可以不缴费。因此，餐费计算烦琐、速度缓慢，代表们有些不满。在代表们就餐时，餐厅服务质量不佳，菜品口味一般，这让代表们对××大学承办的大型学术研讨会餐饮服务更为不满。

问题：

1. 会议餐饮服务应注意哪些问题？
2. 如何选择会议用餐地点和用餐方式？

知识链接

一般而言，与会者对会议期间的餐饮服务非常重视，因此，会议主办方应做好会议餐饮的服务工作，努力为与会者提供健康、营养、美味的餐饮，使他们在会议期间的每一天都感到精力饱满、心情愉快。会期半天以上的正规会议，除了展览会不统一安排餐饮（特邀嘉宾或者重要客户除外），其他会议通常需要统一安排餐饮。

会议餐饮服务通常包括两个基本要素：会议用餐地点、用餐方式的安排和菜单、酒水的安排。

一、会议用餐地点、用餐方式的安排

（一）会议用餐地点的选择

为了便于管理，会议用餐地点应尽量离会场近一些。很多会议主办方会选择既能提供各种会议室，又能为大中型会议提供会议餐饮的酒店或会议中心。会议工作人员应仔细考察用餐地点的具体情况，主要包括以下几方面：

（1）用餐场所的大小。一般来讲，所选的用餐场所最好能容纳所有与会者，如果用餐场所因为空间不够而将与会者分开在不同的房间用餐，会影响会议的融洽气氛。

（2）用餐场所的环境。雅致舒适的用餐环境能使与会者身心放松，有利于其精力的

恢复。同时，用餐场所桌椅的布置井然有序、整洁美观，也能体现餐饮部门良好的管理与服务。

（3）厨房。厨房的消毒设施是否齐全、环境是否整洁、人员工作是否井然有序等也是重点考察的范围。

（4）路径。从厨房到用餐场所的路径是否顺畅关系到与会者的用餐，如果上菜的路径需要经过各个餐桌，对与会者的用餐难免构成干扰，同时也容易发生意外情况。

（二）用餐时间、用餐方式的安排

会议期间，正式的进餐时间为早上、中午和晚上。会议工作人员应根据与会者对三餐的不同要求，安排适宜的用餐方式。

1. 主要的会议用餐方式

（1）围餐式，即与会者以餐桌为中心围坐就餐，由服务员按预订的菜谱上菜。餐桌的形状可以多样，如圆桌、方桌、长方桌等。如果与会者人数较多，常需要事先安排桌位和座次。安排时，除了为贵宾专门设置桌席外，还应尽量将身份大体相同或同一专业的与会者安排在一起。

（2）自助式，即服务人员事先将各种菜肴、主食、酒水、饮料集中放在餐厅的一边或两边，由与会者自己选取，自己寻找空位坐着进餐。也有的自助式餐饮不提供座位，由与会者端着餐盘站立进餐，便于与其他与会者交流。

（3）半自助式，这种用餐方式介于围餐式和自助式之间，一般设座位，由服务员按菜单提供部分菜肴，而大部分食物则放在餐厅一边的餐桌上，让与会者自由取食。

（4）分餐式，即由服务员事先将食物、菜肴分装在每个人的盘中，上菜时直接端给各位坐好的与会者。西餐一般采取分餐式。

（5）餐券购餐式，即会议接待人员事先将固定金额的餐券发给与会者，与会者到指定的餐厅中凭餐券购买。这种方式适用于追求经济实惠，且就餐人数多、就餐时间不统一的会议。

2. 会议用餐方式的选择

会议用餐方式需要会议主办方根据早、中、晚餐的不同加以安排。

（1）早餐：会议早餐一般是自助式。品种多样的小吃和主食，营养丰富的饮料、粥类、水果，由与会者“各食所需”，既自由轻松，又方便快捷。

（2）午餐：一般来说，午餐应能让与会者精神饱满地回到会场，精力充沛地继续下午的议程，所以，午餐安排为简单的工作餐式或自助式、半自助式比较适宜。

（3）晚餐：晚餐通常比较正式，可选择围餐式，数人围成一桌共进晚餐。

二、菜单的确定和酒水的安排

（一）确定每餐的菜单

谁也不会愿意几天重复同样的菜肴，因此，会议主办方在确定菜单时，除了预算的因素外，还应考虑以下几方面的内容。

1. 菜肴的道数与分量

围餐式用餐要重点考虑菜肴的道数和分量。确定道数与分量要注意三点：一是坚持适中原则，适当的菜肴数量会使与会者感到回味无穷；二是根据用餐人数确定；三是平衡道数与分量，菜肴道数少则每道菜的分量要多一些，菜肴道数多则每道菜的分量可适当少一些。

2. 花色品种多样化

准备的菜肴品种应多样化，要考虑荤素、咸甜、凉热、干稀等方面。在品种的搭配上，要注意中午的主菜不能太油腻，应尽量提供一些清淡的开胃菜、沙拉等。

3. 具有地方特色

提供具有地方特色的菜肴不仅能说明会议主办方的热情，也能给与会者留下美好的印象。因此，会议主办方在确定菜单时，应安排一些具有地方特色的饮食，同时向客人说明地方特色菜的来源。

4. 具有时令特征

菜肴的选择应配合季节特征，采用当季材料做成的时令菜肴既能反映时令特色、给人新鲜的感觉，又能降低成本。同时，还应结合季节特征设计菜肴的口味，以迎合季节变化对人的视觉及味觉的影响。

5. 照顾与会者的特殊用餐要求

与会者来自五湖四海，国际性会议的与会者则来自世界各地，这就要求会议主办方在确定菜单前，一定要了解与会者的特殊要求，对与会者的特殊要求进行登记并尽量满足。

(二) 安排会议餐饮的酒水

1. 自带酒水

会议用餐地点提供的酒水价格一般偏高，会议主办方如果希望降低成本的话，应与用餐地点的餐饮部门商谈，要求自带酒水。

2. 定量的普通酒水

不同的与会者对酒水的消费差别很大，如果餐饮费是从与会者的会务费里列支的，会议主办方在酒水的安排上就要考虑公平。为了公平起见，会议主办方可以从会务费里列出定量的普通酒水费用，酒水消费超过定额由与会者自己支付。

3. 适时适度安排酒水

会议餐饮统一安排酒水时应注意时间与场合，一般早餐和午餐不提供酒类，只提供饮料；晚餐可为与会者适当提供各种酒类。酒类的安排以有利于身体健康的啤酒、葡萄酒、中低度白酒为主。

提醒您

统一安排餐饮的会议，对于成本的控制非常重要。自助餐一般可以发餐券控制，并可事先制定餐饮标准。围桌式餐饮安排比较复杂，需要考虑的问题有：开餐时间、每桌人数、入餐凭证、同桌者安排、特殊饮食习惯者、酒水种类等。

三、其他要素

（一）注意事项

（1）提前一两天向会议供餐机构告知用餐人数。会议供餐机构需要提前有针对性地准备食物，配备服务人员，避免出现备餐不足或过多等情况。因此，在签订会议供餐协议时，要求会议主办方至少提前一两天告知每次就餐的人数，并予以签单担保。

（2）辨认进餐者身份。在与会者众多，且与会者在用餐问题上变数较多、差别较大的情况下，会议主办方可以通过发放餐券或餐卡的方式来辨认进餐者的身份。

（3）注意与会议供餐机构随时沟通和协调。如果会议上午的议程没按计划进行，那么午餐将与预定的时间脱节（提前或推迟），这就要求会议主办方及时告知会议供餐机构的服务经理，以便其吩咐厨房按新的时间安排供餐。

（4）做好引导工作。如果集中用餐的与会者较多，为了避免混乱，会议工作人员除了提前安排桌次和座次外，还需要做好引导，从而使与会者迅速、有序地找到自己的座位，并且不妨碍餐厅服务员的传菜、安排酒水等工作。

（5）对于那些因会议的原因不能按时用餐的与会者，会议主办方应给予特别的餐饮照顾。

（二）会间茶歇的安排与服务

茶歇在会议中非常流行，如何安排茶歇也是会务工作人员的工作范围。详见第七章第三节。

拓展阅读

各国饮食禁忌一览表

不同的国家，在饮食方面有不同的习惯和禁忌，因此，在饮食安排方面应注意这些细节。表 9—1 列举了部分国家的饮食禁忌，供大家参考。

表 9—1 各国饮食禁忌

国家	禁忌	备注
日本	一般不吃肥肉和猪内脏，也有人不吃羊肉和鸭肉，忌讳客人吃一碗饭就够。	客人吃一碗饭就够象征无缘。
韩国	一般不爱吃羊肉、肥猪肉和鸭肉，厌恶香菜，厌油腻。熟菜中不喜欢放醋，也不爱吃放糖或花椒的菜肴。拒喝别人的酒是不礼貌的表现，吃饭时不能把盘子里的菜吃光。	如不胜酒力，可在杯中剩点酒，他们原谅喝醉酒的人。把盘子里的菜吃光意味着主人准备不足。饭后喜欢唱歌，邀请唱歌时不应拒绝。
缅甸	忌讳客人拒绝主人待客的茶水和食物；忌用竹笋、蘑菇、生菜、甜饭团待客；不喜欢吃猪肉、动物内脏。	客人拒绝主人待客的茶水和食物，将被认为是野蛮或不懂事理；不用竹笋、蘑菇、生菜、甜饭团待客，认为食用这些会生病。

续前表

国家	禁忌	备注
泰国	忌食牛肉、海参，不喜欢酱油，不爱吃红烧菜肴、甜味菜等。	
新加坡	不吃馒头，忌讳猪肉制品。	忌讳猪肉制品是考虑到马来人的习俗。
马来西亚	不吃猪肉、贝壳类食品，也不饮酒，忌用左手吃东西、传递物品。	因为居民多为穆斯林。
印度尼西亚	不吃猪肉，一般不喜欢吃带骨刺的菜肴，忌用左手吃东西、传递物品。	因为居民多为穆斯林。
菲律宾	不吃猪肉，不喝烈性酒，不喝牛奶。	按照伊斯兰教教规，不吃猪肉，不喝烈性酒。
英国	不愿吃过辣的菜肴，不喜欢用味精调味，也不吃狗肉，忌刀叉碰响水杯。	认为刀叉碰响水杯是不幸的预兆。受款待后一定要写感谢信。
法国	不爱吃无鳞鱼和过辣的菜肴。对自助餐和鸡尾酒不以为然。	
德国	忌食核桃，不爱吃鱼虾及海味，不爱吃油腻、过辣的菜肴。	对餐具比较讲究。
美国	不爱吃蒜、过辣的食品、肥肉、清蒸菜肴和红烧菜肴。忌食动物内脏，不喜欢在餐碟中剩食物。	
加拿大	不喜欢过咸、过辣的菜肴，不喜欢蒜味、酸辣味调料。忌食动物内脏、脚爪、虾酱、鱼、腐乳等怪、腥味食品。忌在盘里剩食物。	
巴西	忌奇形怪状的水产品和用两栖动物肉制作的菜品；不爱吃用牛油制作的点心，不喜欢太咸。	
阿根廷	不喜欢太咸；忌客人在品尝马黛茶后不咂唇。	认为客人在品尝马黛茶后不咂唇表示赞赏是一种失礼的表现。
澳大利亚	一般不爱辣味，不吃海参。	

资料来源：商务礼仪网。

第三节　会议旅游娱乐服务

导引案例

联欢会为何不欢而散?

A 公司在新产品发布会期间，定于 12 月 25 日 18:00 在某娱乐总会举办与会人员联欢会。可当 12 月 25 日 18:00，与会人员兴高采烈地来到娱乐总会时，秘书却发现所预订的能容纳50人的大包房已为B公司所用。

这是怎么一回事呢？明明一个月前就已预订的包房，怎么会被他人所占？A公司的秘书很纳闷。经过询问才知道，原来该娱乐总会只有一间能容纳50人的大包房，A公司秘书预订时，B公司已经预订，但B公司正与娱乐总会联系欲变更原先预订的时间。当时大堂负责人对A公司秘书承诺："若B公司更换了时间，则包房由A公司使用，不再通知。若B公司活动的时间与A公司活动的时间相冲突，会及时通知A公司。"事后，由于娱乐总会工作人员的疏忽，忘了将B公司活动的时间与A公司活动的时间相冲突的情况告知A公司。

结果A公司秘书与娱乐总会的工作人员就这一问题发生了争执和冲突，造成被邀来参加联欢会的50人滞留于大堂1个多小时。最后交涉未果，不得不再包车前往附近的另一宾馆进行活动。

虽然A公司举办的联欢会还是在当天20:00开始了，但与会人员的兴致普遍大打折扣。

问题：

1. 为什么A公司新产品发布会期间举办的联欢会没能取得预期的效果？
2. 如果你是A公司的秘书，你会如何预订包房？

知识链接

一、会议期间的旅游服务

会议期间适度安排休闲活动，一方面能使会议有张有弛，促进会议成功；另一方面，能为与会者增加沟通的机会，加强交流。

(一) 会议期间旅游服务的内容

(1) 提供当地旅游信息，包括当地历史名胜、景点、文化场馆、影剧院、音乐厅、购物中心等信息，有些信息应具体到各地点具体的开放时间、天气状况等。最好提供一套当地旅游观光的小册子，给与会者提供方便。

(2) 统一安排一两次当地旅游活动。一是应把旅游时间表和会议时间表有机结合起来，让与会者在紧张的开会之余，能有休闲的时间，以便做到劳逸结合；二是做好宣传工作，保证最基本的人数；三是要有详细的时间安排和旅游项目安排，尤其要确定每一站到达和离开的具体时间；四是需要明确在何种情况下（如天气变化）取消旅游。

(二) 会议期间旅游服务的类型

1. 导购旅游

很多与会者到一个新地点参加会议，总要购买一些当地的土特产送给亲朋好友。秘书人员应做好有关导购服务的工作。一般是包租客车，并由酒店提供向导，分期分批地将与会者送到各个不同地点。导购服务的信誉很重要，秘书人员应向与会者详细介绍有关商店的特色以及购物注意事项，使他们能用公平、合理的价格买到称心如意的商品，为此行留下美好的纪念。

2. 观光旅游

有组织的旅游，是一种集体活动。要针对与会者的兴趣爱好、年龄特点、经济条件及交通条件等，通盘考虑，确定要去的地方，制定出切实可行的旅游计划。观光旅游地点一般都是历史古迹、风景区、公园、大学校园、民俗住宅区等。

（三）会议期间旅游活动的组织管理

1. 旅游活动的组织

（1）制定旅游活动的组织日程。一是确定旅游目的地。会议期间的旅游是休闲放松，选择旅游目的地既要选择会议所在地具有知名度的景区，让与会者增加阅历和知识；又要考虑旅游时间的长短，一般会议常安排半天或一天的游览活动。二是安排旅游时间表。分配时间的基本原则是有张有弛、先张后弛。

（2）拟订详细的旅游计划。应与导游反复磋商，安排好参观游览的线路，并做好出发前的准备和沿途的导游工作。

2. 旅游活动的协调管理

（1）与餐饮部门的联系。选择环境幽雅、风味独特、卫生标准高、服务态度好的餐馆。

（2）与旅行社的合作。选择信誉好、价格合理的旅行社。

3. 旅游活动的安全管理

注意预防传染病，要保证所有人员的安全。人数较多时，应事先编组并确定组长，明确责任。

4. 旅游活动的开支管理

旅游费用一般在会议前期做好了安排，并进行了预算，计算在会务费或其他会议收费中。所以，旅游费用应按计划支出并向与会者讲明，哪些是统一安排，由会务组开支；哪些是自费项目，由个人承担。

二、会议期间的娱乐服务

会议期间的娱乐服务即是以丰富与会者文化生活及调节与会者情绪为目的而开展的娱乐活动。会议期间适当安排娱乐活动，如观看文艺表演等，可以丰富会议期间与会者的业余生活，使其做到劳逸结合，同时也有助于提高会议效率。

根据会议的一般规律，会期在3天左右的，娱乐活动一般不少于1次；会期在4天至7天的，娱乐活动一般不少于2次。会议期间的娱乐活动一般作为固定日程安排在会议日程表中，通常放在下午或晚上。

（一）娱乐服务项目

（1）组织专场电影。大型会议可以由会议主办方包场放映电影，电影内容应当有教育意义或娱乐作用。

（2）组织专场文艺演出，节目内容必须健康、有益身心。

（3）组织社交娱乐活动，如交际舞会、化装舞会等。

（4）利用会议场地的闭路电视播放录像节目。

（5）组织与会者自娱联欢。

（6）时装表演、美容表演、品酒会等其他娱乐活动。

（7）组织参观项目。

大型会议或专业性会议，根据会议的内容和要求，可选择一定的参观项目。秘书人员要做好参观活动的组织工作，安排好参观的项目。在选择参观项目时，要注意内外有别，注意保密。涉及国家秘密的项目不宜组织参观。参观项目经领导审定后，秘书人员应立即与被参观单位联系，落实参观的时间、地点、人数、交通和参观程序等事项，便于被参观单位早做准备。在参观活动中，陪同人员应随时注意安全和做好服务工作。参观完毕后，要听取和收集参观人员和被参观单位的意见和建议，及时向领导反映。组织参观要注重实效、注意节约，防止追求形式、铺张浪费。

（二）确定娱乐活动的内容和形式的注意事项

（1）配合会议活动的主题。

（2）适当照顾与会者的兴趣。

（3）尊重与会者的宗教信仰和风俗习惯。

（4）体现地方特色和传统文化。

（三）做好各项组织工作

（1）参观活动的计划确定之后，应及时与接待单位取得联系，以便提前做好接待、介绍工作的准备。组织观看电影、文艺表演活动，要提前预订座位。自娱自乐的活动也要提前准备好场地、器材等。

（2）组织外出的娱乐活动应当集体行动，因此要事先统计好人数，安排好来回接送的车辆，并注意上车后清点人数，避免漏接、漏送。

（3）时间较长的参观活动，要安排好食宿。

（4）准备必要的资金和物品，如摄像机、手提扩音机、对讲机、团队标志、卫生急救药品等。

（5）组织外出考察、参观应当派有一定身份的领导人陪同，必要时应配备导游和翻译。

在会议期间组织娱乐活动时应注意以下几点：

（1）要统筹安排，避免重复。

（2）避免格调低下的娱乐活动。

（3）在观看文艺演出前，要作简要介绍；演出若有剧情，可简单介绍情节；演出结束后可帮助与会者回顾并回答他们的问题。

（4）注意安全。在大型娱乐场所，应提醒与会者不要走散并注意他们的动向和周围环境的变化，以防不测。

提醒您

一般而言，会议旅游服务大多包给资质、信誉较好的旅行社，由其负责导游、景点票务、车辆、住宿餐饮安排、旅游保险购买等服务。

拓展阅读

B公司的失误

×市有风景秀丽的风景区，邻市A公司组织参会人员14人前来旅游观光，请×市协作单位B公司代为办理订购门票、安排住宿等事宜。因是旅游旺季，B公司费了很大的劲，好不容易才找到某宾馆正好有7个房间、14个床位，就立即预订下来。没想到邻市A公司旅游团队傍晚到达时，负责接待的同志傻眼了！因为带队的团长是一位女同志，其他同志是男同志，所以无法按两人一个房间的设想安排住宿。再要求增加房间，宾馆已经住满了。

秘书在安排旅游活动时要考虑周全，包括车辆、餐饮、住宿等事宜。在活动之前要与相关方确认，以保证旅游的顺利进行。

资料来源：葛红岩：《秘书与会议组织和服务》，北京，人民出版社，2007，经过删改。

第四节　会议交通服务

导引案例

大客车少了一辆

2011年9月底，某市召开经济工作会议，安排与会人员参观几家企业，需要8辆大客车。办公室将安排车辆的任务分别落实到个人，可第二天早上参观用车却只到了7辆，而安排车辆的同志人人都说自己安排的车辆已经到位，后经分别追查才得知，原来有两个人落实了同一辆车。这就是工作不细造成失误的一个例子。虽然经过补救没有耽误工作，但当时的慌乱可想而知。如果工作谨慎细致一点，提前将落实好的车辆车牌号、车主姓名书面核对一下，是完全可以避免这种被动局面的。

问题：

1. 会议交通服务的内容是什么？
2. 会务工作人员如何才能做好会议用车的安排工作？

知识链接

会议交通服务就是对会议车辆进行科学调配，以保证会议用车的工作。大型会议与会者的住宿地和会场不在一起，会议的交通保证是一项重要工作，它直接关系到与会者的集体活动、会议组织的工作需要，应引起会议工作人员的高度重视。会议交通服务是办会工作的一个重要环节，这就要求会议工作人员要做好这项服务。

一、会议用车制度及工作人员的确定

（一）会议用车的制度化

为了会议期间科学合理地用车，会议主办方必须事先制定关于会议用车的制度，预防职责不清、滥用车辆等问题发生。会议用车的制度化包括：车辆检查与维护制度、车辆征调与租用办法、车辆调度办法、会议车辆停放办法、会议停车指挥办法、意外情况应急办法、会议交通服务人员（会议交通总负责人、调度员，停车指挥员、司机、随车人员等）的职责规定等。

（二）会议用车工作安排

会议交通服务的工作安排比较复杂，要求会议主办方事先将交通服务的具体工作一一列出，力求做到周密细致。会议用车工作安排主要包括以下几个方面：

（1）合理计划，及时筹齐会议用车。

（2）根据整个会议的日常和临时需要，合理调度和使用车辆。

（3）预订好停车场地，做好不同车辆的停车规划。

（4）印发会议车辆通行证，指挥停车。

（5）车辆的日常保养与维修。

（三）会议用车的人员管理

1. 安排优秀的司机

会议期间，司机和与会者接触较多，司机的驾驶水平和服务态度是会议交通服务质量的重要体现。因此，会议主办方在选择司机时除了考虑司机的专业水平外，还要考虑司机的综合素质。

2. 必要时配备随车人员

会前接待、会后欢送、临时集体性的会议外出活动（如参观、考察、游览、购物等）过程中的交通服务，单靠司机一个人是照顾不周的，这就需要配备随车的接送人员、服务人员、陪同人员等。这些人员除了完成接送、服务、陪同工作之外，在车辆行驶、停放等方面也应配合司机做到安全、细致，让与会者舒适、满意。

3. 对司机和随车人员的培训

为了使会议交通服务工作更加精细、周到，会议主办方需要对司机和随车人员进行适当的培训。培训的主要内容有以下几项：

（1）接待和欢送与会者的礼仪与注意事项。

（2）各项保证交通安全的制度规定和具体方法。

（3）应对各种突发事件的方法。

（4）工作人员如何相互协调配合。

提醒您

会议车辆的调用（租用）应严格遵循必要和合理的原则，做到既保证会议用车，又要符合节俭的原则。按照国家的规定，大轿车的调用（租用）按参加会议人员平均 40

人一辆计算，小轿车根据会议的规格和实际需要从严掌握。

二、会议用车的组织

（一）对会议用车类型、数量的确定

会议用车的类型、数量应根据与会者人数的多少、级别等来确定。车辆的配备，应明确其类型、状况、容量等具体情况。用车之前，应对所配车辆进行严格检查，确保其正常、安全。

（二）会议租车

如果会议主办方的车辆不够，就需要向另外的单位借或租用车辆和司机。租车时应注意以下几方面：

（1）预订车辆最好提前一到两天，预订周末的车辆需要提前两到三天。

（2）用车天数应定为最少天数，如不够用，可在还车时间之前打电话续租。

（3）前去租赁公司提车时，需带齐所有证件的原件。

（4）签署车辆租用合同前应仔细浏览合同的内容后再签字。

（5）在发车、还车、验车时应仔细查看，确认无误后再签署单据。

（6）万一发生事故，应尽快通知相关部门。一定要有交警的事故判定书，这是保险理赔所必需的证明。

（三）对会议用车的合理配置

每类车的用途、接载对象都要明确，用车能固定的尽可能予以固定，如确定某一小组乘坐几号大车，哪几个人合用一辆小轿车等，这样既可以防止出差错，也方便与会者。

提醒您

会议用车或会议工作机构用车要提前预订，并履行必要的审批手续。与会者办理与会议无关的公务和私事不提供会议用车，与会议无关的参观、游览，其交通费由个人自理。

三、会议车辆的停放

（一）停车场的准备和筹划

大中型会议应准备足够的停车场地。在考察停车场地时，应考虑以下问题：

（1）该停车场安全程度如何？停车场什么时间开门及关门？

（2）停车场能容纳多少辆车？能否为与会者专门划出停车区域？

（3）有贵宾专用的停车区域吗？能容纳多少辆车？

（4）停车的费用多少？停车费能预付吗？如果不是预付停车，那能否为会议停车争取到优惠？

（5）该停车场附近，有没有影响交通流量的因素？在会议的同一时间，有没有其他

会议或活动在举行？它们什么时候开始和结束？

(6) 在与会者大量抵达和离开的时候，停车场能有多少人员值班？

(7) 轮椅能在停车场所有地方自由出入吗？如果不能，有哪些地方可以自由出入？

(8) 如果有媒体参加，他们的车及设备应放在哪里？

(9) 会议主办方工作人员在哪里停车？

(二) 会议车辆停放的指挥管理

1. 指挥车辆停放的原则

如果与会者人数较多，或开会场所的停车场比较拥挤，会议主办方要安排专门的交通人员来指挥交通，以避免争先恐后、乱成一团的现象。如果与会领导者的级别较高，或嘉宾中有受大众追捧的明星人物，为维持交通秩序，还应请公安部门予以协助。一般而言，指挥车辆停放应坚持五先五后的原则，即：先外宾，后内宾；先小车，后大车；先重点，后一般；先车队，后单车；先来停近，后来停远。

2. 根据不同情况指挥车辆停放

指挥停车要因时、因地制宜，根据不同情况采取不同办法。指挥停车通常有以下三种情况：

(1) 会场门前停车场地宽阔。这时可指挥车辆先进入停车场地停车，然后再让与会者下车。

(2) 停车场地狭窄，与会者又需要在会场门前下车，应指挥车辆先在会场门前停车下客，待与会者下车后，立即指挥车辆到指定地点停放。

(3) 活动场所门前不便停车，而又需迎接首长、外宾的车，应先在活动场所附近为首长、外宾的车准备临时停车地，待首长、外宾下车后，再指挥车辆到指定停车场停放。

3. 车辆停放排列的方法

根据停车场情况，车辆停放排列主要有以下五种方法：

(1) 首尾相衔接，纵列依次停放。适用于车辆停放集中的大车队以及领导、贵宾的小车队等。可以利用道路停车，能够保证车辆在散场时依次离开。

(2) 齐头平列，单横排停放。适用于小型轿车集中来、分散走，或分散来、分散走的各种晚会、展览会等。有条件的停车场地应首先考虑采用这种方法，因为其不仅便于随时调车，停车也安全、迅速，便于集结和疏散。

(3) 斜排停放，即车头向着去的方向斜排停放。这适用于停车场地狭长，又紧靠建筑物的场合，或在道路两侧停放时也可采用这种方法。

(4) 方阵停放，即车辆横直数排成行停放。这适用于集中来、集中去的大型会议。在车辆多、场地小或场地短而宽的情况下，常采用这种停放方法。

(5) 主要领导和贵宾的车辆单排，与一般车辆的停放地分开。

停车方法的安排应尽量争取缩短停放时间，争取一次性停好，集结快、疏散方便。

提醒您

在进行会议车辆停放的指挥管理时，应根据会议的性质和规模，充分估计车辆情况，如车型、数量，有哪些首长、外宾车辆等，预先控制所需场地，按照“分类停放、保证重点、照顾一般”的原则，划分停车区域，确定停车办法，制定来去的行驶路线。

拓展阅读

不该有的堵车危机

2010 年 5 月 12 日，中国人寿保险公司××分公司为答谢客户并宣传、推广新产品，在新华大酒店召开了新老客户暨新产品发布高峰论坛。会议安排非常丰富：理财专家讲座；鉴宝节目（作为纪念品和奖品发放）；新老客户发言；总经理对新产品进行推介；客户签约仪式；客户抽奖；总经理为获奖者颁奖并合影留念。因此，被邀请的 120 名新老客户都来了。加上会务组人员、新闻记者及保险公司的领导有近 150 人参加了会议。酒店停车场及附近公路旁都停满了车辆。

会议召开前，会议引导工作非常到位：酒店大门口、电梯口及会议室门前都有会议服务人员引领，并以接力方式把与会者引导到座位上。与会者都非常满意。会议完毕后是答谢宴会。在答谢宴会上，与会者没看到保险公司领导和工作人员的身影，只有酒店的服务人员告诉与会者：自己找座位，10 人一桌，凉菜已摆好，坐满 10 人就上热菜。吃完饭，大家纷纷下楼。新华大酒店是一座圆形建筑，且有一半在整修。第一次来酒店的人，连楼梯都找不到。其中有几个人转下去后却走到酒店的后面去了。好容易走回停车场，却见一片混乱：停车场一个进口、一个出口，可现在大家都乱出乱进，没有顺序，所有的车都堵在口上，想出的出不去，想进的也进不来。多亏来开会的客户中有一位交警，下车帮忙疏通，指挥大家按顺序进出，这才化解了堵车危机。

资料来源：向阳、强月霞：《会议策划与组织》，重庆，重庆大学出版社，2010，经过删改。

本章小结

会议期间的旅游、娱乐、餐饮、交通等活动都是办会工作的重要环节，直接影响会议的其他工作，它们对会议的成功起着至关重要的作用。因此，本章对会议生活服务具体内容的介绍，旨在让秘书从业人员掌握会议生活服务各方面的要求，由此保障会议的正常进行。

实践训练

- **训练一**

1. 实训目标

通过训练，让学生了解现代会议生活服务的内容，以便在今后的工作中能根据会议情况妥善安排住宿、餐饮工作。

2. 实训内容

某汽配总公司召开全国分公司经理会议，总公司要求秘书组做好住宿、餐饮等服务。假如你是秘书组成员，请问秘书组应该如何开展工作?

3. 实训要求

要求学生以分组讨论的方式，阐述现代会议生活服务的内容。

● **训练二**

1. 实训目标

通过训练，让学生了解会议交通服务的内容，在实践中掌握会议用车的安排要领。

2. 实训内容

2008 年中国教育信息化应用博览会于 2008 年 10 月在中国北京举办。中国教育信息化应用博览会是信息产业界与教育界的一次高规格的专业性互动盛会。会议邀请了 500 多个不同省、地市教育局负责人、校长、教学负责人和设备采购负责人组团参加。

本次会议交通服务的主要内容：筹齐会议用车（可租用旅行车、面包车、轿车等），拟定会议用车制度，合理调度会议用车。

3. 实训要求

（1）班级的每个小组为一个会议交通服务小组，将桌子摆放成会议桌的形式，以“如何做好会议的交通服务工作”为题召开 20 分钟的会议，一人做会议记录。

（2）会议结束后，记录人员将本组的会议记录向全体同学口头汇报。

第十章

现代会议保障服务

定向目标

- 掌握会议设备使用与维护的内容
- 掌握会议值班工作的内容
- 熟练掌握会议安全保密工作的内容

第一节　会议设备使用与维护

导引案例

迟到的放映机

奔月集团准备在本市的花园假日酒店召开大型的新产品订货会，参加的有本单位、外单位的人员。会上要放映资料电影，进行产品操作演示，而公司没有放映机，总经理让秘书部门负责安排。租借放映机的任务交给了总经理秘书刘小姐。会议召开的时间是8月9日上午10点整，而资料放映的时间是10点15分。刘小姐打电话给租借公司，要求租借公司在9日上午9点45分必须准时把放映机送到会议厅。

9日上午，会议开幕前，奔月集团的秘书们正在紧张地做着最后的准备工作。刘小姐一看表，呀，已经9点50分了，放映机还没有送到。她马上打电话去问，对方回答机器已经送出。眼看着各地来宾已陆续进场，刘小姐心急如焚……

问题：

1. 召开会议所需要的各种设备、装置应提前多长时间安排？

2. 如何做好会议设施的准备工作？

知识链接

会议需要配置相关的设备，不同性质、级别的会议要配置的设备不同，设备的档次也不同。与会议有关的设备，最常用的有空调、电梯、音响、视频等，当然特殊会议还需要特殊设备。

一、空调

空调就是通过人为措施对室内环境进行调节的机器，在现代社会中被广泛使用。通过空调对空气的处理，使室内的温度、相对湿度、洁净度、气流速度等项参数能保持在一定的范围内，从而满足人们对室内空气环境的要求。

(一) 空调的分类

空调系统的布局分类有以下两种：

(1) 集中式空调或称中央空调系统：这种空调系统处理空气量最大，运行可靠，室内参数稳定，常被大型会务场所或宾馆采用，一般需要专人操作。

(2) 局部式空调系统：常见的有窗式空调、壁挂式分体空调和立柜式分体空调，使用便捷，一般不设专人操作。

(二) 会议场所对空调的要求

(1) 温度：一般温度基数为22℃，空调房间合理的温度夏天应为28℃～29℃，冬天应为18℃～20℃。室内空调温度与室外自然温度不能相差太大，一般在5℃～10℃为宜。如果温度相差太大的话，人们在进出的时候经受气温骤变，很容易患感冒等疾病。

(2) 湿度：一般湿度基数为50%，范围在30%～70%为宜。

(3) 洁净度：指空气中的灰尘浓度。一般舒适性空调的空气洁净度应在30 000级左右。

(4) 流通速度：指空气的流动速度。一般送风速度为3～5米/秒，回流区速度为0.25米/秒。

(三) 空调的使用

空调的使用主要涉及的是分体式空调的使用。分体式空调主要依靠遥控器进行操作。首先取掉空调内外机的罩子，然后插好电源插头，打开遥控器上的电源控制按钮，当听到“嘟”的一声响时，表明空调电源接通且启动了空调。然后按照遥控器上的操作功能键，选择需要的模式，如“制冷”、“制热”、“送风”、“扫风”等。在使用过程中，可根据实际需要，按照说明书的指示方法进行操作。

(四) 注意事项

(1) 确保空调电源、接线正确，接地良好，如有必要，需请专业人员检查线路、接好接地线。

(2) 确保空调安装符合要求，室内机倾斜角度合适，安装好排水管接口，使排水通畅，消除排水管堵塞现象。室外机安装支架要稳固。

(3) 定时检查清洗室内机过滤网、室外机冷凝器翅片。

二、电梯

电梯是目前高层建筑物理想的运载设备，给上下楼的乘客带来极大的方便。电梯大多为垂直梯，有的地方则为水平梯。会务人员有时需要操作电梯，为与会者服务。所以，会务人员要了解电梯的基本知识，避免出现差错，并能沉着处理电梯意外情况。

(一) 对电梯操作者的要求

(1) 了解电梯的主要参数，如速度、载重量、楼层高度及电梯在楼层的位置、通道、紧急出口、维修工值班表等。

(2) 知道电梯结构、控制面板上各部件、按钮等的大致安装位置及具体功能。

(3) 熟悉电梯特性，并按规定的操作程序操作电梯。

(二) 电梯意外情况处理

(1) 电梯门关闭后，电梯不能运行，应按开门按钮，重新关门再启动；如果还不能运行，则应疏散乘客，通知维修人员排除故障。

(2) 电梯在运行中忽慢忽快，应将电梯就近靠站，将乘客尽快疏散后报修。

(3) 电梯门没有关闭仍能行驶，应尽快停止使用并报修。

(4) 电梯到站不停，应迅速按下所有楼层按钮直至电梯靠站，并停止使用电梯及时报修。

(5) 电梯在运行时出现异常噪音、振动等情况，也应立即停止运行并报修。

三、音响设备

音响系统是会场必备的设备之一，会场必须配备高质量的音响设备。音响系统最主要的要求是保证声音清楚、逼真，使用时不会出现意外情况。

(一) 调音台

调音台的主要作用是将来自各种音源的音频信号进行处理加工，从而提供不同用途的声音输出信号。调音台的种类有许多种，但其大体上是相同的，分为输入部分、总线和输出部分三部分。其中，总线是连接输入和输出的纽带。总线又称为“母线”，是各个通道信号的汇流地，各通道的输入信号在这里进行叠加。一般调音台有最基本的四条总线，即左声道总线、右声道总线、监听总线和效果总线。在总线上混合后的各种信号，可以通过相应的输出端口输出。

(二) 话筒

话筒又叫麦克风，是将声能转化为电能的换能器件。话筒是会议中使用最频繁、最重要的音响设备。按照不同的分类标准，可将话筒分为不同的类型。

1. 按传送方式分为有线话筒和无线话筒两类

(1) 有线话筒：即通过一根电缆将话音信号送至扩音设备。有线话筒的电缆会限制使用者的自由活动空间。

（2）无线话筒：由若干部袖珍发射机和一部集中接收机组成，每部袖珍发射机各有一个互不相同的工作频率，集中接收机可以同时接收各部袖珍发射机发出的不同工作频率的语音信号。不过，使用无线话筒最容易受到信号干扰，因而应该在要移动到的每个部位都做一下试验。

2. 按使用方式分为微型话筒、手持话筒、固定桌面话筒、落地式话筒

（1）微型话筒：这种话筒需要挂在脖子上或夹在衣领上，演讲人可以四处走动而不会影响声音传送。

（2）手持话筒：是一种传统形式的扩音器，电线可有可无。

（3）固定桌面话筒：即话筒只能固定安放在讲台上，演讲人讲话时不能离开讲台，限制了演讲人的行动。

（4）落地式话筒：这种话筒放置在可伸缩的金属架上。

（三）扩音与调音方法

（1）开机时，先打开音响设备，将调音台上的音量推子都拉到最小。

（2）按照信号流动的方向一次打开电源，一定注意要在最后接通功放电源。如果先将功放电源打开，则产生的浪涌电流在音箱中会形成很响的“扑通”声，严重时甚至会损坏音箱。关机时顺序恰好与开机相反，要先关掉功放，然后再关功放以外的音箱设备，否则音箱里会产生较大的脉冲声。

（3）稍等片刻，当功率放大器的延时保护指示灯停止闪烁后，再放送音乐并缓慢推动音量电位器，将音量调整到合适大小。

（4）调好每一台功放音量后，再把所有功放的电源打开，让整个音箱系统都处于正常的工作状态，然后出去到声场中听一下每个音箱是否正常，最后再根据情况对相关设备进行修改性调整。

调音台、话筒、音箱等是会议室最基本的音响设备之一，要提前调试好，使用时不应出现失真或发出尖鸣等现象。如果会议室需要安置一个便携式音响系统的话，就要检查一下音响的质量情况，传音效果差的音响系统会对会议效果产生不利影响。

提醒您

使用麦克风时应注意以下两方面：

（1）不要抓住无线麦克风的网头。

（2）嘴巴与麦克风要保持合适的距离。

四、视频设备

视频设备是会议室必备的另一个重要设备，主要有电脑、投影仪、录像机等。

（一）投影仪

投影仪是用来显示内容的终端设备。投影仪采用了光学放大系统的电视机，可以将电脑或电视画面扩大许多倍，从而达到大屏幕重放。

1. 投影仪的使用方法

（1）打开操作。

打开投影仪时要严格按照投影仪使用步骤，注意规范操作。

1）打开电脑，将投影仪的视频输入信号电缆接至电脑外端视频输出端口。

2）打开投影柜，轻放柜盖。使投影仪和银幕的距离保持在 0.5～2 米。

3）按下投影仪操作菜单的电动幕布遥控器的下降按钮落下幕布，降至合适位置。严禁用手拉动幕布，以免损伤电机。

4）打开反射镜盖轻轻开至最大的角度。动作太大就会损坏投影镜盖，导致投影仪无法使用。

5）打开电源开关，此时灯泡应点亮，风扇应转动（用手在投影仪出风口感觉出风情况或听声音来判断）。如果风扇不转，应该立即关闭电源停止使用。

6）调整反射镜、调焦旋钮、色边调整旋钮，最终在银幕上得到清晰的白色亮面。

7）在投影台上放置投影片，调整调焦旋钮，使银幕图像清晰。（使用带药面的投影片时，应使药膜面朝上。）

（2）关机操作。

1）关闭投影仪。把投影仪的遥控器对准投影仪的红外线接收窗口，按下 Power 电源按钮，面板中的指示灯开始闪烁，投影机提示是否关掉，再按一次确认。

2）卷起投影屏幕，按屏幕遥控器的上升键。

3）关闭电脑。

2. 投影仪使用注意事项

（1）保持投影仪镜头的清洁。

（2）使用过程中不得搬动投影仪，使用完毕后，要等到灯丝冷却后再搬动。

（3）在投影仪使用过程中，不得阻挡投影仪的进、出风口。

（4）不要频繁开关机。

（5）防止漏电事故。

提醒您

使用投影仪可以配合激光笔。它光束集中，投射距离可达 100 米之远，不遮挡视线，可以替代教鞭。

（二）幕布

幕布有许多类型，比较常见的有墙式和天花板幕布，用钩子或绳子安装在墙壁或天花板上。还有三脚架幕布，被装在可以折叠的三脚架上，因而可以被放置在任何地方，具有使用方便、价格较低等优点，特别适合小型会议。幕布的选择要考虑镜头的焦距、放映机的距离等，其大小取决于房间的高度，安放位置、角度都要合适，这样才能保证良好的视觉效果。

（三）幻灯机

幻灯机在会议中也是常用的设备之一。幻灯机近年来有了很大的改进，倒置插入的幻灯片已逐渐被幻灯片盘所取代。只要将幻灯片正确放入幻灯片盘，就可以自动操作。现在的幻灯机多用无线遥控装置，与幕布、投影仪、电脑配合使用。随着手提电脑与投影仪的日益普及，幻灯机使用得越来越少。

（四）录像机

录像机是重要会议的必备设备，一般会议一开始就进行录像。录像磁带在会议中广泛使用，这是声音与图像的一种新结合体。它能将会议内容事先录下声音和图像然后播放，并且可以重复播放。

（五）会议同声传译设备

（1）红外线译音。这是由电声转为光再复原为电声的一种较先进的译音设备。

（2）有线译音。这种设备只适合固定会场使用。

（3）无线译音。这种设备具有体积小、重量轻、携带方便、安装操作简单等特点。

（六）电视屏幕墙

电视屏幕墙是一种新型的会议视听设备，其高科技特点体现在它的图像大且十分清晰，可连接电视、录像机、摄像机、电脑、VCD 机等。与多媒体投影仪相比，电视屏幕墙放映的图像巨大，适合大型会议，让距离较远的与会者也能看得清楚。

拓展阅读

按下去的降分贝按钮

某单位召开庆“七一”暨“两优一先”表彰大会。

提前到会的人员基本到齐后，老郭开始指挥彩排。偏偏这个时候，一支话筒哑了，音响师怎么也找不到原因，顿时手忙脚乱起来。大家把目光都聚集到主席台一侧的音响间。另一个音响师赶紧一起找原因，查来查去，终于发现，不知道是谁把昨天下午调好的降分贝按钮按下去了。调整好话筒，赶紧放音乐，把彩排对付过去了。还好开会的时候，没有出什么差错。

事情告诉我们，会议保障人员一定要在会前检查和维护好会议所配置的设备。只有这样，才能使设备更好地为会议及与会者提供优质服务。

资料来源：百度网。

第二节　会议安全保密工作

导引案例

杨秘书的保密方法

某塑料制品有限公司新近研制开发一种新材料，拟请国内一些专家来公司就该新材料举办一个鉴定会。办公室主任安排杨秘书筹备会议，同时要求杨秘书做好会议保密工作。杨秘书从事办公室工作已有5年，对于如何做好会议保密工作经验丰富。根据多年实践，他总结出一套做好会议保密工作的方法：

(1) 会前布置保密工作，做好与会者入场时的身份验证工作。

(2) 在会议内容未正式公开前，秘书人员不得泄露。

(3) 对会议上公司领导的重要讲话不得随意扩散。

(4) 会后，秘书人员应检查会场和与会者的住处，以免遗失文件。

(5) 回收会上发放的文件。

杨秘书的保密工作做得非常好，维护了公司的权益。

问题：

1. 杨秘书的做法对秘书人员有什么启示？
2. 怎样加强会务人员和与会者的保密意识？

知识链接

会议安全保密是为了保证会议顺利召开，而不致发生意外所进行的一系列工作。会议安全保密工作比较复杂，会议期间应指定专门人员，尤其是一些重点和要害部门，做好必要的检查，随时发现问题，及时堵塞漏洞、排除隐患。

会议安全保密工作一般包括制定会议安全保密工作方案、文件资料安全、会场安全、生活安全和设备使用安全五方面内容。

一、制定会议安全保密工作方案

(一) 设立专门的会议安全保密工作组

会议安全保密工作的规格和内容要根据会议的性质、规模、内容、参加人员的级别等来确定。国际性会议、党和国家的重要会议、大型会议（如省一级的代表大会）或内容十分重要、需要绝对保密的中小型会议，都应设立专门的会议安全保密工作组。根据会议要求制定出安全保密工作方案，将安全保密的组织机构、职责任务、具体工作等一一明确。

(二) 制发证件，凭证进出会议有关场所

会议期间，为了进行有效管理，进入任何会议有关场所（包括会场、会议住宿地、会议停车场、会议休息室等）都应有相关凭证。制发证件，应视具体条件“因地制宜”，不可追求一种模式。对于一些重要的、保密性强的、会期长的大型会议，不但要有正规的证件，而且要在证件上贴与会者本人相片并加盖钢印。

二、文件资料安全

(一) 制定保密制度或规范

密级较高的会议，要根据会议内容的重要程度确定文件、资料的密级，即属秘密、机密还是绝密，密级不同所采用的措施也不同。涉密文件要统一管理，并由专人负责。涉密文件在印刷、传送、发放、保存、阅读、清退、销毁、存档以及检查等运转过程中，都应有保密措施，每个环节都要严格检查，做好严格的登记管理。

领导在会议上的讲话，未经批准，不得录音、录像；准许录音、录像的，磁带要同文件一样严加管理。同时，宣传、报道会议相关情况时，要严格审查新闻稿件，凡未公开的会议文件的内容，未经批准不得公开发表和宣传。

（二）加强会务工作人员和与会者的保密意识

制定保密制度或规范是外在层面的会议纪律要求，但只靠纪律的约束是不够的，还必须加强对会务工作人员和与会者的保密意识教育，增强保密法制观念，提高保密的自觉性。因此，应不断强化会务工作人员和与会者的保密意识，如不该说的秘密绝对不随便说；不该看的文件绝对不看；不该打听的事绝对不打听；未经批准，不随意向外泄露会议内容；会议新闻报道或宣传等注意内外有别。

此外，随着科技发展的日新月异，泄密渠道日益多样化。尤其是移动电话的普及，使很多与会者能携带手机参加会议，这种方便的通信工具很容易把会议内容和会议进展情况泄露出去。为此，现在许多不宜公开内容的会议，都不允许与会者携带手机等移动通信设备进入会场。入场前通信工具应交给会务工作人员统一保管。

提醒您

建立保密制度并不难，难的是确立保密意识。说者无意，听者有心，要防止在平时日常生活中的无意泄密。相关人员要切实提高自身的保密意识，同时还应讲究保密的艺术。

三、会场安全

（一）会场内安保

严格出入场检查制度，会务组应派人守卫会场，控制会场人员出入。与会者进入会场时必须携带相关会议证件，否则不准入场。会议期间原则上与会者不准外出，确需外出者，必须经过批准并记录在案。

（二）会场外安保

会议召开期间，安全保卫部门一方面应密切注意会场外围环境的社会治安，警戒会场四周，不容可疑者接近或混入。另一方面还需检查会场是否被安装窃听、泄密装置。如果与会者众多，容易在进、出场时发生拥挤甚至混乱现象，安全保卫部门应协助会议现场引导人员在会场各进出口把好关，做好疏导工作，保证与会者快速、顺利地进出场，避免出现意外情况。

提醒您

制作秘密文件或资料应注明发放范围、制作数量和编排顺序号。涉密计算机在使用前要由有关部门进行专门的安全保密技术检测。

四、生活安全

（一）餐饮、住宿等安全

（1）安排好与会者的饮食、住宿等事项。饮食方面要防止食物中毒或人为投毒。

（2）与会者个人财物要妥善保管，采取防范措施，不随处乱放。

（二）交通、娱乐等安全

（1）接站、返程工作、外出参观旅游等所有需要用车的活动一定要确保安全。

（2）参观、娱乐等活动，要及时做出安排，尤其是集体性活动要维持良好的进出秩序，防止拥挤伤人。

五、设备使用安全

不论是会场内的设施还是与会者住宿房间、公共场所的各种设施或设备，都要确保正确使用，且安全使用。会务组要提前对各种设备进行检查，发现隐患或故障应及时排除。

会议安全保密工作应认真、细致地考虑到每一个环节，防止疏漏，并随时做好突发事件的应急工作。如有必要，会前要对某些环节进行实际演练。

拓展阅读

闯祸的刘秘书

海天公司总经理办公室的刘爱丽由于字迹清秀而被安排承担会议记录工作。小刘很高兴，她觉得自己受领导信任才被委以重任。但是办公室主任在检查了几次会议的记录后批评了她。因为她的记录不完整，有许多重要的话没记上，会议中跑题的内容却记上了。主任告诉她可以采用速记方法，会后再作整理。可是小刘从未学过速记，就想了个自以为聪明的方法：用录音机录，然后再依据录音整理会议记录。没想到第一次用就闯祸了：那一次会议是董事会研究部门负责人的职务调整，董事长一见小刘带着个录音机，就让办公室主任立即换人记录。小刘弄不明白，为什么自己被换掉了。其实，从会议信息的保密性要求来看，小刘应该被换掉。

资料来源：葛红岩：《秘书与会议组织和服务》，北京，人民出版社，2007，经过删改。

第三节　会议值班

导引案例

称职的会议值班员

贝迪公司的产品质量很好，可销售额就是上不去，公司决定召开一次营销方案的研讨会。企划部拿出了几个方案，总经理专门请了几个专家来一起参与讨论，以期确定一个最佳的方案，确保公司的销售额能上一个台阶。会议在公司会议室如期举行。为保证会议不受干扰，总经理助理李强亲自在会议组值班室值班。

会议进行到40分钟时，李强在值班室接到一个紧急电话，是找其中一位专家的。对方说是这位专家的妻子，因为他早上出门时忘了带手机和他联系不上。幸亏早上听他说到贝迪公司开会，所以查到了这个电话号码。她请李强代为转告，让这位专家马上赶到市人民医院，他的父亲因为心脏病突发进了这家医院正在急救。李强想：虽然这次会议很重要，这位专家走了很可惜，但这是人命关天的事情，得及时通知专家。他马上打电话通知会务组的司机在公司楼前待命，并把情况写在纸条上递给总经理。总经理一看，要求李强马上通知这位专家并做好安排。专家听到这个消息后很着急。李强说："您先别急，车子已经在楼前等候了，马上就可以送您去医院。"专家非常感谢，对这次会议的半途而废表示歉意，同时表示以后公司有事尽管找他，他一定尽力帮忙。

处理完这件事情后，李强继续值班。过了一会儿，秘书小王从会场跑出来告诉他，投影仪出了问题，影像有点模糊不清。李强马上拿起早已准备好的电话通讯录，打电话通知在办公室随时待命的技术员小张，让他马上过来检查一下。5分钟后，小张来了，问题很快得到解决，会议又继续进行下去。

由于李强的精心协调安排，会议这天虽是星期天，但各种问题都得到了及时、有效的解决，保证了会议的圆满成功，总经理很满意。

问题：

1. 你认为如何做好会议值班工作？
2. 如何做好会议保障服务？

知识链接

一、什么是会议值班

会议值班就是在会议期间成立专门机构或安排专门人员处理需要临时办理的事项，以满足会议领导或与会者的临时性需求。

二、会议值班的作用

（1）联系协调。会议的值班工作是一项非常重要和严肃的工作，起着沟通上下、联系内外、协调左右的作用。

（2）保证会议秩序。会议值班能够保证上级的重要指示及时传达、会议发生的重大紧急情况及时反映，保证会议正常进行。

（3）关联会议质量。会议值班工作的质量代表了会议的质量，值班工作的好坏直接影响主办方工作效率的高低。

三、会议值班的任务

（1）电话记录。会议值班中要记清来电时间、来电单位及姓名、来电事由等。

（2）接待记录。记清来访者单位、姓名、来访事由、联系电话等。

（3）用品设备值班。做好会议办公用品供应工作，向与会者提供茶水、毛巾、纸笔等会议常用物品。此外，检查会议各种仪器设备的使用及运行情况，发现问题及时排除故障。

（4）信息传递。及时将会议中的重要或紧急信息向有关人员传递。值班前做好相应准备，以随时应对会议中的各种突发事件。在值班时，手边要有相关人员的通讯录，如设备维修、车辆调度人员的通讯录，以保证出现的意外情况可以及时、有效地得到解决。

四、会议值班表的内容

值班期间要在会议值班表上认真做好值班日志，记清值班过程中所发生的一切电话、来访、信函、电报、传真等内容。会议值班表一般包括以下内容：

（1）具体值班时间。

（2）值班人员姓名。

（3）值班地点。

（4）值班内容。

（5）注意事项。

（6）备注。

会议值班日志样式可参见表10—1。

表10—1　　会议值班表样式

单位：　　　　　　年　月　日

<table>
<tr><td>班　次</td><td colspan="2">早班（8:00～16:00）</td><td colspan="2">中班（16:00～0:00）</td><td colspan="2">晚班（0:00～8:00）</td></tr>
<tr><td>值班人</td><td colspan="2"></td><td colspan="2"></td><td colspan="2"></td></tr>
<tr><td>交接班
记　录</td><td colspan="2">交班人：
接班人：</td><td colspan="2">交班人：
接班人：</td><td colspan="2">交班人：
接班人：</td></tr>
<tr><td colspan="7">值班内容记录</td></tr>
<tr><td>序　号</td><td>班　次</td><td>时　间</td><td colspan="2">内　容</td><td>处理情况</td><td>值班人</td></tr>
<tr><td></td><td></td><td></td><td colspan="2"></td><td></td><td></td></tr>
<tr><td></td><td></td><td></td><td colspan="2"></td><td></td><td></td></tr>
<tr><td></td><td></td><td></td><td colspan="2"></td><td></td><td></td></tr>
<tr><td></td><td></td><td></td><td colspan="2"></td><td></td><td></td></tr>
<tr><td></td><td></td><td></td><td colspan="2"></td><td></td><td></td></tr>
</table>

五、会议值班的要求

（1）坚守岗位，不脱岗。会议值班应制定严格的制度，值班人员必须坚守岗位，不得擅离岗位。

（2）认真负责，不推卸责任。会议值班人员在会议值班期间要认真负责，及时传达会务组的有关指示，完成临时交办的事项；对于一些重要的、紧急的事情应随时报告。

（3）做好交接班工作。会议值班应坚持交接班制度，严格按照规定时间、程序做好交接班工作，保证值班工作的连续性。在值班期间严禁私自外出，需要外出的一定要请假，并且找人代替值班，必须保证有一人在岗守候电话。

拓展阅读

宋仁宗亲自抓秘书值班工作

至和元年（1054）8月7日，宋仁宗下令给翰林学士院，要他们严格执行值班制度，不能出现脱岗现象。宋仁宗之所以下达这一诏书，是因为前一天晚上，宋仁宗决定任命工部侍郎、参知政事刘沆为宰相，而派人去叫值班学士杨伟起草任职文书时，他却不知跑到哪里去了，找了许久也不见踪影。最后，宋仁宗只好派人从外面把另一位翰林学士赵概紧急找来，让他草拟了这一文件。

全天二十四小时安排秘书轮流值班，就是为了随时起草紧急文书和便于皇帝临时召见顾问，不致贻误时机。翰林学士杨伟却一点组织纪律观念都没有，擅自离开值班岗位，这种行为确实不可原谅。好在宋仁宗还比较仁慈，没有对他进行处罚。但作为皇帝的机要秘书部门，翰林学士院发生如此重大的失职事件，自然非同小可。接到诏令后，学士院立即召开会议，进行内部整风，并对有关责任人进行严肃批评教育。

资料来源：转引自眭达明：《玉堂清冷不成眠——古代秘书值班众生相》，载《秘书之友》，2008（2），有删改。

本章小结

本章介绍了保障会议顺利进行的三个方面的内容：会议设备为会议正常进行提供技术上的保证；会议安全保密工作从会场内外给与会者及会议内容提供可靠保障；会议值班主要处理需要临时办理的事项，满足会议领导或与会者的临时性需求。

实践训练

- **训练一**

1. 实训目标

通过训练，使学生了解现代会议保障服务的内容，能妥善安排会议设备、安全保密等工作。

2. 实训内容

某保险公司召开全省分公司会议，总公司要求秘书组做好会议保障服务。假如你是秘书组成员，请问秘书组应该如何开展工作？

3. 实训要求

要求学生通过分组演练的方式，了解现代会议保障服务的内容。

● **训练二**

1. 实训目标

通过训练，使学生了解现代会议保障服务的内容，能较好地进行会议设备的使用与维护，并做好会议值班工作。

2. 实训内容

某公司定于10月20日下午2点在一楼会议室召开各部门经理会议。秘书钟苗13:30在会议室连接笔记本电脑和投影仪。投影仪通风口堆着一些文件，几乎挡住了通风口。连接好后，她先打开投影仪电源开关，再打开电脑开关。启动后，投影仪显示计算机上的信号。钟苗按下笔记本电脑上的“FN＋F8”键，墙壁上显示出图像，但不清楚而且图像有点倾斜。钟苗调整投影仪的镜头旋钮，进行对焦，直到墙壁上画图清晰。弄好后钟苗看了一下表，自语道：“还有10分钟才开会，先把镜头盖上吧。”然后，她坐在自己的位置上，打开“会议记录簿”，在上面写着什么。

3. 实训要求

(1) 分组讨论秘书钟苗在使用投影仪时做对和做错了哪些环节。

(2) 学生小组讨论之后，教师与学生共同回顾现代会议保障服务的内容。

● **训练三**

1. 实训目标

通过训练，使学生了解会议安全保密工作的内容，意识到会议安全保密工作的重要性。

2. 实训内容

人到中年的赵秘书担负着县委常委会议的记录工作，和已经升任为县委县政府的部长、局长的一些同事们相比较，没有什么实权，但他能参加一个县的最高司令部的决策会议，还是令人刮目相看的。老赵当然深知保密工作的重要性，一般情况下，他对不该说的重大机密还是能做到守口如瓶的。但老赵有一个弱点——虚荣心强，还好讲所谓的义气。有时有意向他打听县委常委会议某些情况的人，给他说几句好听的，给他戴个“高帽子”，他就有点把持不住了，感到打听的事也不算什么国家机密，就可能用暗示的语言给别人泄露一些消息。如常委会决定提拔此人，他就会说一句“准备请客吧!”；如决定处分此人，他就会说一句：“情况不妙”。这实际上等于说出了常委会的决定。虽说这些事情不一定是国家机密，但都有一定的办事程序，有一定的保密期。随便泄露不该说的事情，很可能给工作带来被动，甚至造成不良后果。于是，一些人给老赵起了个外号，叫他“温度表”，意思是从他身上能看出常委会的有关情况。县委领导发现了这个问题后，为了对工作和他本人负责，及时给老赵调换了工作。

3. 实训要求

(1) 学生通过分组讨论的方式，指出怎样做好会议文件资料的安全保密工作。

(2) 教师指定班级分组讨论怎样加强会务人员和与会者的保密意识。

(3) 讨论之后，教师做总结并结合案例对学生的讨论结果做出评价。

附录一　课业练习

一、选择题（单项多项混合）

1. 工作计划表的内容包括（　　）。

A. 人员分工和物资保障

B. 完成期限和阶段进度

C. 参与人员和负责人员

D. 工作经验和员工爱好

2. 秘书高叶在拟写公司年会筹备方案时，可根据（　　）来确定会议主题。

A. 公司五年规划

B. 总经理的工作报告

C. 公司员工的培训计划

D. 财务总监的预算报告

3. 中大型会议采用方形和半圆形的会场布局，是为了突出（　　）。

A. 会议的发言人

B. 会议主席团

C. 会议的绝对中心

D. 会议民主平等的气氛

4. 如果会议经费有限，与会者交通往返费又需由主办单位承担，则可通过（　　）压缩这笔费用。

A. 规定所有与会者只能乘坐较便宜的交通工具

B. 严格限制与会者人数

C. 尽量将会议安排在偏僻一点的地方，减少外出

D. 尽量使会场和与会者的住宿地相邻

5. 安排会议的议程，应重点确定（　　）。

A. 大会的发言人和演讲者

B. 会议中某些仪式（如揭幕、剪彩、表彰）的顺序

C. 会议的分组

D. 会议结束时做总结报告的人

6. 在进行会议综合协调时，要协调好（　　）。

A. 场地

B. 设备

C. 水电

D. 交通

7. 在会议经费有限的情况下，应重点压缩（　　）的费用。

A. 文件资料

B. 会议设备

C. 场地租用

D. 邮电通信

8. 导致会议成效不高的因素有（　　）。

A. 程序安排不当

B. 少数与会者缺席

C. 会议记录不准确

D. 会议组织不当，讨论跑题

9. 天地公司召开高新技术成果展示会，与会的客户、同行和媒体达一千多人。因人数大大超出了公司的预计，出现了停车场拥堵和签到处混乱的现象，作为现场主管秘书，你应考虑（　　）。

A. 控制对媒体接待的数量

B. 加派人员协助停车场管理人员疏导车辆

C. 取消签到程序，让与会者直接入场

D. 临时增设签到处

10. 确定会场的整体格局要根据（　　）。

A. 会议的规格

B. 会议的规模

C. 会议的性质

D. 会议的形式

11. 在安排会议住宿时，秘书人员应掌握的信息包括（　　）。

A. 与会者总数

B. 与会者的食宿标准

C. 与会者的分组情况

D. 与会者的性别统计数

12. 小型会场一般采用的布局是（　　）。

A. 方形

B. 方拱形

C. 回字形

D. 椭圆形

13. 主席台的座次安排一般遵循（　　）的原则。
A. 职务最高者居中
B. 其余人按姓氏笔画排列
C. 主持人居中
D. 其余人按职务高低先左后右排列
14. 远程会议对于企业而言具有（　　）的优点。
A. 节省时间
B. 节省人力
C. 节省金钱
D. 保密性强
15. 秘书在编制工作计划表时，应尽量明确（　　）。
A. 完成的期限要求
B. 完成任务的负责部门或承担人、负责人
C. 任务的具体目标
D. 任务所需的资源和相关信息
16. 在确定重要会议的与会者范围时需考虑（　　）。
A. 列席代表的数量
B. 各单位名额的平衡
C. 代表的广泛性
D. 依照法定的程序确定
17. 会议的议题根据实际情况一般可以（　　）。
A. 合并议题
B. 撤销议题
C. 精简议题
D. 临时改变议题
18. 会议如有分组讨论，事先一定要明确（　　）。
A. 分组的原则
B. 分组的名单
C. 讨论的范围
D. 记录的人员
19. 会议接待组工作的重点应放在（　　）。
A. 会议生活服务
B. 收费结算
C. 宣传娱乐
D. 医疗交通
20. 涉及三方以上代表的谈判，会场一般采用（　　）。
A. 方拱形

B. 圆形
C. 正方形
D. 马蹄形

21. 在会议进行过程中，秘书应做好的工作包括（　　）。
A. 签到登记
B. 会议记录
C. 录音录像
D. 会议保密

22. 作为与会者，如果自己的意见遇到了其他人的批评，应采取的回应发言是（　　）。
A. “我认为你的批评毫无道理，我以为……”
B. “我不明白你在说些什么”
C. “也许你说的有一定的道理，不过我需要再考虑一下”
D. “你的话对我很有启示，我会不断完善自己的意见”

23. 秘书在会议上发言应注意（　　）。
A. 发言的时机
B. 发言的仪态
C. 发言的时限
D. 发言的指向

24. 会议总结可采取（　　）。
A. 员工自我总结
B. 员工背靠背评议
C. 小组总结
D. 集体总结

25. 会议组织者在组织会议时应（　　）。
A. 准时开会和散会
B. 给每位与会者平等的发言机会
C. 将复杂问题分解成若干易处理的小问题
D. 鼓励不同意见进行争论

26. 开业典礼常邀请（　　）等人士出席。
A. 外宾、上级领导、员工家属、社会名流
B. 上级领导、员工家属、社会名流、新闻记者
C. 外宾、员工家属、新闻记者、同行业代表
D. 上级领导、社会名流、新闻记者、同行业代表

27. 秘书将决策执行中的经验方面的信息反馈给上司属于（　　）。
A. 正反馈
B. 负反馈

C. 前反馈
D. 后反馈
28. 会议主题的确定应做到（　　）。
A. 有切实依据
B. 能结合本单位实际
C. 主题尽量细化
D. 有明确目的
29. 在确定会议议程时应（　　）。
A. 根据会议的主题确定会议主持人
B. 为自己的前途担忧
C. 根据到会主要领导的情况确定会议发言人
D. 根据会议目的安排主要领导做会议总结
30. 大型会议筹备机构中的会务组负责（　　）。
A. 拟写会议方案
B. 会场布置
C. 生活服务
D. 会议接待签到
31. 秘书人员在编制会议费中的设备租用费时，需考虑设备的（　　）。
A. 使用期限
B. 型号
C. 功能
D. 租用费
32. 会场的整体格局要以（　　）为安排依据。
A. 会议性质
B. 会议形式
C. 上司的指示
D. 与会者人数
33. 远程会议的优点是（　　）。
A. 节省时间
B. 节省金钱
C. 会议音像资料可永久保留
D. 会议交流更直接、简短
34. 秘书人员要根据会议筹备方案的内容，做好会前的（　　）。
A. 分工协作
B. 统筹协调
C. 统一汇报
D. 综合检查

二、综合课业训练

课业一 安排工作例会

1. 课业情境描述

每周一下午两点半，龙翔公司都要按时召开工作例会，各部门经理都要参加，总共9人，主要会议内容是各部门交换意见、总结上一周的工作实施情况、布置当周的各项工作。总经理告诉秘书程菲，本周的工作例会还有一项任务，就是要集中讨论一份文件，让她提早打印发放下去。于是，周一一上班，程菲就开始准备了。

2. 实训目的与要求

(1) 通过训练，使学生掌握例行工作会议的准备程序和常规要求，熟悉会议通知、材料分发、会议签到、会议记录的一般要求；

(2) 学生每8人为一组，分别练习会前准备工作：桌椅、座次、茶水、签到表、会议通知、文件分发；

(3) 按照实训内容，设计情节和台词，分角色扮演秘书程菲、总经理、各部门经理，在模拟会议室里召开工作例会；

(4) 除主持人外，每个人都要做会议记录。

3. 实训结束需上交的材料

会议签到表、会议记录。

课业二 模拟会议组织和服务

1. 模拟会议项目

(1) 举办一次某公司产品促销方案研讨会。

(2) 举办一次某公司经销商代表座谈会。

2. 具体操作指引

(1) 组长组织，分组讨论确定有关会议的各项具体内容，形成会议筹备方案草稿，内容包括：会议名称、会议主题、会议议题、会议议程、会议时间和地点、会议所需设备和工具、会议文件的撰写与印制、与会人员组成（拟通知或邀请参加会议人员名单）、人员分工。

(2) 制作会前准备分工及进度表、会议模拟演示角色分工表草稿。

(以上2项共计4学时。)

(3) 组长安排组员分头准备各种会议资料，包括：会议议程、会议签到表、会议通知（邀请函）、会议名签、座次图、会场指示牌、发言稿、会议筹备方案定稿、会前准备分工及进度表定稿、会议模拟演示角色分工表定稿。

(上述资料均包括电子版及正本或实物，此项共计8学时。)

(4) 会议室准备：果盘、茶水、设备。

(5) 会前检查准备情况（彩排）。

(6) 模拟会议。

签到和引导：按礼仪安排到场顺序；介绍双方人员时先将主人介绍给客人；将客人引导到座位上。

模拟召开会议：按议程召开会议，做好会中茶水服务、照相、摄像及会议记录。

会后会场整理：会议用品、资料等。

(此项共计 4 学时。)

(7) 拟写会议纪要（每人一份)。

(8) 总结。

(以上 2 项共计 3 学时。)

3. 要求及评分办法

(1) 现场模拟会议要照相，要求着装严肃；

(2) 每组一个综合成绩，包括各组作业和现场表现（70 分制)；

(3) 教师根据现场表现给每人成绩（10 分制)；

(4) 个人作业成绩（20 分制)；

(5) 教师根据每个同学在活动中的表现给分（加减 10 分制)，迟到扣 1 分/次；缺席扣 4 分/次。

(6) 应交作业。

每组一份（电子版)：会议议程，会议签到表，会议通知（邀请函)，会议名签，座次图，会场指示牌，发言稿，会议筹备方案定稿，会前准备分工及进度表定稿，会议模拟演示角色分工表定稿。

每人一份（手写正本)：会议记录，会议纪要。

附件 1

学生成绩考核表

组别	姓名	组成绩	现场	作业	加分	总分	备注
一							
二							

附件 2

第×组人员分工表

组长：

学号	姓名	角色	会前任务	会中任务	备注

课业三　筹备开盘庆典与新闻发布会

1. 课业情境描述

天地置业公司最近新开了一个楼盘，为了扩大影响力，公司决定举行一次开盘庆典和新闻发布会，并邀请相关领导和嘉宾参加。

2. 课业任务

(1) 作为天地置业公司办公室秘书，你将如何做好本次开盘庆典的准备工作?

(2) 假设你是公关礼仪公司的策划人员，请你按照开盘庆典的一般程序策划此次开盘庆典方案。

(3) 公司领导要求办公室认真做好开盘庆典活动嘉宾的邀请工作，请你负责制作请柬并邀请领导和嘉宾。

(4) 作为承办此次开盘庆典礼仪队队长，请你召集分别负责迎宾、引导、剪彩服务的礼仪人员开个碰头会，强调庆典仪式过程中的注意事项。以班级为单位，选拔组建礼仪队，模拟引导贵宾入场和举行剪彩仪式的过程。

(5) 办公室王秘书负责此次活动的礼品印制工作。作为礼仪公司的员工，请你为王秘书提供有关馈赠礼品的参考建议。

(6) 假如由你负责此次开盘庆典的对外新闻宣传工作，请准备好新闻通稿和楼盘简介（产品说明书），以备活动当天发放给新闻媒体记者。

(7) 结合楼盘简介，创作一条广告语，供领导参考。要求语言通俗、简洁，易于被客户接受，内容要体现“绿色、宜居、生态”这一理念。

(8) 开盘庆典当天，领导请你收集一些客户对公司和楼盘的认知度的信息，并跟踪庆典仪式后社会各界的反响等，你计划采取哪些方法去获取相关信息?

课业四　大型会议筹备与组织

1. 课业情境描述

××集团公司准备近期举办全公司工作会议，总结上半年工作情况并研讨下半年发展方向。

2. 课业任务

(1) 请你起草会议通知、会议预案和会议预算方案。四人一组，讨论会议预案和会议预算方案的可行性，分析存在的不足和遗漏并进行修改完善。

（2）请你协调落实好会场的横幅制作、主席台和报告台鲜花摆放、会场座次排列、会议资料装袋和会议设备调试等工作，将有关注意事项分条列项记录下来，并列出会议设备清单、会议资料清单，以便对照检查，防止疏漏。

（3）由于集团公司董事长和总经理尚未确定是否都来参加会议，请你做好主席台摆放座位卡的两手准备。请根据会议礼仪要求，按照 6 人和 7 人两种情况，分别排列好主席台座次（已确定主席台就座的人员有：公司董事长、总经理、党委书记、常务副总经理、工会主席）。另请利用 EXCEL 制作会场布局图（参会人员座次表），打印一份（A3 纸）张贴于会场入口处。

（4）假设你是总经理秘书小杨，请你起草总经理在工作会上将作的年度工作报告。

（5）请你负责做好会议记录，并就此次工作会专门出一期会议简报。

（6）会议结束后，请你牵头做好会议室的整理工作。

课业五　综合模拟各种会议

1. 课业情境

以班级为单位，组建一家公司，并完成公司的组织构架。然后完成以下实训项目：

（1）召开春节茶话会。

（2）召开庆五一表彰会。

（3）召开七一表彰会。

（4）召开公司中秋节舞会。

（5）召开公司秋季运动会。

（6）召开公司年度工作会议。

（7）召开元旦联欢会。

（8）举行公司周年庆典。

（9）举行与另一家公司的合作签约仪式。

（10）召开新产品发布会。

（11）召开新闻发布会，介绍公司发展业绩和规划。

2. 课业要求

（1）成立会议筹备工作领导小组，制定筹备方案。

（2）成立会务组、秘书组、宣传组、后勤保障组等，并分别设组长一人，完成会议各项任务的分工。

3. 具体工作

（1）文稿撰拟：撰写会议筹备方案、通知、会议主持词、各种领导讲话、会议记录、会议纪要，编写简报，撰写新闻报道。

（2）会场布置：准备好会场及会议所需各种物品、设备，如音响设备、照相录像设备、条幅、签字笔、文件夹、国旗、鲜花、会标等。如果没有，可以自行制作或使用替代物。

4. 具体进度

“课业情境”中列出 11 个项目，每个项目可以根据情况确定课时，用时在3～5 天，占用 18～30 个课时。具体进度可以由教师自行掌握。

5. 课业示例

下面列出第六个项目“公司年度工作会议”的组织与安排，仅供参考，其他项目依此开展。

(1) 文稿撰写。

1) 会前文稿撰写。

向上级主管部门提交一份关于召开年度工作会议的请示。

代替上级主管部门对请示作出批复。

拟写一份会议通知。

设计一幅会议海报。

撰写 3～5 条标语，悬挂在会场里。

起草邀请函，向有关上级领导、兄弟公司发出邀请。

编写一份简报，反映会议筹备情况。

2) 开幕式文稿撰写。

撰写开幕式主持词。

撰写开幕词。

上级领导应邀参加这次会议，为他撰写致辞。

有 2～3 个兄弟公司向会议发出祝贺，为他们撰写贺信。

兄弟公司的总经理王纲，受邀出席开幕式，为他撰写一份讲话稿。

会议对过去一年公司工作中表现突出的员工进行表彰，撰写一份决定，并以通知的形式下发。

受表彰代表李云将在开幕式上发言，为他撰写发言稿。

编写一份简报，反映会议开幕情况。

做好会议记录，整理出会议纪要。

3) 正式会议文稿撰写。

撰写正式会议主持词。

撰写公司工作报告。

编写一份简报，反映正式会议召开情况。

做好会议记录，整理出会议纪要。

4) 闭幕式文稿撰写。

撰写闭幕式主持词。

撰写闭幕式公司领导的总结讲话。

撰写闭幕词。

编写一份简报，反映会议闭幕情况。

5）新闻发布会文稿撰写。

撰写新闻发布会主持词。

撰写会议新闻通稿。

模拟记者提问，草拟提问提纲。

董事长、总经理答记者问，草拟回答提纲。

编写一份简报，反映新闻发布会情况。

做好会议记录，整理出会议纪要。

6）会后文稿撰写。

制作一份会议纪念册。

代替上级领导为纪念册撰写序言。

代替总经理为纪念册撰写后记。

写一篇情况报告，向上级主管部门报告会议召开情况。

分别向给会议发来贺信的兄弟公司、参加和指导会议召开的上级领导写去感谢信，表达谢意。

（2）会议筹备。

1）成立会议筹备领导小组，设组长1人，副组长2人。

2）成立会务组，负责会场布置、人员安排（包括选定各个会议的主持人、讲话人、座次等）、编制会议日程等工作。设组长1人。

3）成立秘书组，负责会议所有文字材料的起草。设组长1人。

4）成立宣传组，负责起草标语口号、撰写新闻宣传稿、组织新闻发布会等。设组长1人。

5）成立后勤保障组，负责医疗、食宿安排。设组长1人。

（3）进度安排。

1）小组分工会议：各小组把各项工作任务分配到个人，明确责任。

2）文稿撰拟：1.5天。其中公司工作报告需提前撰写。

3）小组督查会议：0.5天。各小组成员向组长汇报各项工作准备情况，对有关问题进行查漏补缺并进行修正。

4）第一次评稿会：0.5天。由教师对各小组提交的会议文稿、资料进行点评。

5）个人修改文稿：0.5天。个人根据教师的点评意见，修改文稿、会议资料。

6）第二次评稿会：0.5天。由教师对会议文稿、资料进行第二次点评。

7）个人修改文稿：0.5天。个人根据教师点评意见，修改文稿、会议资料。经教师审核后定稿。

8）会前检查，检查会场布置是否到位。

9）开幕式、正式会议：0.5天。

10）闭幕式、新闻发布会、会议善后、会议点评：0.5天。

附录二　课业练习选择题参考答案

1. ABC	2. AB	3. AC	4. CD	5. AD
6. ABCD	7. BC	8. ACD	9. BD	10. ABCD
11. ABD	12. BCD	13. AD	14. AC	15. AB
16. ABCD	17. ABCD	18. C	19. AD	20. AD
21. ABCD	22. CD	23. ABCD	24. AD	25. ABC
26. D	27. A	28. ABD	29. CD	30. BD
31. ABCD	32. AB	33. ABCD	34. ABD	

参考文献

[1] 梁春燕，李琳. 会议组织与服务. 北京：北京大学出版社，2010
[2] 孟庆荣. 秘书工作案例及分析. 北京：清华大学出版社，2010
[3] 向阳，强月霞. 会议策划与组织. 重庆：重庆大学出版社，2010
[4] 张丽琍. 秘书实务. 北京：中央广播电视大学出版社，2009
[5] 罗春娜. 秘书礼仪. 北京：中国劳动社会保障出版社，2009
[6] 张丽琍. 涉外秘书实务. 北京：首都经济贸易大学出版社，2008
[7] 张丽琍. 商务秘书实务. 北京：中国人民大学出版社，2008
[8] 张大成. 秘书工作实务. 北京：中国人民大学出版社，2008
[9] 王敏杰. 商务会议与活动管理实务. 上海：上海交通大学出版社，2008
[10] 葛红岩. 新编秘书实务. 北京：高等教育出版社，2007
[11] 王宏，廖天. 高级文秘岗位职业技能培训教程. 广州：广东经济出版社，2007
[12] 孟庆荣. 秘书职业技能实训教程. 北京：清华大学出版社，2007
[13] 葛红岩，施剑南. 会议组织与服务. 上海：上海财经大学出版社，2007
[14] 葛红岩. 秘书与会议组织和服务. 北京：人民出版社，2007
[15] 廖雄军. 会议组织规范与技巧. 南宁：广西人民出版社，2007
[16] 吴新元. 公文写作速成. 北京：中国纺织出版社，2007
[17] 中国就业培训技术指导中心. 秘书国家职业资格培训教程（四级秘书）. 北京：中央广播电视大学出版社，2006
[18] 天虹. 会议管理实务. 北京：中国纺织出版社，2005
[19] 向国敏. 现代会议策划与实务. 上海：上海社会科学院出版社，2003
[20] 众行管理资讯研发中心. 接待技巧训练. 广州：广东经济出版社，2003

图书在版编目（CIP）数据

现代会议组织与服务/李艳婷主编．—北京：中国人民大学出版社，2011.12
高等职业教育文秘专业“十二五”规划教材　21世纪高职高专精品教材．现代秘书系列
ISBN 978-7-300-14902-8

Ⅰ.①现…　Ⅱ.①李…　Ⅲ.①会议-组织管理学-高等职业教育-教材　Ⅳ.①C931.47

中国版本图书馆CIP数据核字（2011）第267466号

高等职业教育文秘专业“十二五”规划教材
21世纪高职高专精品教材·现代秘书系列
现代会议组织与服务
主　编　李艳婷

出版发行　中国人民大学出版社
社　　址　北京中关村大街31号　　邮政编码　100080
电　　话　010－62511242（总编室）　　010－62511398（质管部）
010－82501766（邮购部）　　010－62514148（门市部）
010－62515195（发行公司）　　010－62515275（盗版举报）
网　　址　http://www.crup.com.cn
http://www.ttrnet.com（人大教研网）
经　　销　新华书店
印　　刷　北京七色印务有限公司
规　　格　185 mm×260 mm　16开本　　版　　次　2012年3月第1版
印　　张　14　　印　　次　2017年7月第2次印刷
字　　数　310 000　　定　　价　26.00元

教师信息反馈表

为了更好地为您服务，提高教学质量，中国人民大学出版社愿意为您提供全面的教学支持，期望与您建立更广泛的合作关系。请您填好下表后以电子邮件或信件的形式反馈给我们。

您使用过或正在使用的我社教材名称		版次	
您希望获得哪些相关教学资料			
您对本书的建议（可附页）			
您的姓名			
您所在的学校、院系			
您所讲授课程的名称			
学生人数			
您的联系地址			
邮政编码		联系电话	
电子邮件（必填）			
您是否为人大社教研网会员	□ 是，会员卡号：__________ □ 不是，现在申请		
您在相关专业是否有主编或参编教材意向	□ 是　　□ 否 □ 不一定		
您所希望参编或主编的教材的基本情况（包括内容、框架结构、特色等，可附页）			

我们的联系方式：北京市海淀区中关村大街 31 号

中国人民大学出版社教育分社

邮政编码：100080

电话：010-62515912

网址：http://www.crup.com.cn/jiaoyu/

E-mail：jyfs_2007@126.com